복잡성 이론과 실천 교육의 뿌리를 찾아서

혁신교육,
철학을 만나다

혁신교육,
철학을 만나다

초판 1쇄 발행 2011년 12월 22일
초판 2쇄 발행 2014년 10월 29일

지은이 브렌트 데이비스·데니스 수마라
옮긴이 현인철·서용선

펴낸이 김승희
펴낸곳 도서출판 살림터

기획 정광일
편집 조현주
북디자인 시아

인쇄·제본 (주)현문
종이 월드페이퍼(주)

주소 서울시 마포구 서교동 395-27
전화 02-3141-6553
팩스 02-3141-6555

출판등록 2008년 3월 18일 제313-1990-12호
이메일 gwang80@hanmail.net
블로그 http://blog.naver.com/dkffk1020

ISBN 978-89-94445-16-8 03370

복잡성 이론과 실천 교육의 뿌리를 찾아서

혁신교육,
철학을 만나다

브렌트 데이비스 · 데니스 수마라 지음
현인철 · 서용선 옮김

살림터

우리는 이 책을

스승이자 친구인 돌William E. Doll, Jr에게 바친다.

처음 이 책을 쓰려고 했던 것은 2004년 9월 맨체스터 메트로폴리탄 대학교 산하 '교육과 사회연구 연구소Education and Social Research Institute at Manchester Metropolitan University'에서 있었던 일련의 세미나가 계기가 되었다. 당시 소멕Bridget Somekh은 복잡성 철학과 교육을 둘러싼 쟁점에 대해 보다 일찍 들려달라는 요청을 했고, 세미나 개최 몇 달 전에 먼저 우리를 초대했다. 이러한 계기는 사회과학 연구방법론이 발전할 수 있는 보다 더 넓은 탐색의 일부가 되었다. 여기서 우리는 다소간 새로운 사상과 사례에 대해 충분하게 질의할 수 있는 기회를 나누었다. 발표 내용에 대해서도 무비판적으로 수용하는 것이 아니라 함께 나누고 따뜻하게 받아주었다. 이런 점에 대해 우리는 맨체스터 메트로폴리탄 대학교에 있는 소멕, 맥루어Maggie MacLure, 쇼스탁John Shostak, 스트로나흐Ian Stronach, 토렌스Harry Torrance, 토터델Michael Totterdell 등 여러 동료들에게 특별히 감사를 표시하고자 한다. 특히, 우리에게 이와 같은 책을 정리할 수 있도록 도전하게 해 준 토렌스에게 감사드린다.

여기서 전개하고 있는 철학은 여러 동료와 공동 연구자들과 함께 충분한 대화와 협력을 통해 제시되고 정교화된 것이다. 그 가운데 특히나 심트Elaina Simmt, 루스-캐플러Rebecca Luce-Kapler, 키에렌Tom Kieren의 공헌을 인정하지 않을 수 없다.

'복잡성 과학과 교육연구 연례회의The Complexity Science and Educatioinal Research annual conference'는 지난 수년 동안 우리의 철학을 위해 중요한 지점이었다. 여기서 우리는 다시 한 번 돌Bill Doll, 펜윅Tara Fanwick, 플리너 Jayne Fleener, 레이드로Linda Laidlaw, 웁피티스Rena Upitis 뿐만 아니라 심트와 루스-캐플러 등의 협력과 구상에 대한 공헌에 감사하지 않을 수 없다.

우리의 생각과 프로젝트에 공헌한 이들은 또 있는데, 바로 '복잡성과 교육 웹 사이트www.complexityandeducation.ca'에 사람들을 모으고 유지하도록 도와준 사람들이다. 이들 가운데 사이트와 책 표지의 디자인을 맡아준 크롭Clay Kropp은 물론 맥머트리Angus MaMurtry, 오스버그Deborah Osberg, 웰스Kris Wells에게도 감사드린다.

끝으로 풍요롭고 활기 넘친 사고를 하도록 공간을 내어준 앨버타 대학의 중등교육과에 감사드리고자 한다. 이곳의 훌륭한 대학원생들은 사고를 촉진하는 데 크게 이바지하였다. 특히, 푸이트Jim Fuite, 이브라힘-디디Khadeeja Ibrihim-Didi, 입토디Tammy Iftody, 미란다Helena Miranda, 모왓 Elizabeth Mowat, 나무카사Immaculate Namukasa, 프롤스J?r?me Proulx를 포함한 졸업생과 현재 재학 중인 학생들에게 감사드리고 싶다.

마지막으로 여기서 논의된 여러 연구 프로젝트를 지원해준 '캐나다 사회과학 및 인문학 연구소 위원회Social Science and Humanities Research Council of Canada에 감사드린다.

복잡성 교육철학은 우리 현실에 어떻게 접목되는가?

2010년 6월 2일 여섯 개 시도에서 기존과는 다른 새로운 교육감이 탄생하였다. 이들 사이의 새로운 교육 벨트가 탄생한 것을 두고 한국 교육혁신의 실제적인 전환기라고들 말한다. 이들 지역을 중심으로 '혁신학교', '무지개 학교', '행복＋학교' 등의 이름으로 이전에 볼 수 없었던 새로운 학교들이 등장했기 때문이다. 교육의 본질에 가깝게 학생을 대하고 수업을 혁신하고 배움 중심의 학교를 운영하는 등 한국 교육의 근본적인 변화의 모습을 보여주고 있다. 그간 잠복되어 있었던 현장 교사들에 의한 학교 혁신의 용트림이 본격적으로 시작된 것이다.

하지만 이와 동시에 춘추전국 시대와 같이 백화쟁명식의 갖가지 혁신교육의 이론과 실천들이 학교 현장에서 다양하게 전개되고 있음을 목도하고 있다. 이제는 흥분과 막연한 기대감보다는 아쉬움과 두려움이 먼저 앞서는 것이 사실이다. 늦은 감이 있지만 과학적이고 철학적인 문제의식을 보다 치열하게 담는 교육혁신을 위한 담론과 방법론에 대한 모색이 무엇보다 필요한 시점이라고 본다.

서양 교육의 효시는 고대 그리스 철학자인 플라톤의 아카데미였다. 이것은 그 이전 고대 그리스의 자연철학이 축적한 과학의 성과가 있었기에 가능한 일이었다. 그의 제자 아리스토텔레스는 이를 토대로 당시의 철학과 과학을 집대성하였다. 이후 중세 서양의 학문과 교육은 가톨릭의 기독교적인 이념 위에 고대 그리스 문화의 산물을 계승한 것이었다. 이와 마찬가지로 근대 서양의 학문과 교육은 코페르니쿠스에서 시작하여 뉴턴에 의해 완성된 근대 과학에 의해 가능하였다. 현대 교육의 정신적인 기반이라고 할 수 있는 분석과학은 그러한 근대 과학의 연장선 위에 놓여 있다.

문제는 현대의 학교들이 전통적인 형이상학과 이분법적인 논리에 기반한 산업 자본주의 시대의 틀을 벗어나지 못하고 있다는 데 있다. 글로벌 스탠더드 혹은 권력을 가진 교육 당국에서 제시하는 절대적이고 보편적인 법칙이나 완벽한 예측 가능성과 합리적인 통제에 대한 근대 계몽주의적 환상으로부터 우리 교육도 벗어나지 못하고 있다. 포스트모더니즘의 대가 푸코가 기존 학교교육에 대해 소위 '훈육기관'이라고 비판하는 그 지점을 넘어서진 못하고 있는 것이다. 이것이 오늘날 제기되는 혁신교육의 전제조건이라 할 수 있다.

기존의 과학과 철학에 대한 철저한 반성과 성찰을 통해 교육에 대한 새로운 활로를 모색하기 위해, 최근 '복잡성 과학complexity science' 내지 '복잡성 철학complexity thinking'을 통한 '복잡성 교육complexity education'이 혁신학교를 통해 적극적으로 시도되고 있다. 현대 과학의 3대 혁명으로 상대성 이론theory of relativity, 양자역학quantum mechanics, 혼돈이론chaos theory을 든다. 이와 같은 과학의 혁명적인 발견을 중심으로 최근 30여 년 동안 전 세계에 걸쳐 자연과학뿐만 아니라 사회과학과 교육학에 이르기까지 복잡성 철학이 그 중심에 서 있다. 복잡성 철학은 세계를 해석하는 방식뿐만 아니라 과학과 철학을 해석하는 방식, 나아가 혁신교육의 실천에 대해서도 도전해볼 것을 요구하고 있다.

2002년 미국 교육부는 '복잡성 및 공공정책 워싱턴 연구소the Washington Centre for Complexity and Public Policy'를 통해 복잡성 과학이 어떻게 그리고 어느 정도까지 연방정부, 민간재단, 대학, 독립적인 교육 및 연구소에서 활용되고 있는지를 조사하였다. 연구소의 보고서Washington Centre for Complexity and Public Policy, 2003는 미국 전역에 걸친 복잡성 과학의 지형을 폭넓게 제시하였고, 복잡성 개념에서 제시되는 정보를 통해 이론과 인식의 확산을 보여주었다. 이뿐만 아니라 실제 여러 나라에서 복잡성 교육을 통해 교육 현상을 바라보기도 하고, 변화를 이끌어내는 렌즈로 보려는 시도가 의미 있고 다양하게 진행되고 있다.

실제 교육자들과 교육연구자들이 알다시피, 교육 체계는 세상에서 가장 복잡한 것 가운데 하나이고 연구를 위해서도 가장 도전적인 체계라고 할 수 있다. 그래서 교육을 혁신하는 데 있어서 가장 중요한 것이 교육에 관한 현장 교사들과 연구자들의 인식과 실천의 패러다임 변화이다. 지금까지 몇 년 동안 우리나라의 혁신학교들에서 보여준 교사들과 이를 바라본 연구자들의 경이로움은 바로 여기에 있다. 그야말로 교육 체계 전체에 걸친 통합된 변화에 대한 욕구를 인식하고 실천적 이론가 혹은 이론적 실천가로서 일구어나가고 있는 것이다. 학교 안과 밖에서 주어진 역량을 파악하고 교육적인 맥락을 연결하면서 기존의 선형적이고 인과적인 모델에 기인한 투입-산출에서 벗어나 교실과 학교와 지역사회, 학생과 교사와 학부모라는 다층적인 수준들을 생생하게 가로지르고 있다. 현실에서의 교육 행위, 실천, 사건을 서로 연결하면서 새로운 모델을 구축하고 있는 것이다.

번역 과정과 출판에 이르기까지 순탄치 않은 여정을 겪었다. 초고 번역에 수개월을 거친 2010년 말부터 지금까지 복잡성 교육이론의 변화는 물론 우리나라의 혁신학교 및 혁신교육 정책들도 계속 변화해왔기에 이를 지속적으로 추적해야 했다. 또한 학계에서도 정착되지 않은 수많은 생소한 용어에 대해 숱한 논의와 고민으로 수개월을 보내야 했다. '창발성emergence', '초학문transdisplinary', '긍정적인 되먹임positive feedback' 등이 그 예에 속한다. 저자들이 말한 것처럼, 이러한 용어들은 정의 내리는 것 자체가 어렵고 계속해서 변화하는 것들이다. 그럼에도 불구하고, 전반적으로 글의 흐름 속에 나타나는 오류가 나타난다면 이는 전적으로 번역자의 책임으로 받아들이고자 한다. 이후 복잡성 교육 관련 학습론, 수업론, 교육과정론, 학교문화론 등을 지속적으로 번역하면서 수정해나갈 것을 약속드린다.

혁신교육이라는 문제의식 하에 이번 번역 작업을 지지하고 격려해준 분들이 많다. 심임섭, 김복희, 류선옥, 장인혜, 이용관 선생님은 번역서에서 제시하고 있는 이론과 내용에 대해 경청과 조언을 아끼지 않으셨다. 또한 번역자가 소속된 의정부여자중학교에 계시는 교장 선생님 이하 모든 선생님들은 혁신학교로서 복잡성 교육의 흐름을 의식적 무의식적으로 함께 만들어가며 경이롭게 실천을 하고 계신다. 출판을 허락해주고 끊임없이 진행과정을 함께 해준 살림터 출판사 정광일 사장님에게도 진심으로 감사의 말씀을 드리고 싶다.

2011년 12월 낡은 겨울의 문턱에서
현인철, 서용선

서문

사물이 단순하였다면, 말은 쉽게 이해되었을 것이다.

_데리다 Jacques Derrida[1]

이 책의 내용은 교육 실천과 연구를 위한 복잡성 철학에 관한 것이다. 물론 이러한 종류의 프로젝트가 간단한 것만은 아니다. 복잡성 이론, 복잡성 과학 혹은 복잡성 철학은 아직 생소하기도 하고 계속 진화하는 과정에 있다. 그리고 이들은 발전해가고 있으면서도 깔끔하게 설명되고 분명하게 정의 내려지는 것을 거부하고 있다. 실로, 이들이 하나의 영역, 분야, 해석 체계 혹은 연구 태도로 불릴 수 있을지도 명확하지 않다.

그럼에도 불구하고, 복잡성 철학은 많은 연구자들의 관심을 불러 모으고 있다. 이들의 연구가 전통적인 학문의 경계를 뛰어넘어 가고 있기 때문이다. 예를 들어, 현재 교육연구자들 사이에서는 다음과 같은 현상들이 연구되고 있다.

뇌는 어떻게 작동되는가? 현재 연구자들은 뇌의 활동을 실시간으로 관찰할 수 있다. 그래서 뇌의 구조와 동역학에 대한 기존의 신념, 즉 사고와 기억이라는 것이 무엇이고, 학습은 어떻게 이루어지는지 등에 대한 가정이 전적으로 잘못된 것은 아니라 하더라도 잘못 알려졌다는 것이 확실해지고 있다.

의식이란 무엇인가? 지난 세기에 걸쳐 수많은 신경학자, 심리학자, 사회학자들이 자아의식에 대한 정의와 학문적인 설명을 시도하였다. 하지만 기여할 만한 어떤 것도 자아와 자아 이외의 존재other-than-self에 대해 인간의 의식을 의미 있게 이해하는 데 도달하지 못했다는 것이 점점 더 명확해지고 있다.

지성이란 무엇인가? IQ 지수는 생물학적인 적응, 영양의 개선 혹은 교육적인 개입 등과 같은 관점에서 설명할 수 없을 정도의 빠른 속도로 지난 세기 동안 꾸준히 높아져왔다. IQ 검사에 의해 측정된 공간 - 논리적 능력 같은 것들이 경험과 맥락에 따라 쉽게 영향을 받거나 받을 수 있는 것으로 나타나고 있다. 과연 IQ를 높이는 데 기여하는 조건은 무엇인가? 이러한 조건은 조정이 가능한가? IQ는 보다 폭넓은 의미인 지성의 개념과 어떻게 관련되고 그것을 반영하는가?

한 사람의 개성과 가능성을 형성하는 데 있어 창발적인 기술의 역할은 무엇인가? 어린이처럼 가장 창조적으로 적응하는 인간은 늙고 유연성이 떨어지는 어른들이 부러워할 만큼 그들의 생활 속에 최첨단의 기술을 통합시킬 능력을 가지고 있다. 학교교육의 목표에 대한 실천적 행위라는 조건과 공동의 이해라는 측면 모두에서 이것은 정규 교육에 어떤 의미를 갖는가?

사회 집단은 어떻게 작동하는가? 일반적으로 사회 집단의 행위와 잠재 가능성은 개인 능력의 총합이라고 가정하고 있다. 하지만 경우에 따라서는 집단이 구성원의 역량을 크게 능가할 수 있다는 것이 점점 명확해지고 있다. 어떻게 이런 일이 일어나는가? 이러한 상황은 어떻게 조정될 수 있는가? 교실, 교육위원회, 지역사회 등에게 이것은 무엇을 의미하는가?

지식이란 무엇인가? 심지어 형식수학, 자연과학, 근본주의 종교를 포함해서 가장

정적인 영역조차도 때로는 이끌어가는 만큼 동시에 이끌리면서 끊임없이 변화하는 사회의 이해관계와 강박관념에 쉽게 적응하고 있음을 볼 수 있다.

교육은 무엇을 위한 것인가? 만약 현재 교육에 대한 논의에서 제기된 이론과 철학의 범주를 진지하게 검토한다면, 정규 교육이 무엇을 의도하고 있는지는 말할 것도 없이, 무엇을 하려는 것인지에 대해서도 합의가 거의 존재하지 않는다는 것이 명백해질 것이다.

얼핏 보면, 이러한 질문들을 관통하는 유일한 공통 주제는 이들에 대한 해답이 점점 더 명확해지지 않고 있다는 점이다. 하지만 좀 더 자세히 들여다보면, 제시된 현상들 사이에는 깊은 유사성이 있다.

예를 들어, 각각의 현상들은 일종의 학습 체계를 지적하고 있다. 뇌, 사회 집단, 지식 체계 등은 다양한 가능성을 발휘하면서 보다 폭넓고 의미 있는 뉘앙스가 될 수 있다. 게다가 각각의 현상들은 수많은 하위 요소 혹은 구성인자의 상호작용 속에서 일어나고 있다. 그리고 각각의 행위는 유사한 역동적인 맥락에 의해 번갈아가며 가능해지기도 하고 제약을 받기도 한다. 다르게 말하면, 이러한 부류의 현상을 이해하기 위해서는 어디에 관심의 초점을 두어야 하는지는 늘 분명치 않다는 것이다. 예를 들면, 의식, 지성 혹은 지식을 연구하기 위해서 신경학적인 문제의 수준에 초점을 두어 이해해야 하는가? 아니면 개인의 행동에 초점을 두어야 하는가? 혹은 사회적인 맥락이나 신체적인 구조에 초점을 두어야 하는가?

위에서 언급한 현상들을 이해하기 위해서는 복잡성 철학에서 말하는 창발적인 영역을 알아야 하고, 이는 다음과 같은 것들에 대해 해답을 주고 있다. 이것은 누구나 반드시 '수준 도약level-jump', 즉 특수한 일관성과 구체적인 행동 규칙과 같은 현상 자체를 검토해야 한다는 말이다. 이와 동시에 함께 모여 있는 구성인자들과 이것들의 협력 행위의 맥락 등과 같은 창발성의 조건에 관심을 두어야 한다. 이러한 전략은 복잡성 연구 안에서 발전해온 것들 가운데 하나이고, 지난 수십 년에 걸쳐 극적으로 단순화시킨 분석과 인과적 설명에 대해 도전해온 문제 연구로서 단련되고 요구받아온 접근이다. 지난 오백여 년에 걸쳐 이루어진 과학과 한 세기 이상 넘는 교육연구 분야를 지배해온 선형적이고 환원론적인 접근에 대해, 여기서 말하는 복잡성 철학이 강력한 대안을 제공하고 있다는 점은 더욱 분명해지고 있다.

더군다나 이 책의 여러 부분에서 밝히고 있는 것처럼, 복잡성 철학은 연구대상인 현상의 형태에 기여하는 연구자들의 역할에 관심을 집중할 뿐만 아니라, 이를 강제하고 있다. 이 점이 특히 교육자들에게 중요한 쟁점이 된다. 예를 들어, 학습을 자극-반응의 반작용이라는 연쇄 관계의 조건에서 이해할 수 있다는, 지나치게 단순한 확신을 통해 교수 활동을 이해하는 '행동주의 심리학'의 영향을 생각해보자. 또한 행동주의의 기계적인 논리를 전면화하고 이에 대한 문제를 제기하지만, 학습의 활동 중심이 개별적인 인간 인식자라는 가정에 이의를 제기하지 않는 최근의 '구성주의를 지향하는 연구'를 생각해보자. 관련 연구만큼이나 의미가 잘 만들어지고 있는 것처럼 보이지만, 교실에서의 수준 도약에 직면할 때에는 모든 결과가 긍정적이라고 간주할 수 없다. 이 책에서 우리는 이런 문제의 일부가 적어도 복잡성 동역학complexity dynamics에서 말하는 다른 수준에 주의를 기울일 수 있는 담론, 바로 그것이 부재한 것이라고 주장하고자 한다. 즉, 최근 연구가 관련되어 있지 않다는 게 아니라 학습된 바의 상당 부분 그 유용성이 제한되어 있다고 주장하는 것이다.

분명히 말하지만, 우리는 매우 실천적인 의도를 가지고 이 책을 썼다. 곧, 교육자와 교육연구자를 위해 중요하고도 적합한 사고방식으로서 복잡성 철학을 제시하는 것을 목적으로 삼고자 한다. 이 점을 발전시키기 위해서, 우리는 복잡성 연구에 의해 뚜렷하게 알려졌거나 복잡성 연구에 조준을 맞춘 다양한 실천 사례와 연구물을 보여주는 데 노력을 기울이고자 한다. 또한 복잡성 철학과 일맥상통하는 방식으로 과제를 구조화하기 위해 집중적이고도 실천적인 권고를 제공하고자 한다. 이러한 논의들을 설명하기 위해서 교육계에서 수행되어온 이러한 부류의 연구에 대해서도 폭넓게 개괄하고자 한다.

위와 같은 주제의 논의가 제2부(5~8장)를 구성한다. 제1부(1~4장)는 교육이라는 렌즈를 통해 복잡성 철학을 둘러싼 광범위한 쟁점에 초점을 맞추고 있다. 여기에서 우리는 현대 교육에 작동하는 수많은 개념적인 배경을 검토하고, 복잡성 철학이 그냥 해석적인 가능성에 덧붙여진 현대의 모자이크가 아니라는 확신을 중심으로 구성하고자 한다. 오히려 복잡성이 현재 통용되는 수많은 이론과 실천에 대한 의미심장한 도전임을 보여주고자 하는 것이다.

이 책의 주요 관점은 교수와 교육연구에 있어서 복잡성을 둘러싸고 등장하는 어휘들을 제시하고 설명하는 데 있었다. 처음에는 부록으로 등장할 수 있는 관련 용어들을 목록에 포함시켜 제시하고자 하였다. 하지만 신중하면서도 느슨하게, 우리가 이런 의미의 단어들에 대해 강제로 정의를 내리려고 했음을 깨닫고 나서 이것을 포기하고 말았다. 일련의 글자로 인쇄된 정의 대신, 우리는 '복잡성과 교육' 웹 사이트[2]상에 제시된 단어의 의미를 묻고자 하고, 바라건대 이를 발전시키는 데 참여할 수 있도록 독자들을 초대하고자 한다.

이런 상황에서 우리는 책이 시작되는 문단에서 마주하게 될 어휘에 대한 특수한 문제에 대해 약간 맥이 빠진 채 출발하고 있다. 어떻게 복잡성 연구를 언급해야 하는가? 이론으로? 과학으로? 사고방식으로? 2장에서는 과학이라는 단어의 관례적인 이해를 검토하고 있기 때문에, 우리 자신의 위치를 잡아야 한다는 구체적인 태도를 언급하면서 '복잡성 철학com-plexity thinking' [3] 이라는 표현을 선택하고 있다.

본론으로 들어가기 전에 한 가지만 더 지적하고자 한다. 우리는 복잡성 철학에 대한 교육전문가들의 폭발적인 관심을 목도하고 있다. 따라서 이 책이 인쇄되어 나올 때쯤에는, 모든 페이지마다 제시된 수많은 아이디어들이 이미 낡은 것이 되어버리거나 다른 것으로 대체되기를 기대한다. 우리는 교육을 위해 복잡성 철학이 어떻게 관련되는지를 완벽하게 설명하려는 것이 아니라, 교수와 연구 활동이 이루어진 수십 년간 개인적으로 중요하다고 발견해온 쟁점의 틀을 만들어보고자 하기 때문이다. 우리의 의도는 독자들이 자신의 가설과 이론적인 토대에 대한 검토에 도전해보라는 것이지, 미리 규정하거나 경계를 정하라는 것이 아니다. 오히려 상식이나 고전의 분석적인 사고, 그리고 현재 담론 가능성의 최첨단을 보여주는 후기(포스트) 학문들, 예를 들어 포스트모더니즘, 후기구조주의, 후기식민주의, 후기실증주의, 후기형식주의, 후기인식론에 의해 닻을 내릴 수 있는지 없는지 볼 것이다.

---

1. J. Derrida, *Limited, Inc.*(Evanston, IL: Northwestern University Press, 1988): 119.
2. '복잡성과 교육' 사이트는 앨버타 대학교에 있는 교수진, 대학원생 그리고 박사후 연구자들에 의해 조직 및 관리되고 있다. 〈http://www.complexityandeducation.ca〉
3. 2장에서 전개되는 것처럼, '복잡성 철학' 이라는 어구는 리처드슨과 실리어스가 편집한 다음과 같은 글에서 제시되었다. 'What is complexity science? A view from different directions," in a special issue of *Emergence*, vol. 3, no. 1(2001): 5-22. 〈http://www.kurtrichardson.com/ Editorial_3_.pdf〉에서 이용할 수 있음.

차례

제1부
복잡성 철학에 대하여

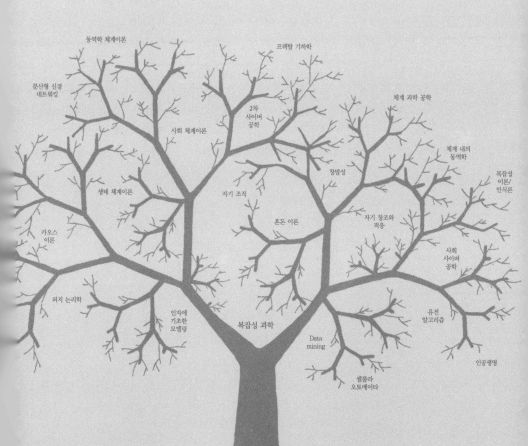

동역학 체계이론

프랙탈 기하학

분산형 신경
네트워킹

체계 과학 공학

2차
사이버
공학

사회 체계이론

체계 내의
동역학

복잡성
이론/
인식론

생태 체계이론

자기 조직

창발성

카오스
이론

혼돈 이론

자기 창조와
적응

사회
사이버
공학

퍼지 논리학

인자에
기초한
모델링

복잡성 과학

유전
알고리즘

Data
mining

인공생명

셀룰라
오토메이타

제 1 장 | '복잡성complexity' 이란 무엇인가?

가능한 한 모든 게 단순해져야 한다고 하지만 더 단순해지지는 않는다.

_아인슈타인Albert Einstein[1]

2000년 새해 벽두, 유명한 물리학자이자 천문학자인 스티븐 호킹은 다음과 같이 언급하였다. "내 생각에 앞으로의 세기는 복잡성의 세기가 될 것이다."[2] 그의 주장은 복잡성 철학의 창발적이고emergent 초학문적인 transdisciplinary 영역을 구체적으로 지칭하는 것이었다. 이것의 일관된 논의는 단지 30년 정도밖에 되지 않았다.

이 기간을 거치면서 복잡성은 종종 "새로운 과학new science"으로 환영을 받았다. 비록 이것이 물리학, 화학, 인공두뇌학, 정보과학, 체계이론으로부터 비롯되었지만, 복잡성에 대한 해석과 통찰은 가족, 건강, 심리학, 경제학, 기업 경영, 정치학 등을 포함하여 광범위한 사회 영역으로까지 점차 확산되었다. 다소 늦었지만 점차 가속이 붙으면서, 복잡성은 교육자들에 의해 기꺼이 받아들여졌고, 이들의 관심사 또한 신경학적 과정, 주관적인 이해, 대인관계 동역학, 문화적인 진화, 그리고 인간 세계 이상의 전개 등과 같은 행위 수준을 넘나들고 있는 상태이다.

이러한 관심영역에 대한 다양성으로 인해 복잡성 연구를 설명하던 종래의 '간학문적인interdisciplinary' 혹은 '다학문적인multidisciplinary' 관례 용어보다 오히려 '초학문적인'이라는 형용사의 사용이 장려되고 있다. 초학문성은 연구 집단의 구성원들이 다양한 학문 배경과 상이한 연구 의제에 도달하는 하나의 연구 태도로서 의도된 용어라고 할 수 있다. 그래서 초학문성은 하나의 집단으로서 함께 일할 수 있도록 서로 간의 관점과 동기에 대해 충분히 알려준다. 이러한 태도는 많은 분야에서 노벨상 수상자를 정기적으로 받아들이고 있는, 매우 유명한 산타페 연구소Santa Fe Institute를 포함하여 주요한 복잡성 과학의 싱크탱크에서 이를 상징처럼 보여주고 있다.[3] 하나의 집단으로서 보다 구체적이고 직접적인 사례를 들면, 바로 이 책의 저자들이다. 저자들 각자의 전문분야를 보면, 수학, 학습이론, 인지과학(데이비스Brent Davis)은 물론 문학적인 앙가주망, 교사 양성, 해석적 탐구(수마라Dennis Sumara)에까지 걸쳐 있다. 여기에는 개념, 방법론, 실체적 다양성이 단순하게 종합되어 있는 것이 아니라는 말이다. 오히려 복잡성 동역학에 관한 향후 논의로 발전시키기 위한 시도를 하고 있어, 이 책은 다양한 관심과 전문 지식을 편집한 것 이상을 보여준다.

복잡성 철학이 갖는 초학문적인 특징으로 인해 이 운동이 무엇인지 엄밀하게 정의 내리는 것은 어렵다. 실제로 나중에 드러나겠지만, 많은 복잡성주의자들은 그 특징을 하나로 정의 내리는 게 불가능하다고 주장한다. 이 책에서 우리는 복잡성 철학을 다음 두 가지 사이의 어떤 곳에 있는 것으로 위치를 정하고 있다. 즉, 우주는 고정되어 있어 완전한 파악이 가능하다고 보는 믿음과, 의미나 현실이 너무 역동적이어서 이를 설명하려는 시도는 착각에 불과하다는 두려움의 사이 말이다. 사실 복잡성 철학은 양 극단에 치우치지 않고 양쪽 입장 모두를 경청한다. 복잡성 철학에서는 많은 현상이 본래적으로 안정적이라는 것을 인식하고 있다. 하지만 어떤 면에서 이러한 안정성이 인간의 사고와 사고에 내재된 주체와 객체 사이의 서로 다른 진화 속도에 따라 이루어진 일종의 착각이라는 점도 인정하고 있다. 간단한 사례로 수학의 경우를 생각해보라. 대개 수학을 확실성과 영원성의 측면에서 설명한다. 하지만 지난 2,500년을 돌이켜볼 때, 수학적인 지식은 확실히 진화해왔으며 현재도 여전히 진화하고 있다. 논쟁의 여지가 많겠지만, 인간의 생각은 변할 수 있는 반면 우주universe는 변하지 않는다고 여전히 추정하고 있다. 그러나 인간의 생각이 우주cosmos의 일부로 간주될 때, 이러한 종류의 믿음은 그 생존 가능성에 대한 의문을 갖게 한다. 하나의 생각이 바뀔 때 우주도 바뀌게 되는 것이다.

복잡성 철학이 다양한 감수성에 주의를 기울인다는 사실을 다음과 같은 의미로 받아들여서는 안 된다. 즉, 이 운동이 고전과학이나 최근의 과학주의에 대한 포스트모던 비판으로부터 '가장 좋은' 요소만을 받아들이려는 그러한 노력으로 표상되는 것 말이다. 또한 이것은 신념의 체계들 사이에서 공통된 근거를 추구하는 것도 아니다. 복잡성 철학은 더더욱 혼합물hybrid도 아니다. 이것은 절대자나 보편성의 함정에 빠지지 않으면서도 다른 전통의 통찰을 인정할 수 있는 특정 현상을 연구하는 새로운 사고방식에 해당한다.

이 점에 대해 좀 더 말하자면, 비록 복잡성 철학이 연구에 대한 탐구나 접근 방식에 대해 통일된 영역으로 기술하고자 하지만, 이러한 종류의 특징 부여가 전적으로 옳은 것은 아니라는 점이다. 계몽주의 시대의 분석과학과는 달리, 복잡성 철학은 실제로 탐구 양식으로 정의될 수 없다. '복잡성 과학 방법'이라는 것으로 존재하지 않는다는 것이다. 즉, 복잡성 연구를 위한 '금본위 기준'[4]은 존재하지 않는다. 실제로, 복잡성 현상에 대한 특정 연구들은 특수한 탐구 대상에 의존하면서 기존의 연구방법을 수용하기도 하고 거부하기도 한다.

바로 이 지점이 복잡성 연구에 대해 가장 대중적으로 설명하려는 지점이기도 하다. 이 영역은 다른 어떤 것보다 연구대상의 측면에서 보다 더 적절하게 특징지을 수 있다. 이 분야가 등장하게 된 초기 논의에 대해 발드로프Waldrop[5]는 다음과 같이 소개하고 있다. 소련의 붕괴, 주식시장의 동향, 지구에서의 생명체 출현, 눈eye의 진화, 마음의 창발성 등과 같이 서로 다른 사건들이 포함된 목록을 통해 복잡성 연구의 다양한 관심과 광범위한 기원을 갖게 되었다고 한다. 다른 저자들도 복잡성이라는 우산 안에 생명 체계의 관점에서 설명될 수 있는 어떤 현상이라도 포함될 수 있다고 주장한다. 여기에는 교육연구의 논의와 직접적으로 관련된 뇌나 면역 체계와 같은 신체 하부 체계, 의식, 개인적인 이해, 사회제도, 하위문화, 다양한 문화, 종species 등이 포함된다.

물론 복잡한 것과 복잡하지 않은 것 사이의 구분이 가능하지 않기에 이렇게 목록을 만드는 전략은 본래 문제의 소지가 있다. 이런 목적을 살려서 연구자들은 복잡한 것으로 분류되는 현상에서 나타나는 몇 가지 필수적인 특성을 확인해왔다. 이에 대해서는 이후에, 특히 5장과 6장에서 좀더 상세하게 전개하고 있다. 현재 제시된 목록에는 다음과 같은 것들이 포함되어 있다.

자기 조직화

자율적인 구성인자들의 행위가 상호 연결되고 의존할 때, 복잡성 체계 및 복잡성 통일체는 자발적으로 발생한다.

상향식 창발

복잡성 통일체는 개별 구성인자들의 속성과 능력의 단순 총합을 능가하는 특징을 보여준다. 하지만 이러한 초월적인 특성과 역량은 중앙 조직자나 지배적인 통치구조에 얽매이지 않는다.

근거리 관계

복잡성 체계 내부의 대부분의 정보는 가까이 인접한 구성인자들 사이에서 교환된다. 이것은 체계의 정합성이 대체로 중앙집중식 혹은 하향식 통제가 아니라 구성인자들의 즉각적인 상호 의존에 좌우된다는 의미이다.

포개진 구조 혹은 척도로부터 자유로운 네트워크

복잡성 통일체는 흔히 복잡한 것이라고 확인된 다른 통일체를 구성하거나 포함시키게 된다. 여기가 바로 새로운 유형의 행위와 규칙을 세우는 행동의 근원이 된다.

모호한 경계

복잡성 형태는 주변 환경과 지속적으로 물질과 에너지를 교환한다는 의미에서 개방되어 있다. 그래서 형태의 가장자리를 보면, 자의적인 부과와 필연적인 무지 모두를 요구한다.

조직적인 닫힘

복잡성 형태가 비록 역동적인 맥락과 에너지와 물질을 교환한다 할지라도, 본래적인 안정 상태, 즉 행동 유형이나 내적 조직이 지속성을 유지한다는 의미에서 닫혀 있다고 볼 수 있다. 그래서 형태의 가장자리를 보면, 일반적으로 지각이 가능하고 충분히 안정적인 일관성에 토대를 두고 있다.

체화된 구조

복잡성 통일체는 역동적인 맥락 안에서 자신의 생존 능력을 유지하기 위해 적응하는 가운데 자신의 구조를 변화시킬 수 있다. 달리 말하면, 복잡성 체계는 자신의 역사를 체화, 즉 학습한다. 그러므로 이것은 뉴턴 역학보다는 다윈 진화론의 관점으로 설명할 수 있다.

항상적 불균형

복잡성 체계는 균형 상태에서 작동하지 않는다. 실제로 안정 상태의 균형은 복잡성 체계에서는 죽음을 의미한다.

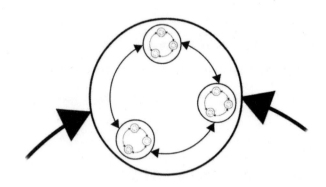

그림 1.1 복잡성 통일체의 포개진 구조에 대한 상징 표상

우리는 복잡성 통일체가 원과 같은 보다 작은 구성요소뿐만 아니라 화살표와 같이 요소들 사이의 관계에 의해 구성된다는 것을 위와 같은 그림으로 활용하고 있다. 이러한 상호작용은 자신의 하부 체계 안에서 표상되지 않는 새로운 구조와 행동의 가능성을 일으킬 수 있다.

　이러한 특정 목록만으로는 복잡성에 대해 속속들이 규명해내지 못한다. 또한 복잡성에 관한 가능한 모든 사례를 구별하는 것은 충분치 않다. 하지만 특별히 최근의 교육연구에서 관심을 두고 있는 많은 현상이 복잡성 동역학의 관점에서 고려될 수 있다는 확신을 설명하고자 하는 현재의 목적에는 충분하다. 이에 대한 구체적인 사례들이 이 책에서 논의되고 있다. 여기에는 개별적인 의미 생성, 교사와 학습자의 관계, 교실 동역학, 사회 조직, 교육에 대한 지역사회의 참여, 지식 체계, 그리고 문화 등이 포함되어 있다. 다시 한 번 말하지만, 이러한 목록들은 고려될 수 있는 현상의 범위를 거의 표상하지 못한다.

　확실히 이와 같이 폭넓은 범위는 넓은 만큼 쓸모가 없을 수도 있다. 하지만 일정 범위의 현상에 대해 이름을 붙이려는 목적은 다양성이라는 하나의 주제상의 변주로 좌절되거나 혹은 비교할 수 없는 별개의 현상을 표준화된 연구방법에 종속시키고자 하는 것이 아니다. 우리의 의도는, 정확히 그 반대로, 서로가 환원될 수 없음을 인정하면서 다양한 형태에 대한 본래적인 복잡성을 기꺼이 받아들이는 것이다. 달리 말하면, 이러한 종류의 현상은 특수한 그들만의 연구 양식을 요구한다는 것이다.

이에 더하여, 동시에 이러한 종류의 현상이 무엇을 공유하는지 인식함으로써 실천적이고 정치적인 이점이 존재한다. 이 책을 쓰는 우리의 주요한 목적 가운데 하나도 이 점을 전면에 내세우는 데 있다. 이에 앞서 몇 가지 중요한 점을 설명하고자 한다.

복잡성 과학이 아닌 것

현재 학계에서 가장 혹독한 비난을 받고 있는 것 가운데 하나가 기존의 이론이 메타 담론metadiscourse의 지위를 향해 힘쓴다는 점이다. 즉, 메타 담론은 어떻게 해서든 다른 모든 이론 위에 군림하거나 뛰어넘으려는 설명 체계이다. 이것은 보다 이전의 혹은 보다 못하는 관점을 포섭하겠다고 주장하는 이론이고, 다른 모든 담론의 맹점을 극복하겠다는 담론이다. 이러한 종류의 비판에 가장 빈번한 표적이 되는 대상은 '분석과학'이지만, 다른 것보다 뛰어나다거나 혹은 총합할 수 있다고 스스로 앞세우는 종교, 수학 그리고 다른 사고방식에도 이러한 비판이 평균적으로 나타나고 있다.

앞서 서문에서 밝힌 대로, 복잡성 과학 또한 메타 담론의 지위를 열망하고 있는 것처럼 보일 수도 있다. 실제로 지지자와 반대자 양쪽 모두로부터 이러한 용어가 흔하게 제시되고 있다. 이와 같은 입장에서 우리가 담론의 본질을 어떻게 생각하는지 명확히 해야 마땅한 일일 것이다.

우선 우리는 복잡성 철학을 설명 체계로 간주하지 않는다. 복잡성 철학은 모든 것을 포함시켜 설명하지 않는다. 오히려 겉으로 별개로 보이는 현상들 사이에서 유사성을 알아차리는 억누를 수 없는 인간의 경향성을 살리고 상세히 말하고자 하는 우산 개념이라 할 수 있다. 인간의 뇌와 같은 개미집은 어떠한가? 주식시장과 같은 교실은 어떠한가? 종species과 같은 지식 체계는 어떠한가? 이것들은 시적인 감성을 자극하고 언어의 비유, 은유 그리고 다른 연상, 즉 비재현적인 기능에 의존하는 질문들이다.

앞서 언급한 것과 같은 현상들이 갖는 구조와 동역학 사이의 매우 깊은 유사성을 인식하면서 복잡성 철학은 의학, 경제학, 컴퓨터공학, 물리학, 경영학, 사회학 등에서 상당히 효과적인 발전을 가능케 하고 있다. 하지만 이러한 영향력의 범위가 메타 담론의 지위를 향한 징표나 열망으로 해석되어서는 안 된다. 사실상, 복잡성 철학은 분석과학 혹은 다른 어떤 담론을 포함시키거나 대체하려는 시도가 결코 아니다. 오히려 복잡성 철학은 분명히 초학문성 안에서 인간의 사고와 관련된 모든 영역에 대한 통찰을 받아들이고, 섞고, 정교화하는 것을 목표로 삼고 있다. 복잡성 철학은 다른 담론 위에 군림하는 것이 아니라 그들 사이에 서고자 한다. 탐구를 향한 대부분의 사고방식과 마찬가지로, 복잡성 철학은 다양하고 겉으로 보기에는 전혀 연결되지 않는 현상을 비교하는 행위가 심오할 정도로 인간적이며, 때론 상상을 초월할 정도의 풍요로움을 가져다준다는 깨달음을 지향하고 있다.

이러한 논의에 있어 중요한 경고는 복잡성 철학이 교육연구와 실천에 이식되거나 부과될 수 있는 기성화된 담론이 아니라는 점이다. 이러한 움직임은 복잡성 연구의 특징에 대해 뿌리 깊은 오해를 상징적으로 보여준다. 오히려 담론에 관심 있는 교육연구자들은 반드시 다음과 같은 보충 질문을 동시에 해야 한다. 즉, "어떻게 복잡성 철학이 교육연구에 기여할 수 있는가?" 그리고 "어떻게 교육연구가 복잡성 철학에 기여할 수 있는가?" 이렇듯 반성적이고 공동으로 참여하는 태도는 이 운동의 창발성을 잘 보여주고 있다.

복잡성 철학의 기원

복잡성 철학 운동에 대한 수많은 대중적인 역사 속에서 상세하게 기술된 것처럼, 이 철학은 서양 연구의 여러 영역들이 합류하는 지점에서 등장하였다. 여기에는 사이버공학, 체계이론, 인공지능, 카오스 이론, 프랙탈 기하학, 비선형 동역학 등이 포함되어 있다.[6] 이들의 탐구 분야는 주로 물리학, 생물학, 수학에서 등장하였고, 1950년대와 60년대에 발전하기 시작하였다. 최근에는 특별히 사회학과 인류학과 같은 사회과학 분야의 연구들이 복잡성이라는 제목 아래 진행되고 있다. 이러한 학문적인 영향에 따른 범위를 감안할 때, 복잡성 철학을 어느 한쪽 '분야'로 정확히 처리하기는 불가능한 상황이다.

그러므로 이 책에서 취하는 전략 가운데 하나는 복잡성 철학 자체를 복잡성주의자에게 관심을 끄는, 그런 종류의 현상으로 보는 사례 연구로 활용하고자 한다. 복잡성은 유사하지만 다양한 요소들, 즉 섬세한 감정과 연구의 강조점들처럼 구성의 단순총합으로 환원할 수 없는 일관되고 인식 가능한 통일체 속으로 합체되는 일종의 창발적인 영역이라 할 수 있다. 다양성의 의미는 복잡성 체계에 대해 서로 다른 영역에서 이루어졌던 여러 용어들로부터 모아볼 수 있다. 여기에는 "복잡한 적응 체계(물리학)", "비선형 동역학 체계(수학)", "이산 구조(화학)", "자기 창조 체계(생물학)", "조직화된 복잡성 체계(정보과학)" 등이 포함된다. 이러한 용어들은 각각의 학문 영역 안에서 상당히 구체화된 기술적인 의미와 연결되고 동시에 위에서 언급한 복잡성 철학의 특징을 공유하고 있다.

이렇게 자기 조직적이고 적응해가는 현상을 가리키는 '복잡성complexity' 이라는 말이 사용된 시점은 20세기 중반까지 거슬러 올라간다. 특히, 물리학자이자 정보과학자인 위버Warren Weaver[7]에 의해 작성된 1948년의 한 논문은 현재 사용되는 용어에 대해 많은 이들로부터 결정적인 것으로 간주되고 있다. 위버는 복잡성과 비복잡성의 형태와 사건 사이에서 이를 구분할 수 있도록 준거를 제공했던 최초의 인물 가운데 하나였다. 이에 대해 간단히 말하자면, 그는 근대 과학이 관심을 두는 세 가지 폭넓은 현상의 범주를 '단순simple', '복합complicated', '복잡complex'[8]으로 인지하였고, 후기계몽주의 사고가 전개되는 상황 속에서 서로 다른 강조점 및 도구를 연결시켰다.

위버의 첫 번째 범주인 '단순 체계simple systems' 에는 다소 관성적인 대상이나 변수들이 상호작용하는 그런 현상이 포함되어 있다. 이런 사례에는 궤도, 위성, 충돌 등이 포함되는데, 여기에는 결과적으로 근대 과학 혁명 초기에 갈릴레이, 데카르트, 베이컨, 뉴턴 등에 의해 포착되었던 형태와 사건들이 들어 있다. 동시대인과 함께 이 사상가들은 이러한 기계적인 현상을 기본 법칙과 근본 요소로 환원시키려는 일련의 분석적 방법을 발전시켰다. 여기에서의 지배적인 가정은 연구자들이 이러한 원리를 더욱 철저하게 알게 되면 보다 복합적인 현상을 설명하는 데 그들의 이해를 외삽시킬 수 있다는 것이다.

여기서 '분석적analytic' 이라는 용어의 의미가 결정적이다. 그리스어 어원인 'analusis' 는 '쪼개는dissolving' 에서 도출된 분석적 방법으로서 글자 그대로 근본적인 원인이나 가정과 관련되어 있는 모든 현상과 진리에 대한 주장을 부분부분 쪼갠다는 의미로 이해되었다. 이것은 완벽하고도 확고한 설명 체계로 다시 모으기 위한 것이다. 근대 과학이 등장한 초기 단계 동안 뉴턴 역학의 놀라운 예측력을 고려해볼 때, 이런 접근 방식에 대한 신념을 갖는 데에는 나름의 충분한 이유가 있었다. 비록 수백 년이 지났지만, 이 특수한 도구들은 여전히 단순 체계들을 검토하고 조작하는 주요한 수단으로 남아 있다. 실제 1800년대 초, 분석적인 방법에 대한 확신이 극단적인 지점까지 도달할 정도로 매우 효과적이었다. 당시 수학자였던 라플라스Pierre Simon de Laplace는 다음과 같이 호언에 찬 확신을 말하였다.

생명을 불어넣는 자연의 모든 힘과 자연을 구성하는 존재들의 개별적인 상황을 파악할 수 있는 즉각적인 지성, 즉 이런 자료들을 분석해낼 수 있을 정도로 충분히 광대한 지성이 누군가에게 있다면, 동일한 방식으로 가장 무거운 물체와 가장 가벼운 원자들의 운동도 포함시킬 수 있다. 왜냐하면 여기에는 불확실한 그 어떠한 것도 존재하지 않을 것이고, 과거와 같이 미래도 그런 시선 속에서 나타날 것이기 때문이다.[9]

이러한 주장은 '결정론determinism', 즉 우연이란 존재하지 않는다는 철학적 사고방식의 핵심적인 명제로 흔히 인용되어왔다. 미래에 일어날 모든 일은 이미 일어난 일에 의해 절대적으로 결정되거나 고정된다. 그리고 이미 일어난 일은 원칙적으로 현재의 조건에 대한 주도면밀한 탐색에 의해 결정되거나 계산된다.

결정론적인 우주에 대한 확신과 분석적인 방법에 대한 신념은 과학적인 토대 속에서 지속되고 있고 당연히 그럴 것이다. 그러나 라플라스의 확신에서도 나타나 있듯이, 우주를 이해하기 위해서는, 앞서와 같은 용어로 말하자면 '광대한' 지성이 필요하다. 문제는 이러한 접근 방식이 전적으로 실용적이지 않다는 것이다. 이는 이미 200년 전에도 확인되었다. 사실 이보다 더 일찍 뉴턴 자신도 세 개 혹은 그 이상이 상호작용하는 요소들을 수반한 단순 체계들의 계산도 빨리 처리하기 어렵다는 것을 인지하고 있었다. 19세기에는 점점 더 많아지는 이와 같은 현상에 학자들이 직면하면서 일련의 새로운 방법들이 개발되었다. 통계와 확률에 바탕을 둔 이 도구들은 복합 체계에 대한 총합 혹은 세계 수준의 동역학 해석에 보다 더 유용한 것이었다. 이러한 복합 체계에는 수백만의 변수 혹은 부분들을 포함하는 천문 현상, 자기 작용, 분자 상호작용, 아원자 구조, 날씨 유형과 같은 상황이 포함되어 있다.

의미심장하게도 통계 및 확률적인 방법의 발전은 사고의 전환이라기보다는 일종의 체념의 모습을 보여주었다. 현상에 대해 고정된 궤도 속에 폐쇄되어 있고 부분들의 단순 총합으로 환원할 수 있다는 근본 가정에 대한 변화로부터 이런 방법이 등장하거나 이를 촉구한 것이 아니었다. 이것은 우주를 여전히 결정되어 있는 것으로 간주하는 것들이었다. 이 새로운 도구들은 깊이 있는 이해가 아니라 겉치레에 불과한 설명만을 제공하는 것으로 이해되었던 것이다. 광대한 지성의 부족과 절망적인 지각 능력의 한계에 부딪히면서, 못마땅하지만 인간들은 어쩔 수 없이 조잡한 특징들에 의존할 수밖에 없었다. 통계적인 방법으로의 이동은 어떠한 지성으로도 복잡하게 얽힌 우주의 아주 작은 부분조차도 충분하게 측정하거나 계산할 수 없음을 인정하는 것에 불과하였다. 현상이 복잡해질수록, 사람들은 상호작용하고 있는 요인에 대한 정확한 분석보다는 오히려 조잡한 유형에 대한 양적이고 평균적인 기술記述에 더욱더 의존할 수밖에 없게 되었다.

하지만 20세기 초반에는 현상에 관한 확률적이고 통계적인 표상에 대해 보편적인 유용성을 갖는다는 확신이 약해지기 시작하였다. 몇몇 이들은 어떤 현상에 대해 해석하고 예측하는 데 분석적인 방법이든 통계적인 방법이든 모두 다 적합할 수 없다고 제안하기도 하였다. 예를 들어, '초기 조건의 민감성' 혹은 현재 잘 알려진 '나비 효과'와 같은 중요한 개념을 명확히 하려는 초기 과정에서, 프랑스의 수학자인 프엥카레Henri Poincaré는 다음과 같이 설명하였다.

비록 자연의 법칙이 우리들에게 더 이상 어떤 비밀도 간직하고 있지 않은 그런 상황이라 하더라도, 우리는 여전히 초기 상황에 대해 그저 대략적으로만 알 수 있을 뿐이다. 만약 우리가 유사한 근사치로 지속적인 상황을 예측할 수만 있다면, 그것이 바로 우리가 요구하는 바일 것이다. 그리고 우리는 법칙의 지배를 받는 것이기에 현상을 예측해왔다고 말해야 한다. 하지만 반드시 모든 것이 그런 것만은 아니다. 초기 조건에서 벌어지는 미세한 차이가 최종적으로 나타나는 현상에서 매우 큰 차이들을 만들어낼 수도 있다. 전자의 작은 실수가 후자에 와서 엄청난 오류를 만들 수 있다는 말이다. 즉, 예측은 불가능하게 되어 있다.[10]

프엥카레는 이러한 주장을 통해 근대 과학의 예측지향적인 기획에 이의를 제기하였다. 그의 주장은 다음과 같이 두 갈래로 나뉜다. 즉, 인간의 측정은 필연적으로 근사치일 수밖에 없고, 그러한 근사치상에서의 오류는 축적될 뿐만 아니라 스스로 확대된다. 이는 단순한 현상을 가장 정확하게 측정했다 하더라도, 그리고 복합적인 현상을 가장 엄밀하게 증명된 통계적 기술에 따랐다고 하더라도, 시간이 지나면 그 정확도가 격하게 떨어질 수 있고 대개 그렇게 될 수 있음을 의미하였다.

하지만 일부 체계들 자체의 행위가 가능성의 변화에 영향을 준다는 암시적인 주장을 한 프엥카레의 진술에서 보다 미묘하고도 중요한 점이 도출된다. 그것은 실체에 대한 선형적인 인과 모델, 즉 투입에 대한 지식이 산출을 예측하기에 적합하다는 가정에 토대를 둔 이 모델이 모든 체계에서 작동되지 않는다는 것이다. 어떤 경우에 체계들은 자기 변형적인 모습이 나타나기 때문이다.[11]

바꾸어 말하면, 복합 체계가 비록 많은 구성요소를 가지고 있다 하더라도, 그 부분들 사이의 관계는 고정되어 있고 명확하게 정의定義되어 있다. 만약 이것을 주의 깊게 해체하고 재배치한다면, 체계는 유사하면서도 예측 가능한 방식으로 정확히 작동하게 될 것이다. 하지만 문제는 해체되고 재배치될 수 없는 일정한 형태들이 존재한다는 점이다. 그 이유는 바로 구성요소들 사이의 관계가 무너질 때, 그 특성이 파괴된다는 점 때문이다. 이러한 종류의 복잡성 체계들 안에서 구성요소들 간의 상호작용은 고정되어 있지 않고, 명확하게 정의되지 않으며, 오히려 매 순간 공동 적응하여 영향을 주고받고 있다. 이렇게 단순 체계와 복합 체계에서 나타난 행태들은 기계적인 모습을 보인다. 이들 모두 정확한 규칙에 근거하여 완벽하게 설명하고 합리적으로 예측할 수 있지만, 이와 달리 복잡성 체계를 지배하는 규칙은 한 체계에서 다음 체계로 극적으로 변화할 수 있어서 꼭 그렇지만은 않다. 더군다나 체계가 바뀌기라도 한다면 이러한 규칙은 변화에 영향을 받아 심하게 유동적일 수 있다. 이러한 불확실성은 부분적으로 복잡성 체계의 '구성요소들'이 그 자체로 역동적이며 적응적임을 말해준다. 적어도 이 책에서 다루는 모든 체계들이 여기에 포함된다.

하나의 사례를 들면 이와 같은 요점은 보다 분명해진다. 하나의 사회 통일체를 생각해보자. 만약 이 통일체가 생명력을 유지하려면, 이 안의 '부분들'은 합리적인 일관성을 지닌 규칙의 체계를 명확하게 지켜가야 한다. 그런데 사회적으로 유능한 인간들 사이에서 입증되듯이, 상호작용의 규칙은 안정적이거나 보편적이지 않다. 행위 규범은 진화해가는 것이다. 즉, 역할, 책임, 자유 등은 항상 일정 정도 분화되고, 수용 가능한 행태들은 하나의 맥락에서 다음 맥락으로 극적으로 변화해가기 마련이다. 더군다나 이런 규칙이 고정돼버리고 일률적으로 적용된다면, 아마도 그 결과는 유토피아가 아닐 것이다. 설상가상으로 이러한 체계는 위축되어서 곧장 생명력을 상실할 것이다.

필수적이면서도 불가피한 복잡성 통일체의 내적 다양성과 적응력을 깨닫는 것은 아주 중요한 일이다. 특히, 이것은 1800년대와 1900년대에 걸쳐 펼쳐졌던 인문학과 사회과학의 상당한 연구에 대해 보다 더 섬세한 도전을 보여준다. 이것들은 유사 기계론의 틀이나 확률과 통계학에 경도된 것들이다. 특히, 교육연구와 관련하여 행동주의 심리학을 예로 들어보자. 이것에 의해 지지받아 온 인과관계 논리는 복잡성 철학에 의해 문제가 있는 것으로 나타나고 있을 뿐만 아니라 개별적인 이해와 집단적인 인식과 같이 복잡한 현상을 이해하려는 노력과는 거리가 먼 것이다. 보다 엄밀히 말하면, 학습에 대해 경험이 "원인이 된다"든지 혹은 경험에 "기인한다"는 행동주의 관점은 복잡성주의자의 감수성에 의해 도전받고 있다. 복잡성주의자의 감수성 측면에서 배운다는 것은 행위자의 맥락agent's context에 있기보다 행위자agent로부터 기인하기 때문이다. 예를 들면, 이 책에 대한 반응 방식을 보더라도, 체화된 역사의 여러 측면들을 자극하기만 하는 종이책 위에 새겨진 검은 글씨에 의해서 이해되는 것이 아니라 복잡한 구조에 의해 보다 적절하게 이해되는 것이다. 그래서 교육pedagogy과 관련해 복잡성주의자들은 교수teaching가 학습learning을 결정한다는 것은 불가능한 공언이라고 말한 프로이트의 주장을 따르는 경향이 있다. 이에 대해서는 다음 6장과 7장에서 좀 더 세밀하게 탐색하고자 한다.

예측 불가능성에 대한 프엥카레의 통찰과 일맥상통하는 이러한 감수성은 1900년대 물리학에서 보다 광범위하게 수용되었다. 앞서 설명한 대로 이것은 '자기 조직'과 '구조 결정론'과 같은 개념이 공식적으로 표현되면서 절정에 이르렀다. 1900년대 말, 복잡성 과학자인 카우프만Stuart Kauffman은 이러한 인식의 중요성을 다음과 같이 알렸다.

다윈 이후 우리는 질서의 유일한 원천으로서 유기체를 부분적으로 수정해가는 장치와 선택으로 간주해왔다. 하지만 다윈조차도 자기 조직의 힘을 알아챌 수는 없었다. 따라서 우리는 새로워진 복잡성 체계 안에서 적응의 원리를 반드시 찾아내야 한다.[12]

바꾸어 말하면, 적응이 환경적인 원인에 의해 이해될 것이라는 널리 퍼져 있는 믿음이 단순 체계와 기계와 같은 복합 체계에는 적합할지 모르지만, 복잡성 체계에는 완전히 부적합할 수 있다. 적응에 대한 완전히 새로운 원리, 즉 학습이 필요한 것이다.

그러므로 우리는 핵심적인 가정과 확신 가운데 하나에 도달해 있다. 그것은 복잡성 철학에 대한 교육연구의 함축적인 의미로서, 우리가 바로 학습 체계에 관심이 있다는 것이다. 더욱이 카우프만[13]의 주장에 따라, 우리는 새로워진 복잡성 체계 안에서 학습의 원리를 찾고자 한다.

'학습'이란 무엇인가? '학습자'란 무엇인가?

이 점을 다시 강조하기 위해 본 연구는 다음과 같은 가정에서 틀을 잡고자 한다. 이 가정은 학습에 대해 20세기에 많이 이루어진 단순한 심리학 지향의 교육연구에서 확신했던 '행동 수정'의 문제가 아니라는 가정이다. 뿌리 깊게 박혀 있는 이러한 확신은 "경험이 학습을 유발하는 원인이다."라는 관점과 더불어 굉장히 비실제적이고 비생산적임을 주장하고자 한다. 오히려 경험은 학습의 원인이라기보다 자극의 측면에서 더 잘 이해된다. 따라서 학습이란 신체적이고 행동적이다. 다시 말해, 학습은 생물학적인 측면에서 구조적인 것인 동시에 발생하는 학습자 안에서 이루어지는 변형의 문제가 된다. 학습은 확실하게도 개별적인 경험에 의해 결정되지만, 이것은 외부 자극이 아니라 학습자 자신의 복잡한 생물학적이고 경험적인 구조에 기인한다.

이러한 확신은 19세기와 20세기 전반에 걸친 교육 관련 논의에 있어 분석과학으로부터 이식된 결정론의 한 측면인 '선형적 인과론linear causality'에 대한 뿌리 깊은 가정을 거부하는 것이다. 인과적인 해석은 학습이 반복적임을 말하지만 이를 정밀한 과정으로 이해할 때는 그 의미가 사라지게 된다. 확실히 여기에서의 쟁점은 우주가 결정론적인 것이냐 아니냐이다. 이것은 결정론적인 설명이 교육과 같은 영역에서 타당성이나 적용 가능성이 있느냐와 관련되어 있다. 결정론에 대한 쟁점은 우주론과 철학의 영역까지 파고들어 와 있으며 심지어 복잡성 과학자들 사이에서도 지속적인 논쟁거리가 되고 있다. 보편적이진 않지만, 교수가 학습의 원인이 될 수 없다는 확신이 널리 인정되고 있기에 교육 분야에서의 논쟁은 그리 심하지 않은 편에 속한다.

학습에 대한 복잡성 과학자들의 고민은 이보다 훨씬 더 앞서 나가고 있다. 학습의 역동성에 관한 가정이 도전받고 있을 뿐만 아니라 학습자란 무엇인가에 대한 대중적인 믿음도 마찬가지이다. 이미 여러 번에 걸쳐 활용되었지만, 이러한 쟁점은 '구조'라는 관점에서 그 의미를 면밀하게 검토할 필요가 있다. 구조의 개념은 복잡성, 적응성, 그리고 관련 개념들의 광범위한 평가 속에 핵심적인 것으로 입증되고 있다.

'구조'라는 용어 자체는 다양한 의미를 가지고 있고 심지어 모순된 해석에서 벗어날 수는 없는 용어에 속한다. 영어권에서 구조라는 용어의 가장 보편적인 적용 사례는 건축과 생물학에서 뚜렷이 나타난다. 여기에서는 생물학과 관련된 의미를 근거로 말하고자 한다. 자세히 말해 건축과 관련하여 활용될 때 구조는 기초, 층별 구조, 비계, 토대, 위계질서 등 고정된 조직이나 설계 그리고 단계별 추진과 같은 일련의 연상된 의미를 내세운다.

반면에 구조에 대한 생물학적 의미는 이와 전혀 다르다. '유기체의 구조'와 '생태계의 구조'와 같이, 구조는 유기체의 형태를 가진 어떤 존재의 복잡한 역사를 가리키는 데 활용된다. 이런 의미에서 구조는 필연적이면서 동시에 우연적이라 할 수 있다. 또 구조는 익숙하면서도 동시에 전혀 생소한 것이 된다. 더불어 구조는 완성되어 있으면서도 동시에 미완성의 과정 속에 있는 것이 된다. 이러한 용어는 생물학적 관점에서 '흩뿌리다 strew'와 '추론하다 construe'라는 어원에서도 암시되는데, 원래 의미에서 보면 여기에 더 가깝다. 진정으로 이 단어가 400년 내지 500년 전의 건축에 처음 적용되었을 때, 당시 대부분의 건물들은 부분이 첨가, 파괴 혹은 변경되면서 지속적인 진화를 하고 있었다. 건축의 구조는 본래적인 의미보다는 즉각적으로 활용하는 측면에서 대체로 이해되고 있었던 것이다.

건축과 생물학으로 의미 사이사이를 구분하여 설명하자면, 구조는 '압축 불가능 incompressible'하다라는 말로 지적될 수 있다. 생명체는 역사로부터 발생하고 체화 embody한다는 독특한 구조를 가지고 있다. 비록 많은 구조의 속성들이 전체적으로 어떤 특징을 갖는다 할지라도, 체계에 대한 일반적인 특징을 핵심적으로 이해하는 측면에서 좀 더 세밀한 속성들을 볼 때, 이는 결코 알 수 없거니와 정확한 복제도 불가능하다. 이와 대조적으로, 건물이나 다른 정적인 형태의 핵심적인 측면은 상당히 정확하게 그리고 대체로 설계도나 지도와 같은 정밀하게 압축된 형태로 규정할 수 있다.

쟁점으로 다시 돌아와 다이크Dyke[14]의 표현을 빌린다면 '학습자'는 '구조화하는 구조화된 구조structuring structured structure'로 이해할 수 있다. 학습자는 능동적인 구성인자가 역동적인 세계 안에서 부딪힐 수 있는 새롭고도 다양한 상황에 스스로 적응시킬 수 있는 복잡성 통일체인 것이다.

우리들에게 있어서 학습자라는 존재는 교육계 담론 지형을 전체적으로 바꾸는 것이라 할 수 있다. 지금까지 학습자라는 용어가 대개는 철저하게 고립된 채 격리되어왔고, 추정된 개인을 지칭하는 것으로 사용되었다. 이와는 대조적으로, 복잡성 측면에서 본 학습자는 사회, 교실, 학교, 지역사회, 지식체, 언어, 문화, 종 등의 기타 다른 가능성을 포함하고 있다. 미시적인 수준으로 들어가면, 이 목록은 생체 기관, 신체의 하부 체계, 세포, 뉴런 등의 모든 것들을 포함한다.[15] 이러한 의미에서 복잡성 철학의 주장은 어떤 담론이 "주장한다", 어떤 세포가 "알고 있다", 어떤 문화가 "생각한다"라고 말하는 것이 결단코 부적절한 것이 아니라는 점을 알 수 있다. 이러한 표현들은 단순한 의인화라기보다는 수많은 현상이 지닌 역동적인 구조와 관련된 깊은 유사성에 대한 인정을 보여주고 있다.

중요한 것은 위에서 언급한 것처럼, 소위 학습자는 하나의 응집된 통일체이자 동시에 상호작용하는 복잡성 체계 혹은 보다 큰 규모의 통일체 일부로 생각할 수 있다. 이 점에서 보면, 교육과 교육연구는 상당한 관련성이 있고, 복잡성 철학은 관찰되는 현상 안에서 관찰자의 역할을 전면에 내세우게 된다.

연구의 복잡성과 연구자들 사이의 공조

앞서 언급했듯이 복잡성 체계의 필연적인 속성은 '개방성'에 있다. 복잡성 체계는 맥락, 에너지, 물질, 정보 등을 항상 교환한다. 이 과정에서 체계와 환경 모두 구조에 대해 일정한 감응을 갖게 된다.

여기서 '환경'이라는 말은 주의 깊게 사용해야 한다. 복잡성 측면에서 환경은 구성인자와 맥락 사이에 분명한 물리적 경계가 있음을 의미하는 것이 아니다. 복잡성 체계에서 구성인자는 필연적으로 환경의 일부가 된다. 어떤 요소들이 체계의 일부(내부)인지, 그리고 어떤 것들이 배경(외부)에 속하는지를 확실하게 결정하는 것은 늘 가능하거나 유용하지는 않다.

사실 개방적인 복잡성 체계의 경계를 가까이 볼수록, 쟁점은 더욱더 곤란한 지경에 빠지고 만다. 예를 들어, 세포의 수준에서 세포막을 들여다보면 어떤 분자들이 체계에 속하고 어떤 것들이 배경에 속하는지 분명하지 않다. 피부의 수준에서 인간과 인간이 아닌 것 사이를 구분하려는 시도도 마찬가지이다. 그리고 특정한 통찰력의 기원이 무엇이고 창안적인 인물이 누구인지를 파헤치는 시도도 마찬가지이다. 객관적인 차원에서 이러한 경계의 지점을 간단하게 규정할 수 없는 것이다. 더 적절하게 표현하자면 아마도 단순하게 규정할 수 없다고 해야 옳을 것이다. 따라서 복잡성의 형태를 연구함에 있어서 개방적인 복잡성 체계의 물리적인 혹은 개념상의 경계는 배경과 체계를 정의하거나 이를 구분하는 데 활용되는 기준이라는 게 항상 우발적일 수밖에 없다.

여기서 결정적인 것은, 비록 핵심적이라 할지라도 연구자들이 연구하는 현상을 반드시 정의하는 것은 아니라는 점이다. 오히려 중요한 쟁점은 복잡성 철학 연구자들이 연구하려는 현상 속에 어떻게 얽혀 있는지를 고려하는 것이다. 그래서 이들의 설명이 세계와의 복잡한 관계 속에 존재한다는 것을 인정하게 하는 것이다. 즉, 연구자들은 이들 간의 상호 전제 하에 애매한 경계 속에 서서 중층적으로 포개지고 역동적으로 본다는 말이다.

4장에서 상세히 설명하겠지만, 이러한 의미에서 복잡성 철학은 진리에 대한 만족스러운 근거를 가지려 하는 과학적 객관성, 상대주의적 주관성, 구조주의자 혹은 후기구조주의자의 상호주관성 등을 거부한다. 특히, '객관성'의 개념은 불가능한 허구로 생각한다. 즉, 이것은 신의 눈에 의존한 진리이거나 관찰자 없는 관찰에 불과한 것이다. 반대로 '개별적인 경험'이 사실을 주장할 수 있는 충분한 근거라는 주장도 거부한다. 그 이유는 언어학적인 기초와 해석의 집단적인 측면을 무시하기 때문이다. 마찬가지로 진리는 엄밀히 사회적인 합의를 통해서 구성되고 유지된다는 '상호주관성intersubjectivity'의 개념 또한 부적절한 것으로 생각한다. 이러한 합의는 필연적으로 보다 더 큰 규모의 물리적인 세계 안에 중층적으로 포개져 있기 때문이다. 논의를 더 이어가자면, 인식 주체의 의식은 필연적으로 현상을 지각하는 방식이 있고, 이 현상과의 관계 속에서 행동 방식에 감응을 주게 된다. 그래서 복잡성 과학자들은 불가능한 객관성을 추구하기보다는, 자기준거적인 주관성을 수용하기보다는, 혹은 문화에 제약을 받는 상호주관성에 얽매이기보다는 오히려 진리에 대한 '상호객관성interobjectivity'을 추구한다. 이는 단순히 객관적인 것도, 주관적인 것도, 그리고 사회적인 합의에 관한 것도 아닌 것이다. 상호객관성은 보다 더 거대한 인간 이상의 맥락 속에서 역동적이고 소통을 하며 상호 규정한다. 상호객관성은 개인이든 사회 집단이든 복잡한 통일체든 학습자 혹은 인식 주체가 일상적이고 항상적인 구조의 진화라는 흐름 속에서 세계와 일정하게 연동하며 창발적인 가능성을 갖는다.

복잡성 과학자인 스튜어트Ian Stewart와 코헨Jack Cohen 등은 영어를 재치 있게 활용하여 요점을 정확하게 지적하고 있다. 즉, '단순함simplicity'과 '복잡성complexity'이라는 용어의 공통적인 어원을 재조합하여 '단순성simplexity'과 '공조complicity'라는 말을 만들어냈다. 이들에게 있어 "단순성은 여러 규칙이 있는 하나의 체계가 단순한 특징을 생성시키는 과정을 지칭한다. 단순성은 직접적인 규칙의 결과로서 더 큰 규모의 단순함을 출현시킨다."[16] 이와 같은 단순성의 예는 뉴턴 역학과 형식 수학 등이 있고, 이들의 속성은 규칙들이 직접적이고 피할 수 없는 결과로 귀결된다는 점이다.[17]

2장에서 자세하게 설명하겠지만, 복잡성 과학자들 사이에서 제기되는 중요한 쟁점은 단순성이 종종 "사물이 진실로 존재하는 방식"에 대한 설명으로 간주되어왔다는 점이다. 이러한 뿌리 깊은 고정관념을 제거하기 위해서, 스튜어트와 코헨 등은 다음과 같이 제시하였다. 즉, "완전히 다른 규칙은 유사한 특징을 생성하는 곳으로 수렴하고, 동일한 큰 규모의 구조적 유형을 나타낸다." 이러한 현상의 범주로서 '공조complicity'라는 개념을 제시한다.[18] 다른 말로 하면, 1장에서 말한 복잡성의 의미와 완벽하게 양립 가능한 정의를 제공하고 있는 것이다.

하지만 '복잡성'과 같은 의미의 '공조'라는 용어가 개발되면서 연구자들은 항상 그리고 이미 연구되어 있는 현상 속에 뒤엉켜 있다는 사실을 전면에 강력하게 내세우게 된다. 연구자들이 접하는 것은 자신이 알 수 없는 방식과 수준에서 현상에 의해 생성되고 동시에 현상의 생성에 참여하는 훨씬 더 큰 규모의 체계들이고 측면들이다. 이러한 깨달음은 연구 자체를 매우 중요한 윤리적인 과제로 만든다. 이것 또한 다음에 이어지는 내용에서 보다 더 상세하게 탐구하려는 쟁점이기도 하다.

복잡성 철학에 대해 말할 것 같으면, 우리가 이해하고자 하는 것이 사물의 일부이고 동시에 사물을 이해하고자 하는 연구에 실질적으로 도움을 준다. 우리가 일부라고 하는 것에 대해 결코 객관적인 평가를 할 수 없다는 것을 전면에 내세운다. 복잡성에서는 세계로부터 한발 물러서기보다 오히려 우주가 펼쳐지는unfolding 곳으로 우리를 연관 짓고 참여하며 공조해야 함을 강조한다.

실제, '함축implication', '공조complicity', '복잡성complexity' 등은 모두가 인도-유럽어 'plek'에 그 어원이 있다. 그 의미는 '엮다weave, 짜다plait, 접다fold, 꼬다entwine' 등이다. 따라서 이런 것이 복잡성 철학의 첫 번째 교훈이 된다. 인간의 인식, 존재의 본질, 존재의 생성과 유지의 방식, 인식의 의미 등에 얽혀 있는 쟁점에 대해 관심을 지닌 연구자들로서는 연구에 엮여 있으면서 동시에 우리 안에 엮여 있는 것이다.

1. Albert Einstein(1977), *Reader's Digest*에서 인용함.
2. B. Chui, "Unified theory' is getting closer, Hawking predicts," *San Jose Mercury News,* Sunday Morning Final Editions, January 23, 2000, p. 29A에서 인용함.
3. 추가적인 정보로서 '복잡성과 교육' 웹 사이트 〈http://www.complexityandeducation.ca〉 혹은 '복잡성 다이제스트' 페이지 〈http://www.comdig.org〉를 보라. 두 개 모두 복잡성 연구에 헌신하는 많은 연구소와 센터의 사이트로 연결해주고 있다.
4. 이러한 특별한 표현은 조지 부시 행정부에서 시행한 '아동낙오방지법(*No Child Left Behind*)'이라는 교육 제안서에 대한 논쟁으로부터 이루어진 것이다. 동봉된 제안 문서에서는 교육연구에 사용되는 이 용어가 의학 연구처럼 동일한 표준으로 측정되어야 한다는 주장의 틀로서 사용되었다. 복잡성 과학의 틀 안에서 보면 이러한 주장은 너무나 터무니없다. 이와 관련해서는 3장을 보라.
5. M. M. Waldrop, *Complexity: the emerging science on the edge of order and chaos.*(New York: Simon & Schuster, 1992)
6. 예를 들면, R. Lewin, *Complexity: life at the edge of chaos*(New York: Macmillan, 1992); Waldrop, 1992; K. Kelly, *Out of control: the new biology of machines, social systems, and the economic world*(Cambridge, MA: Perseus, 1994); S. Johnson, *Emergence: the connected lives of ants, brains, cities, and software*(New York: Scribner, 2001)를 보라.
7. W. Weaver, "Science and complexity", *in American Scientist,* vol. 36, 536-544. 온라인상의 〈http://www.conceptualinstitute.com/genre/weaver/weaver-1947b.htm〉도 활용 가능함.
8. 위버는 실제로 '단순(*simple*)', '조직되지 않은 복잡성(*disorganized complexity*)', '조직화된 복잡성(*organized complexity*)'이라는 용어를 사용하였다. '단순', '복합', '복잡'이라는 용어는 보다 최근에 활용되고 있는 모습을 반영하고 있다. 이와 관련해서는 Waldrop(1992)나 Johnson(2001)을 보라.
9. P. S. de Laplace, *A philosophical essay on probabilities,* translated by F. W. Truscott & F. L. Emory(New York, Dover, 1951: published in the original French in 1814).
10. H. Poincaré, *Science and hypothesis*(London: Walter Scott Publishing, 1905).
11. 의미심장하게도, 프엥카레는 우주가 결정된다는 가정을 문제시하지 않았다. 이 우주는 라플라스에 의해 묘사된 우주를 말한다. 오히려 프엥카레는 어떤 인간도 가장 단순한 현상조차 결단코 결정할 수 없다는 신념을 진지하게 묻고 있다.
12. 카우프만은 R. Ruthen, "Trends in nonlinear dynamics: adaption to complexity," in *Scientific American,* vol. 269(January, 1993): 130-140에서 인용함.
13. 같은 책.
14. C. Dyke, *The evolutionary dynamics of complex systems*(Oxford: Oxford University Press, 1988).
15. 물론, 이것은 미시 및 거시적인 방향 모두에서 논의를 더 할 수 있다. 하지만 결국에는 복합적인 (기계) 혹은 복잡한 (학습)인지 분류하기 어려운 현상과 마주하게 된다. 이러한 텍스트 속에서 우리의 목적은 교육연구자들이 관심 있어 하고 관련성이 있는 현상에 초점을 맞추고자 하는 것이기 때문에, 이러한 논의가 더 이루어져야 한다는 압박을 받았을 때 등장하는 현상과 이론적이고도 철학적인 논쟁을 신중하게 회피하고자 한다.
16. J. Cohen & I. Stewart, *The collapse of chaos: discovering simplicity in a complex world*(New York: Penguin, 1944): p. 414.
17. 같은 책, p. 412.
18. 같은 책, p. 414.

제 2 장 | '과학Science'이란 무엇인가?

철학에서 자유로운 과학이란 없다.
다만 검색대를 통과하지 않고 철학적 배낭을 지닌 과학만이 있을 뿐이다.

_데넷Daniel Dennet[1]

최근의 '복잡성 철학complexity thinking'은 20세기 말 '복잡성 이론complexity theory'을 대체하기 위해 채택되었던 '복잡성 과학complexity science'이라는 용어로 더 잘 알려져 있다. '이론'에서 '과학'으로 바뀐 이유는 복잡성 연구가 엄밀한 학문적인 접근임을 보여주려고 했던 점이 크다. 다소 역설적이지만, 이 책은 '복잡성 과학'보다는 오히려 '복잡성 철학'의 측면에서 말하고자 한다. 이 같은 결정은 교육계와 교육 분야 연구자들 사이에 존재하는 물리학에 대한 전반적인 불신에 터하고 있다. 뒤에서 설명하겠지만, 이러한 생각은 전혀 근거가 없는 것은 아니다.

현대 교육이라는 논의의 맥락에서 보면, 과학이라는 용어는 대개 우주의 본질에 관한 원리의 수집과 이 원리에 의한 특정한 탐구 및 검증 방식 모두를 지칭한다. 이러한 방법들은 적어도 일반적인 관점에서 보면 복제를 통한 증명의 기준으로 조직되는 것들이다. 즉, 연구자에 의해 예측 가능하고 반복 가능한 결과가 입증되면, 가설은 사실이 되고 이론은 진리가 된다.

만약 이런 점이 현대에서 통용되는 과학의 유일한 의미라고 한다면, 복잡성 연구는 결코 과학적이라고 간주될 수 없을 것이다. 복잡성의 관점에서 본 현상들은 복제의 기준에 대해 다음과 같은 두 가지의 즉각적인 문제를 제기한다. 첫째, 잠정적으로 동일한 상황에서 동일한 자극에 직면하게 되면, 유사한 체계라도 전혀 다르게 반응할 수 있다. 이 점은 어떤 교사라도 입증할 수 있는 부분이다. 한 학생의 입장에서 다른 학생이 어떻게 학습하고 있는지 그 상황을 해석하는 것은 어느 누구도 확신을 가지고 간단하게 예측할 수 없다. 이것은 교실의 입장에서도 마찬가지이다. 둘째, 동일한 체계, 적어도 자신의 특징과 정체성을 보존하고 있는 것으로 보이는 체계는 동일하게 보이는 일련의 조건에 대해서도 매우 상이하게 반응할 수 있다. 예를 들어, 한 학생이나 교실의 집단이 전 단계 수업이나 혹은 바로 몇 분 전의 반응에 대해 어떻게 반응할지는 어느 누구도 신뢰성을 가지고 예측할 수 없다. 달리 말하면, 결과에 대한 엄밀한 예측과 신뢰는 학습 체계를 다룰 때 불합리한 기준이 된다.

그렇다면 1장에서 지적했듯이, 만약 탐구에 대한 분석적인 토대가 부적절하다고 간주되고 검증의 기준이 비실제적이라고 생각한다면, 복잡성 과학에서 과학의 의미란 무엇일까? 이 질문에 대답할 수 있는 어떤 통일된 응답이 있다는 것은 거의 불가능한 것임을 다시 한 번 강조할 필요가 있다. 과학적인 진리의 특징과 지위를 두고 나타나는 일련의 여러 관점들이 복잡성 과학자들 사이에서도 나타나고 있다. 그렇기 때문에 거의 모든 학문 분야와 마찬가지로 복잡성 과학자들 사이에서도 갈등과 모순이 그만큼 존재하게 된다. 하지만 다른 분야와 대조적으로 복잡성 연구자들은 이러한 긴장을 진정한 통찰의 필연적이고 생산적인 지점으로 평가하기도 한다. 문제를 정연하게 정리하는 것이 아니라 보다 풍부한 이해를 위해 잠재된 자극들로 평가하는 것이다.

리처드슨Kurt Richardson과 실리어스Paul Cilliers[2]는 지금까지의 복잡성 연

구와 관련된 세 가지 학파의 입장을 정리하여 복잡성 철학 안에 존재하는
다양성을 다음과 같이 설명하였다.

(가) 경직된(혹은 환원주의) 복잡성 과학
이것은 물리학자들의 주요한 접근 방식으로 결과로서 현실의 본질을 들추
어내어 이해하고자 하는 분석과학의 바람과 동일하다. 현실은 결정되어 있
고 동시에 결정할 수 있다는 가정 하에 안내된다.

(나) 유연한 복잡성 과학
이것은 생명체와 사회 체계를 설명하는 데 있어 경직된 복잡성 과학으로부
터 개발한 은유와 원리에 의존하는 생물학과 사회과학 안에서의 공통적인
접근 방식이다. 이 경우에 복잡성은 현실을 향한 경로 혹은 재현이라기보다
는 오히려 세계를 바라보는 방식이자 해석 체계라고 할 수 있다.

(다) 복잡성 철학
이것은 경직된 접근 방식과 유연한 접근 방식 사이 중간 어딘가에 놓인 접
근 방식이다. 복잡성 철학은 복잡한 우주를 가정하면서 철학적이고 실용적
인 의미에 관심을 둔다. 따라서 이것은 사고와 동시에 실천의 한 방식으로
설명될 수 있다.

복잡성주의자들의 감수성과 마찬가지로 리처드슨과 실리어스 또한 이
러한 인위적인 구분과 편향적인 측면을 솔직히 인정한다. 실제 현상 속에
는 다양한 태도가 상당히 복잡하게 뒤얽혀 있고, 때로는 이것들이 분명히
동시 발생적으로 나타나기 때문이다. 사실 이 책을 일부분으로 분류하는
독자라 하더라도 위에서 나열한 범주 가운데 한두 개를 확실하게 정합성

을 갖춘 것으로 분류할 수 있을지 의구심이 든다. 이렇게 자기발견 식으로 접근하려는 목적은 하나의 범주에 집중하려는 것이 아니라, 이러한 분류를 통해 이 분야에 일정 정도 필연적인 불일치를 이해할 수 있도록 유용한 도구를 제공하려는 것이다. 실제 이 과정에서 복잡성에 대한 보다 의미 있는 표현과 탐구를 향한 특별한 태도를 볼 수 있고, 이러한 갈등을 통해 강력한 특징을 제시하고자 한다.

연구의 강조점과 접근의 문제를 둘러싸고 불일치가 분명히 있음에도 불구하고, 복잡성 현상이나 실체를 무엇으로 구성하는지는 복잡성 과학자들 사이에서 상당한 합의가 존재한다. 그리고 이러한 점을 강조하는 것이 무엇보다 중요하다. 즉, 복잡성의 의미에 관해서는 폭넓은 동의가 있고, 과학의 의미에 관해서는 다소 불안정한 합의가 존재한다. 이러한 쟁점을 명료하게 하기 위해서, 그리고 우리 자신들의 위치를 분명히 하기 위해서 이 장에서는 리처드슨과 실리어스 등에 의해 제안된 복잡성 연구의 세 가지 범주에 대해 간략한 논의를 하고자 한다.

복잡성 과학의 진화에 관한 견해

복잡성 과학자들 사이에서 나타난 서로 다른 감수성을 구체적으로 살펴보기 전에, 복잡성 과학 연구가 최근 수십 년간 거쳐 온 몇 단계들을 조명하는 것이 유용한 일일 것이다. 여기서는 발도르프Waldrop와 존슨Johnson을 통해 복잡성 과학 분야의 출현에 대한 일반적인 설명을 하고자 한다.[3]

복잡성 현상에 대한 초기 연구는 '복잡성 이론', '복잡성 과학' 그리고 '복잡성 철학' 등이 만들어지기 전에 이미 진행되고 있었다. 이러한 연구는 주로 특정 현상에 대해 별도로 이루어지거나 대부분 상호 연관성이 없는 것들이었다. 대표적인 예로, 도시들의 흥망성쇠를 다룬 제이콥Jane Jacob[4], 개미집의 생명 주기를 다년간 관찰한 고든Deborah Gordon[5], 자유시장 세계에서 사회구조의 출현을 다룬 엥겔스Friedrich Engels[6], 산업사회의 생태 현황을 조사한 카슨Rachel Carson[7], 자기생산과 자기유지의 생물학적 통일체를 연구한 마투라나Humberto Maturana[8] 등 유사한 여러 연구들이 존재하였다. 이러한 연구들은 원칙상 관찰과 기술을 본질로 하고 있었다. 이러한 다양한 연구들을 통합하는 주제는 특정 현상에 대한 풍부한 설명을 할 수 있다는 갈망으로부터 시작된다. 개미집, 도시, 생물학적 통일체, 문화 등은 근본적인 요소와 보편적인 법칙이 아니라 하위 요소나 창발성emergence의 수준에서 연구되어야 한다. 예를 들면, 고든은 개미집의 생명주기를 개별적인 개미의 생명주기로 환원할 수 없다는 것을 입증해주고 있다. 오히려 질적으로 상이한 여러 요소들이 수많은 개미들 사이의 상호작용 속에서 발생한다. 개별적인 개미보다는 이들이 몇 배나 더 오랜 기간 동안 유지되어온 응집력이 있음을 알 수 있다.

점점 이러한 연구들이 늘어남에 따라 일부 연구자들은 연구대상인 현상들의 범주를 가로지르며 공통적으로 보이는 특징과 조건을 규명하고자하였다. 예를 들어, 대부분의 복잡성 체계 안에서 결합하는 구성인자 사이에는 엄청난 양의 잉여가 존재하는 것처럼 보였다. 7장에서 세밀하게 다루어지는데, 잉여성은 기계적인 복합 체계와 복잡성 체계를 구분하는 중요한 표시 가운데 하나일 뿐만 아니라 복잡한 통일체의 특징을 감응할 수 있도록 조정하는 조건들 중의 하나이다. 여기서 기계적인 복합 체계는 상당한 전문화와 최소한의 잉여성의 요소들로 구성된 것이다. 결국 바꾸어 말하자면, 복잡성 연구의 강조점은 특정 경우의 세밀한 기술에 대한 초점을 넘어 좀 더 일반화할 수 있는 특징을 향하고 있다.

1970년대 들어서 이전보다 더 강력하고 쉽게 이용 가능한 컴퓨터가 등장하면서 복잡성 현상에 관심을 갖던 연구자들에게 상이한 체계들의 창발성과 매 순간의 응집력을 둘러싸고 이루어지는 상당한 의심과 가설을 시험해볼 수 있는 도구가 제공되었다. 컴퓨터 시뮬레이션은 아주 빠른 속도로 복잡성 연구의 주요 초점이 되었다. 그러면서 1970년대 후반과 1980년대 초반의 복잡성 이론들이 통합되는 계기가 되었다. 또한 1980년대와 1990년대 전체에 걸쳐 복잡성 연구가 선풍적인 인기몰이를 하는 데 하나의 수단이 되었다. 예를 들면, 이 시기의 새떼의 비상, 도시의 확장, 개미집, 신경 그물망 등 다른 복잡성 현상의 시뮬레이션이 대중적인 소프트웨어, 비디오 게임, 쌍방향 웹 사이트 등을 통해 활용되었기 때문이다.[9]

1990년대에 이르러 복잡성 연구는 확실히 본격적인 학문 분야로 자리를 잡게 되었다. 그러면서 이 분야의 태동기 역사에 대한 대중적인 출판물과 과거 소통의 기회가 없었던 연구자들을 결합시키는 연구소와 전문단체들이 출현하게 되었다.[10] 당시 개별적인 사례 간 비교연구의 축적된 성과에 힘입어 복잡성 연구의 초점이 새롭게 이동하기 시작하였다. 연구자들이 복잡성 체계의 촉진과 조절에 관심을 두기 시작한 것이다. 과연 복잡성 통일체가 창발성을 생성시키는 것이 가능할까? 만약에 그렇다면 어떻게 가능할까? 일단 생성시키면 그 다음 복잡성 현상을 정밀하게 조정하는 것은 가능할까? 또, 어떻게 그리고 어느 정도까지일까? 이러한 질문들에 해당하는 현상은 생태계로부터 면역체계까지 그리고 사회 집단으로부터 뉴런 사이의 네트워크까지 이르고 있다.[11]

또한 이러한 질문들은 다양한 수단을 통해 연구되고 있다. 예를 들어, 날로 정교해지는 컴퓨터 시뮬레이션은 뇌 안의 뉴런 혹은 생태계 내의 종種 사이의 복잡한 관계를 모델로 발전시켜 왔다. 일부 연구자들은 보다 실제적으로 사라진 생태계를 부활시키고, 기존의 정통 의료기술을 재검토하며, 거대 기업을 재조직하기 위해서 복잡성의 새로운 원리들을 적용하였다.[12] 이러한 복잡성 연구에서 '변혁의 실천론pragmatics of transformation'의 등장은 복잡성 이론에서 복잡성 과학으로의 변화에 대한 배경이 되었다. 이러한 변화는 근대 과학에서 기계적인 현상들에 대한 연구에 보다 더 잘 어울리는 복제의 조건은 아니지만, 나름대로 복잡성 연구가 일정한 엄밀성과 신뢰성을 획득했다는 사실을 복잡성 과학자들로 하여금 널리 알리게 만든 절묘한 사건이었다.

이 같은 견지에서 보면, 학습자와 공동체에 심대하게 영향을 미치는 교육계의 사회적인 책무성을 고려해볼 때, 변혁의 실천론이 지향하는 추세는 교육계와 교육 분야 연구자들의 특별한 관심을 불러일으킬 만한 좀 더 잘 어울리는 담론을 탄생시킨 것이다. 현재 이러한 실천론의 유용성은 복잡성 연구자들 사이에서 다양한 학파를 가로질러 상당히 광범위하게 퍼져 있다. 리처드슨과 실리어스에 의해 규명된 세 가지 입장으로 다시 돌아가서 이제 교육계와 교육연구자들을 위해 가능한 관련성과 유용성뿐만 아니라 이러한 사고 속에 담긴 개념들을 설명하고자 한다.

경직된 복잡성 과학

1장에서 언급했듯이, 복잡성 과학에 결합된 연구의 가닥들은 맨 처음 1900년대 중반 물리학에서 등장하였다. 물리학 영역은 적어도 과학에 관한 대중적인 신뢰의 범위 내에서는 우주에 관하여 완벽하고 명확한 그리고 동시에 객관적인 설명을 지향하는 쪽으로 경도된 오랜 역사를 지니고 있다.[13]

이와 같은 설명은 사실 이천 년 이상 근대 과학을 앞선 것이다. 이것은 고대인들의 가정에 자리 잡고 있었던 것으로, 우주는 고정된 혹은 불변의 법칙에 의해 지배를 받는다고 생각하였다. 이러한 관점에서 우주가 비록 역동적이라 하더라도 본질적으로는 변하지 않음을 말하고 있다.[14] 즉, 적어도 발생할 수 있고 실존할 수 있는 일련의 현상 측면에서 보면 그렇다.

물론 이러한 견해는 이제 더 이상 과학계나 혹은 대중들의 상상 속에 널리 퍼져 있진 않다. 오히려 반대로 현대 이론과 세계관들은 진화적인 사고방식과 통합되는 경향을 보이고 있다. 즉, "사물은 변화할 것이다"라는 주장에 대해 수용할 뿐만 아니라 일정한 기대가 있다. 물론 이러한 개념이 광범위하게 수용된 것도 최근 상황이라는 것을 강조하지 않을 수 없다. 심지어 과학계조차 진화의 원리에 대해 폭넓게 수용한 것도 이제 겨우 백 년의 역사를 가지고 있을 뿐이다.

다윈의 주장은 과학적인 근거와 증거에 토대를 둔 진화론과 이어진 각종 이론들의 틀로 채택되고 적용되었다. 예를 들면, 지질학, 사회학, 심리학 등 다른 영역 안에서 말이다. 그런데 이런 다윈의 주장 이전 근대 과학의 과제는 완전하다고 추정되고 분해 가능한 우주의 편린들을 분석, 범주화, 분류하였고, 이는 상당히 직설적인 측면에서 이해되었다. 비록 철저하게 비판받았지만, 이러한 사고방식은 과학이 우주의 모든 것에 대한 총체적이면서 완전히 일관된 이론을 지향해야 한다는 가정을 지속적으로 강조한 것이었고 그 토대가 되어왔다.

바로 여기에 하나의 모순 혹은 나아가 역설이 존재한다. 현대 과학은 근대 과학의 토대에 대해 전면적인 거부는 아니더라도 최소한의 문제 제기를 촉발시킨 진화론을 탄생시켰고 동시에 전면적으로 수용하였다. 현재 드러나고 있듯이, 경직된 복잡성 과학은 이러한 모순 속에 안주해 있는 것처럼 보인다. 심지어 현재 상태를 근거로 해서는 간단하게 예상할 수 없는 창발적인 형태emergent forms의 가능성을 인정하더라도, 근대 과학은 여전히 우주에 대한 객관적인 설명을 시도하고자 하는 갈망이 크다.

경직된 복잡성 연구에서 선호하는 방식은 컴퓨터 시뮬레이션이고, 그 안에서 복잡성 체계가 출현하는 조건을 규명하는 것이다. 생성 후 발생하는 초월적인 역량에 대해서는 이를 이해하고자 하는 시도 안에서 모델을 구성해나간다. 물론 이러한 시뮬레이션은 수학에 뿌리를 두고 있고, 전형적으로 주어진 현상에 대한 평가와 이해를 향상시키는 수단임을 주장하고 있다.[15] 그러나 오스버그Osberg[16]에 따르면, 수학은 도움이 되는 만큼 혼란을 일으킬 수도 있다고 주장한다. 그래서 여기서는 비수학적인 측면에서 쟁점들을 제시하고자 한다. 오스버그의 주장을 요약하자면 다음과 같다. 즉, 수학은 무시되어서는 안 되는 강력한 도구를 제공한다. 하지만 상향식 컴퓨터 시뮬레이션 작업은 필연적으로 복잡성 체계의 현상을 생성시키기 위해 혹은 적어도 복잡성 체계의 시뮬레이션을 확신시키기 위해 재조합될 수 있는 필수적인 규칙과 원리에 대한 명료화를 지향한다. 수학과 수학적인 도구들이 이러한 노력에 유익하다는 데에는 이견이 없다. 그러나 이렇게 규칙에 근거한 접근 방식이 도움이 된다 할지라도, 복잡성의 모든 차원을 이해하는 데에는 적합하지 않고 실제로는 장애물이 될 수도 있다. 물론 핵심 쟁점은 컴퓨터와 같이 단순히 복합적인 도구들이 복잡성 현상들의 모델을 구성하는 데 이용된다는 점이다.[17] 코헨과 스튜어트의 용어를 빌리자면, 이는 단순성이 복잡성으로 대체되는 것이다. 이러한 전략은 필연적으로 제약을 받고 동시에 제약을 가하면서 도전을 받게 된다. 기껏해야 일부가 주장하는 것처럼 시뮬레이션은 비유 수준에서 작동하는 것이고, 복잡성 체계의 행태에 대한 결정적인 측면들을 애매하게 만들 수 있다.[18]

물론 컴퓨터 시뮬레이션이 경직된 복잡성 과학 안에서 유일한 접근 방식은 아니다. 다른 대표적인 전략으로는 관측과 통제된 실험, 그리고 대부분의 컴퓨터 시대 이전의 연구 방식 등을 들 수 있다. 이것은 한쪽 혹은 양쪽 모두의 범주 안에서 복잡성을 지향해왔던 것들이다. 예를 들어, 꿀벌이나 세포의 배치 등과 같은 물리적 체계에 대한 연구들은 복잡성 체계의 현상적인 실존에 대한 폭넓은 평가의 핵심적인 것이 되어왔다. 하지만 위에서도 지적했듯이, 이것들은 분석적인 전통과 더불어 발전해왔던 방법론을 통해 이에 수반되는 기준으로서의 복제 가능성이 지닌 문제들에 의해 좌초되었다.

이러한 쟁점이 중요한 이유는 아마도 교육 분야 연구 안에서 복잡성 과학의 잠재적인 유용성을 고려해볼 때 더욱 분명해질 수 있다. 예를 들어, 정밀 관측에서 보면 학습할 수 있는 중요한 것들이 존재한다. 뇌 기능, 개별 학습, 교실 집단 등이 그것이다. 그리고 다양한 교수법, 상이한 학교 조건 등과 관련된 실험에 의해서도 학습할 수 있는 것들이 분명 존재한다. 게다가 뇌 기능이나 인간 사이의 동역학에 대해 정밀하게 다듬어진 시뮬레이션이라면, 교사들의 인식에 의미 있는 기여를 할 수 있다. 하지만 이러한 현상들이 혹독할 정도로 상세한 부분까지 알 수 있을 것이라는 애매한 전제를 인정한다 할지라도, 그 결과로 나타나는 지식이 교육자들에게 많은 도움이 되리라는 기대가 과연 합당한가? 모든 교실 상황을 형성하는 데 기여하는 집단의 생물학적·경험적·사회적·문화적 쟁점들이 지식의 유용성에 훼손을 가할 수도 있지 않을까?

논의를 명확하게 정리하기 위해 다음과 같이 제시하고자 한다. 우리는 복잡성 과학에 대한 경직된 접근 방식이 창발적인 현상에 대해 일정 부분 타당하고 강력하며 적합한 면이 있다고 본다. 반면에 이와 동시에 교육자들과 교육 분야 연구자들에게 그 가치가 제한되어 있다는 것을 주장하는 바이다. 더군다나 경직된 접근 방식의 중요한 전제를 보면, 본질적으로 교육자들에게서 문제가 나타난다. 즉, 이것은 연구가 이루어지는 현상의 안정성에 대한 가정과 관련되어 있다는 점이다. 학교교육의 조건과 목적은 항상 변화하는 것이고, 이러한 깨달음이 없다면 교실 동역학의 특징을 부여하고자 하는 시도는 현실을 외면하는 태도를 초래할 수밖에 없다. 특별히 이것은 연구자들로 하여금 연구되는 현상의 매 순간, 진화에 대한 자신들의 기여를 무시하게 된다. 참여와 결과에 대한 서로 다른 관점을 주장함에 있어서, 경직된 복잡성 과학에 경도된 연구자들은 자신들이 한 해석의 그물망에 포획되어 예상할 수 없는 변동을 필연적으로 자극받을 수밖에 없다. 그러므로 예를 들어 곤충이나 뉴런 연구 등에 적합한 태도는 아마 인간 행위와 상호작용의 속도에 맞춰 진화해가는 그런 현상에는 어울리지 않을 수도 있다.

유연한 복잡성 과학

복잡성 철학이 어떤 철학을 수용하든지 간에 근대 과학 혁명 초기에 형성된 우주와 인식의 관점에서는 한참 벗어나 있다. 당시 데카르트René Descartes와 베이컨Francis Bacon의 철학, 그리고 뉴턴(Isaac Newton)과 케플러 Johannes Kepler에 의해 정리된 예측 능력은 우주가 거대한 기계라는 새로운 믿음을 뒷받침했다. 곧이어 이 기계를 이해하기 위해 설계된 체계들은 뉴턴 역학으로 알려지게 되었다. 3장에서 자세히 논의하겠지만, 이 시대의 근본적인 이미지는 '선the line'이었고, 선을 통해 선형적 인과성, 선형적 관계, 선형적 동역학 등이 논의에 함축되었다.

이와 대조적으로, 복잡성 과학자들은 핵심적으로 은유와 이미지를 통해 생태계, 공동으로 결정된 안무choreographies, 그리고 척도가 없는 프랙탈fractals 등의 방향으로 더 기울어져 있다. 대체로 처음에는 이러한 비유적인 장치들이 경직된 과학과 수학 안에서 복잡성 과학자들에 의해 규정되었지만, 지난 수십 년간 점차 교육계와 사회과학 내의 연구자들에게 수용되어왔다.

이러한 추세는 다음과 같은 깨달음을 통해 고무된 것이다. 즉, 분석과학으로부터 차용한 은유와 방법론, 특히, 선형적 회귀분석과 같은 통계학으로부터 도출된 도구들은 끊임없이 변화하는 현상들의 비밀을 풀어헤쳐 그 특징을 부여하는 데에는 제한적인 유용성밖에 없다는 것이다. 그러나 이러한 해석적인 도구들이 복잡성 체계의 현상 연구에 아주 쓸모가 없다는 말은 아니다. '정지된 혹은 중단된'을 뜻하는 stasis의 어원에 충실한 많은 통계학적 방법은 학습과 학습 체계에 대한 스냅사진과 같은 이미지 제공에는 적합한 것이다. 반면에 살아 있는 생명과 학습 체계들이 변할 수 있고 변하는 것임을 설명하는 데 적용하는 것은 많은 어려움이 존재한다는 것이다. 실제 복잡성 통일체에 대한 통계학적 분석이 완성되는 시점에 그 결론은 더 이상 타당한 것이 되지 못한다. 이 점은 선거 여론조사에서 보면 확연히 입증된다. 또한 지능 검사와 규범에 근거를 둔 대부분의 참고 도구들에 대한 쟁점에도 해당된다. 대체로 이런 장치들은 어떤 종류의 약식 통계로는 포착할 수 없는 매우 변덕스러운 현상들을 측정하기 위해 고안된 것들이라 할 수 있다.

그러므로 유연한 복잡성 과학은 복잡성 체계의 현상이 뒤얽혀 있고 이를 이미지와 은유로 수용하고자 하는 사회과학 내 대중들의 점진적인 흐름을 보여준다. 예를 들면, 개인의 기억은 프랙탈 구조의 측면에서 어떤 특징을 부여할 수도 있고, 정밀하게 관찰할 때는 잠재된 어떤 회상이든지 연상의 거대한 망 속에서 폭발할 수도 있다.[19] 유사한 맥락에서 신경학자들과 사회학자들은 복잡성 과학의 하부 담론, 즉 척도가 자유로운 '네트워크' 이론 같은 데서 뉴런 상호 간의 구조와 개인 간의 관계를 재기술

redescribe 하는 데 활용될 수 있다 3장을 참고할 것.[20]

교육 분야 연구에서 재기술에 대한 노력은 신경학, 심리학, 사회학, 그리고 다른 인문과학 연구 분야만큼 아직까지 의미가 만들어지지는 않고 있다. 그럼에도 불구하고, 대부분 기술적descriptive인 수준에서 이루어지는 학습[21], 교수[22], 학교교육[23], 그리고 교육 분야 연구[24] 등은 본질에 관한 논의에 주목할 만한 성과들이 존재하고 있다. 하지만 강조할 점은 교육자들을 위한 보다 실천적인 권고가 이루어지는 방향으로 이동하고 있는 것처럼 보인다는 것이다 6장과 7장을 참고할 것. 이러한 자료들이 보여주는 뚜렷한 특징은 이들이 논의의 비유적인 토대에 관심을 보이고 있다는 점이고, 이에 반해, 대중적인 교육 담론에서는 은유의 예증적인 가치가 글자 그대로 제시되는 모습으로 변질되고 있다는 점이다. 예를 들면, 사와다 Sawada 와 케일리Caley 등은 학습자와 교실을 기술하기 위해서 이산 구조 dissipative structures 라는 개념을 제시하였다.[25] 이는 일정한 복잡성 통일체를 지칭하기 위해 노벨 수상자인 프리고진Ilya Prigogine 이 만든 용어이다. 돌Doll 은 교육과정이라는 말의 은유적 뿌리를 검토하였고, 반복적인 되먹임recursion의 개념과 어원적 관계를 전면에 내세웠다.[26] 양쪽 모두 라틴어 currere, 즉 '달리다'에서 유래된 것이다. 그는 이 개념을 발전시켜 선형적이고 일방적인 프로그램이나 흐름의 측면에서 교육과정을 해석하는 대중적인 경향에 문제를 제기하였다. 이어서 학습이란 그렇게 단순하게 '일방적인 발전'의 문제가 아님도 주장하였다.

교육에서 이루어지는 대부분의 연구는 평형이 아닌 상태에서 작동하는 학습, 교실, 학교, 교육과정, 그리고 행정구조 등이다. 이러한 특징은 유연한 복잡성 과학에 적합한 것으로 규정될 수 있다 5장과 7장을 참고할 것. 이럴 경우 우리 대부분의 연구 혹은 복잡성 동역학에 관심을 가진 대부분의 다른 교육 분야 연구자들의 연구는 '유연한' 관점으로 간주하지 않게 된다.

오히려 우리가 보기에 대부분의 연구는 리처드슨과 실리어스 등이 제시한 소위 '복잡성 철학'의 관점에서 기술하는 것이 더 적합하다.

복잡성 철학

되풀이해서 말하자면, 복잡성 철학은 사고와 실천의 방식으로 기술될수 있다. 1장에서 제시한 용어와 연결하면, 복잡성 철학은 어떤 존재와의 공조에 대한 인정, 즉 자신의 연구과제의 복잡성이 아니라 그러한 연구과제를 형성하는 데 기여하고 동시에 그 연구과제에 의해 형성되는 보다 더 큰 규모의 체계 내외with/in 의 복잡성으로 이해될 수 있다.

이와 같이 복잡성 철학에는 복잡성 과학에서 보여준 엄밀하거나 유연한 태도보다는 훨씬 더 실천적인 강조점이 있다. 복잡성 철학에서 중요한 질문은 "무엇이 존재하는가?"라는 사실을 추구하는 것도 아니고, "무엇이 존재할 수도 있을까?"라는 해석을 탐구하는 것도 아니다. "어떻게 우리가 실천해야 하는가?"라는 실천 지향적인 것이다. 명심할 것은 복잡성 철학이 어떤 경우에도 과학을 포기하는 것은 아니다. 하지만 무비판적이고 가끔은 정당하지 못한 20세기 전체에 걸친 분석적인 방법에 대한 신뢰, 기계적이고 통계학적인 도구들, 그리고 대부분의 교육 분야 연구 성과들은 거부한다. 소위 '과학지상주의'로 불리는 분석과학에 대한 무비판적인 수용은 복잡성 철학에서 비판하고 반발하는 주요 지점이다.

복잡성 철학은 어떤 면에서 보면 보다 새롭고 유익한 해석의 가능성들을 창출하기 위해 개방적인 정신과 증거에 입각한 태도로 임하는 과학과 전적으로 일맥상통한다. 이런 점에서 복잡성 철학은 프래그머티즘 철학[27]과 양립 가능하다. 프래그머티즘에서는 진리를 최적성optimality 이 아니라 적합성adequacy이라고 강조한다. 만약 인식 주체가 어떤 주장에 대해 적합성을 유지하는 것이 가능하다면 진리로서 간주된다는 말이다. 따라서 복잡성 철학은 타당성, 신뢰성, 엄밀성, 일반화 등에 대한 요구 대신에 생존 가능성, 합당성, 관련성, 우연성의 진리에 더 기울어져 있다. 이러한 태도는 관찰로부터 관찰자의 모든 흔적을 지우고자 하는 분석과학의 노력과는 대조적인 것으로, 인식되는 것 안에서 인식 주체의 역할을 전면에 내세우는 것이다.

이와 같이 복잡성 철학은 경험을 이해하기 위해서 정보를 '압축'하고 '환원'시켜야 한다는 점을 인정한다. 인간은 매 순간 막대한 양의 정보를 다루기 위해서 이를 구분하고, 해석하고, 비유하고, 여과시켜 버리거나 일반화해야 한다. 그러므로 복잡성 철학은 인간 의식의 한계를 인식하고 있지만[28], 그러한 한계를 인간 가능성에 대한 제약과 동일시하는 것은 아니다.

반대로 교육 안에서 복잡성 철학은 인간성에 대해 자신의 생물학적 한계를 초월한 것으로 보이는 방법을 지향한다. 이러한 경향성을 가진 탐구의 주요 지점들은 언어, 글쓰기, 수학, 그리고 다른 기술 등에 초점을 맞추는 연구들이 있다. 이들 모두는 개별적인 집단들로 하여금 자기 수단에 대한 지각과 의식을 결합시키고, 나아가 결과적으로 더 큰 규모의 인지적 통일체인 집단 지성collective intelligence을 창출한다. 이 집단 지성의 가능성은 개별 능력의 단순 총합으로 간단히 결정될 수 있는 것이 아니다.

앞 문단에서 우리는 과학, 사회 집단, 그리고 개인을 포함하여 어떤 것을 "알고 있다"는 현상들에 대해 몇 가지 상이한 경우들을 참고해보았다. 복잡성 철학은 조직의 상이한 층들 사이에서 수준 도약level-jumping을 촉발하고, 상이한 층들은 복잡성으로 확인되며, 각 층들은 서로에게 역량 부여와 한계 설정과 같은 영향을 서로 주고받게 된다. 또한 복잡성 철학은 신경학적, 경험적, 맥락/물질적, 상징적, 문화적, 그리고 생태학적인 것들을 포함하면서 역동적이고 복합적이며 통합된 수준들을 지향하게 된다. 이들 각각의 수준 및 현상들은 다른 모든 수준 및 현상들 안에 주름 접혀 있고enfolded 동시에 그들로부터 주름이 펼쳐지는unfolding 것으로 이해할 수 있다. 예를 들어, 과학은 사회적인 흐름과 전체 사회가 집착하는 망상들을 고려하지 않거나 개별 과학자들의 주관적인 관심과 개인사를 무시하고서는 이해될 수 없다.

이러한 점들을 제대로 이해하기는 상당히 어려운데, 그 이유는 대체로 영어 표현의 일반적인 방식이 객관적인 지식knowledge 과 개별적인 인식 행위knowing 의 문제를 별개로 혹은 중복 불가능한 것으로 간주하는 경향 때문이다. "머릿속에 지식을 집어넣기", "지식을 흡수하기", "지식을 주입하기" 등의 표현들이 대표적이다. 여기서 함축된 이미지는 "학습"에 대해 일방적인 방향으로 연결된 두 개의 별도 영역을 표시한 그림 2.1의 이미지와 유사하다.

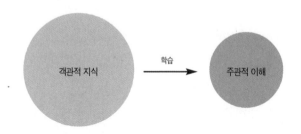

그림 2.1 지식과 인식 행위에 대한 대중적인 은유

공통적으로 표상된 언어 속에 객관적인 지식과 주관적인 이해는 반드시 연결되는 두 개의 고립된 영역 사이에서 구성되는 경향이 있다.

이것은 교육에 대한 "지식 쌓기banking" 혹은 "지식 전달transmission" 식의 접근 방식과 연결되어 있다. 이러한 비유적인 기초 교육에 대한 비판은 지난 세기에 걸쳐 광범위하고 혹독하게 이루어졌다. 이 자리에 새로운 정설이 등장했는데, 그것은 주관적인 이해가 객관적인 지식 안에 중층적으로 포개져 있다고 본 것이다 그림 2.2를 참고할 것. 이러한 형태는 양자를 상호 관계 속에 존재하는 것으로 이해하고, 비록 전혀 상이한 시간 속에 작동하더라도, 양쪽 모두 역동적이면서 적응할 수 있는 것으로 이해한다.

그림 2.2 지식과 인식 행위에 대한 새로운 은유
복잡성을 지향하는 틀 안에서 객관적인 지식과 주관적인 이해는 중층적으로 포개진 상호 함축된 동역학의 측면에서 설명된다.

이러한 창발적인 틀 속에서 학습이란 개인적인 인식 행위와 집단적인 지식 사이에서 지각된 경계에 서서 재협상을 해가는 그런 관점에서 이해되는 것이다. 서로에게 주름 접혀지고 동시에 주름을 펼치는 것으로 이해하면, 이 두 가지 모두 적합성을 유지하는 관점에서 해석된다. 이와 같이 학습은 그림 2.1처럼 정보나 지식의 일방적인 흐름이 아니라, 서로 함축되어 있는 현상이 각각의 응집력을 유지하면서 항상적인 적응 혹은 대응하는 측면에서 이해되는 것이다. 4장에서 더 깊게 설명하는데, 교육에서 등장하는 학습에 대한 주요 이론은 생명력을 유지하기 위해 개인의 노력에 초점을 맞추는 주체 중심의 구성주의와 개별적인 인식 주체들이 집단적인 지식 체계에 의한 형성과 위치에 관심을 두는 사회적 구성주의가 있다. 4장에서 더 설명하겠지만, 복잡성 철학은 미시와 거시 양방향 모두에 관심을 집중시키면서 중층적인 이미지를 정교하게 다듬어간다. 예를 들어, 정규 교육의 과제는 항상 작동하는 역동적이고 중층적으로 포개진 수많은 수준이 동시 발생적으로 일어난다는 점인데, 이를 고려하지 않고서는 정규 교육을 이해할 수 없다. 그림 2.3에서 제시된 중층적으로 포개진 이미지가 특별히 유익한 이유도 바로 이 때문이다.

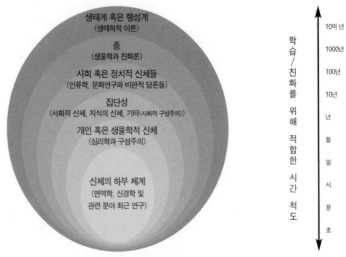

그림 2.3 복잡성 안의 공동 행위에 대한 서로 다른 수준

교육 분야 연구자들에게 중층적으로 포개진 체계들은 집단적인 지식과 개인적인 이해의 현상을 넘어 확장하고 있다.[29]

복잡성 체계의 경계들은 사실상 결정하기 매우 어렵다. 위와 같이 조직과 유기체의 각 층위들 사이에 명확한 경계선을 그리는 것은 불가능하다. 하지만 실제적으로 이것들은 그림 2.3의 오른쪽에 있는 시간 척도와 같이, 진화의 '속도'와 상대적인 '크기'에 따라 구별이 되고 구분할 수도 있다. 예를 들어, 개인의 인지는 상당히 변덕스럽고 쉽게 감응되는 경향이 있지만, 이와 달리 지식 체계나 정치 체계 등은 적어도 교육과정의 단계와 관련해서 미리 주어지고 고정되어 있으면서 대개는 상당히 안정적인 것으로 비친다. 더 구체적인 예를 들자면, 서양에서 수학의 '0 개념'[30]을 통합하는 데 수세기에 걸친 오랜 기간이 필요했지만, 아동이 0을 포함하

고 있는 숫자 체계를 이해하는 데에는 엄청나게 빠른 속도로 받아들인다는 점을 비교해볼 수 있다. 각각 적합한 척도를 고려한다면, 두 가지 모두 새로운 가능성의 전망을 열어줄 뿐만 아니라, 기존의 진실이나 사실로 수용되었던 것들에 대해 수정을 요구하는 획기적인 통찰로 판단될 수도 있다.[31]

그림 2.3에 나타난 시간 척도는 경직된 복잡성 과학의 전략이 교육연구 현상에 대해 아무런 문제없이 적용될 수 없는 이유를 이해하는 데 도움이 된다. 예를 들면, 생태계, 생물학적인 현상 혹은 의학적인 쟁점 등을 연구하기 위해 개발된 방법들이 전형적으로 종species의 수준에 초점이 맞추어져 있다. 즉, 상대적으로 느린 진화 속도로 인해 상당히 안정적인 현상이라는 점이다.

물론 실제적인 측면에서 교육 분야 연구자가 역동적으로 실천하면서 여러 수준을 동시에 설명하는 것은 아마도 불가능한 일일 수도 있다. 여기서 제안하는 것은 이러한 성과를 반드시 달성해야 한다고 주장하는 것이 결코 아니다. 오히려 고정된 것이든 유동적인 것이든 특정 현상에 대한 해석의 습관이 현상의 수준에 의해 좌우되는 것이 아니라 관찰의 수준 혹은 관찰자의 의도에 의해 좌우된다는 것을 주장하는 것이다. 예를 들면, 신경학자는 '붉은 것'을 한 개인이 받아들였다면 이를 고정된 것으로 간주한다. 왜냐하면 신경학자의 연구 목적은 붉은 것으로 인식되는 대상을 만날 때 뇌 활동이 어떻게 되는지 연구하고자 하기 때문이다. 이와 대조적으로, 심리학자는 붉은 것을 변화 가능한 것으로 간주하는 경향이 더 많다. 한 개인이 붉은색에 대해 주관적으로 해석하려는 경험, 감정, 그리고 기대감을 파헤치고자 하기 때문이다. 사회학자는 주관적인 경험을 무시하고, 색깔의 사회학적이면서 문화적인 의미가 무엇인지를 이해하고자 한다. 인류학자는 한 사회의 습관적인 구분 체계 안에서 생물학과 문화가 섞여 있는 동역학을 이해하기 위해서 사회학자와 신경생리학자가 마련한 통찰의 연결고리를 찾고자 한다. 이와 같이 붉은색이 무엇인가를 두고 절대적이고 영원불변하며 관찰자로부터 자유로운 우주의 측면이 아니라, 즉각적인 관심의 측면에서 논의되는 모습이다.

교육 분야 연구와 관련하여 강조하고자 하는 것은 복잡성 철학이 기존의 지식과 그 지식이 설정되는 방식을 단순하게 분리시켜 보는 것을 인정하지 않는다는 것이다. 양쪽 모두 진화의 동역학에 따른다고 본다. 이와 같이 복잡성 측면에서 핵심적인 구분은 산출물과 과정 사이가 아니라, 집단 지성이 상대적으로 얼마나 안정성을 가지고 있는지와 그 안정성의 토대를 이루고 있는 유동적인 동역학 관계가 어떠한지 구분하는 것이다.

물론 이러한 생각이 전혀 새로운 것은 아니다. 이것들은 후기구조주의, 비판이론, 사회문화 비평, 사회적 구성주의 등 여타 다른 담론에서도 다루어졌다. 이 점에 대해 이의를 제기하지 않는다. 하지만 복잡성 철학은 위와 같은 담론들이 종종 무시하거나 회피하고 있는 영역을 논의하고자 한다. 적어도 지난 수백 년 동안 교육 관련 담론의 지배적인 주제를 보면, 한쪽 끝은 개인들의 관심사로, 다른 한쪽 끝은 사회의 요구를 관철시키려는 현상으로 점철되었다. 사실 학교교육이 어느 쪽의 이해관계를 가장 우선시해야 하는가에 대해 대중적인 논의에서 입증되듯이 현재까지는 양극단이 대립적인 것으로 간주되었다고 볼 수 있다. 즉, 개인들의 이해관계 아니면 사회의 이해관계였다.

복잡성 철학은 여기에서 두 가지에 대해 도전한다. 첫째, 그림 2.3에 나타난 것처럼, 복잡성 철학은 대중적인 논의의 양극단, 즉 개인들의 이해관계나 사회의 이해관계를 뛰어넘자는 것이다. 둘째, 모든 현상에 걸쳐 생물학을 도입하자는 것이다. 이것은 인간 신체의 구성요소 수준subpersonal에서, 개인 신체 및 심리 수준personal과 인간과 인간 사이의 상호작용 수준interpersonal을 거쳐서, 사회문화적 수준을 가로질러 종의 수준 species을 지나 생태계의 종과 종 사이의 공간interspecies space에 이른다. 바꾸어 말하면, 복잡성 철학은 구조주의, 후기구조주의4장을 참고할 것, 비판이론 등을 수용하지만, 이러한 담론들이 극단적으로 너무 앞서 나가는 것이 아니라는 것도 반박하고 있다. 여기서의 핵심 쟁점은 지식의 본질이다. 복잡성 철학에서 지식이란 체계가 가진 안정성 속에서 변화무쌍한 활동 유형을 지칭하는 것으로 이해할 수 있다. 그러므로 지식이라는 용어가 인간, 인간 이외의 것, 그리고 인간 집단이 알고 있는 것을 통칭하는 용법으로 쓰이곤 한다. 하지만 이와 대조적으로 구조주의, 후기구조주의, 비판이론 등의 일부에서는 이러한 관점을 수용하지 않는다. 그 가운데 일부 소수이지만 "모든 지식은 사회적으로 구성된다." 혹은 "개인은 자신만의 지식을 구성한다." 등의 극단적인 가정에 기울어져 있다. 복잡성 사고는 이러한 주장에 담긴 '진리'는 인정하는데, 다만 이것들이 구체적인 체계와의 관계 속에서 언급될 때 한해서이다. 하지만 이를 정규 교육에다 놓고 보면, 필연적으로 현상들 간의 경계 가로지르기transphenomenal의 측면에서 그 유용성이 제한적임을 암시해주고 있다.

'과학'이란 무엇인가?

우리는 아직까지 2장 제목에 대해 답을 하지 않았다. 돌이켜보면 지금까지 다음과 같은 내용들을 지적하였다. 분석적인 사고와 복잡성 사고에는 상당한 차이가 존재하는데, 그럼에도 불구하고 복잡성 과학은 분석과학으로부터 유래하였고 의지하고 있다. 또한 복잡성 연구는 통일되어 있지 않다는 것, 복잡성 철학은 진리를 향한 실천적인 태도를 수용하고 있다는 것, 사회과학과 인문학 내에서 복잡성 철학을 지향하는 연구는 반드시 스스로의 공조complicities에 관심을 가져야 한다는 것, 그리고 복잡성 과학은 단순히 사회 – 문화적인 상황뿐만 아니라 물리학 – 생물학적인 맥락도 의식하고 있어야 한다는 것이다. 다음에서 살펴볼 추가적인 쟁점 세 가지는 과학에서의 탐구, 과학 이론의 본질, 그리고 서양의 지식 생산 양식과 과학과의 관계에 대한 것이다.

쟁점 가운데 첫 번째는 과학에서의 탐구에 특별하게 초점이 맞추어져 있는데, 이는 과학 연구의 역사와 진화를 살펴봄으로써 제시될 수 있다. 논의를 간단하게 하자면, 근대의 분석과학은 우주가 고정되어 있고 완성된 것이라는 시점에 등장한 것이었다. 따라서 모든 탐구 과제는 과학적이든 기타 다른 것이든, 존재란 무엇인가를 설명하고 명명하는 측면에서 이루어졌다. 그래서 과학이란 "사물과 사물을 서로 분리시킨다"는 의미를 어원으로 가지고 있다. 즉, 라틴어 scire에서 유래하여 가위 scissors 나 분리 schism 등의 말에 쓰이고 있다. 혹은 이보다 더 오래된 기원으로서 "쪼개는 spliting, 찢는rending, 가르는cleaving, 잘라내는separating" 등을 나타내는 고대 그리스어 skhizein을 어원으로 가지고 있다. 이는 사물의 분류 작업을 추구하는 경향성을 보여준다. 이렇게 과학은 우주 사물들의 본질적인 속성과 핵심적인 특징으로 분해하고, 이름 붙이고, 이 모든 것을 포괄해가는 분류학을 지향하였다. 기본적인 법칙과 근본적인 구성단위가 사실상 이러한 과학적인 접근 방식의 부산물이 되고 점점 더 세밀한 구분이 이루어지게 되었다.

이러한 구분의 대표적인 예는 1700년대 린네Carolus Linnaeus에 의해서 개발된 생물학적인 분류이다. 이는 여전히 활용되고 있는데, 그에 따르면, 종species을 유사성에 따라 속genera으로 분류하고, 속은 다시 과families로 분류하며, 다시 기타 등등으로 분류하였다. 종국에는 유기체 피라

미드의 최고 정점에서 모든 생명체를 포괄하는 6개의 계kingdom에 도달하였다. 비슷한 예를 다른 고전 과학의 영역에서도 발견할 수 있는데, 이는 애당초 과학의 연구과제가 우주의 단층대를 추적함을 강조하는 것에서 볼 수 있다. 게다가 이런 연구과제가 모든 사물들에 대해 완전하고 철저한 지식을 향한 축적 과정임을 가정하고 있었다.

과학에서 연구과제의 본질이 무엇인지에 대해 1800년대 내내 지질학, 생물학, 천문학, 언어학 등의 영역에서 엄청난 증거들이 쏟아져 나왔다. 여기서의 연구들은 우주가 고정되거나 또는 완성된 것이 아니라는 가능성을 보여주는 것이었고, 이때야 비로소 극적인 전환을 맞게 되었다. 오히려 우주는 예측하기 어려운 방향으로 진화하는 것처럼 보였다. 이것은 적어도 우주의 일부를 총체적인 분류학이나 근본적인 법칙에 얽매이지 않는 이동하고 있는 목표물로 만들어버린 것이었다.

간단히 말해 19세기 전반에 걸쳐서 과학계에서 등장한 진화론적인 감수성은 현상 사이에서 나타나는 차이와 관계에 대한 이해를 기존과 전혀 다른 접근 방식으로 조직하게 되었다. 그 결과로 과학은 극적으로 완전히 변화해버렸다. 과학은 '이분법dichotomization'에서 '분기bifurcation'로 그 강조점을 바꾸어버렸다. 이분법은 "두 개의 부분two parts"을 의미하는 고대 그리스어 dikha+tomie가 어원이다. 이분화시킨다는 것은 두 개의 독립된 그리고 명확하게 정의된 조각을 만들어낸다는 것이다. 이와 대조적으로 분기는 "두 가닥으로 갈라진two pronged" 혹은 "갈래forked" 등을 의미하는 라틴어 bi+furca가 어원이다. 이처럼 분기는 두 개의 조각으로 완전히 잘라내는 것과 반대로 두 개의 가지로 뻗어 성장하는 것을 의미한다.

이분법과 분기에 대한 중요한 개념상의 차이를 보면, 전자는 정확한 구분이 문제될 것이 없음을 주장하는 반면, 후자는 항상 모든 구분에 대해 존재 이유를 명확히 밝힌다는 것이다. 결과적으로 분기가 이루어질 때, 그 결과는 단지 두 개의 새로운 범주가 아니라 이들 범주들 사이의 공통적인 기원이 마련된다는 점이다. 예를 들면, 이 같은 모습은 진화의 나무, 계보학, 언어 창발성의 역사 등에서 볼 수 있다. 바꾸어 말하면, 분기는 구분 생성자distinction-maker가 지닌 공조의 기치를 내세운다. 누구든지 간에 반드시 어떤 이유가 있어 구분을 짓는다는 것이다. 분기는 차이뿐만 아니라 관계[32]를 강조한다. 그래서 19세기 후반에 발생한 이러한 관점 전환은 이후 모든 과학 영역에서 '진화'가 핵심임을 각인시켰다.

복잡성의 출현은 진화론의 연장 선상에 있다. 지금 이 순간 관찰된 일련의 형태와 현상의 출현이 이에 기여한 분기에 집중할 뿐만 아니라 이러한 형태와 현상이 다른 초월적인 형태 속으로 자기 조직화할 수 있다는 말이다. 다른 실체로부터 갈래가 떨어져 나오면서 발생하는 실체가 아니라, 기존에 존재하는 형태로 상호 규정의 동역학 속에서 자발적으로 등장하는 실체인 것이다.

과학의 연구과제에 대한 이러한 두 가지 변화는 과학적인 지식의 본질과 그 지위에서 갖는 변화와 궤를 같이해왔다. 첫째는 이분법으로부터 분기로의 변화, 둘째는 창발적으로 진화하여 중층적으로 포개진 형태에 대한 인식이다. 이러한 일련의 변화는 '대응 이론correspondence theory'으로부터 '정합 이론coherence theory'을 거쳐 '복잡성 이론complexity theory'으로의 흐름으로 설명할 수도 있다.

진리에 대한 '대응 이론'은 세계를 분해하고 분류하려고 하는데, 이는 기원으로 받아들이는 과학의 연구과제와 연결되어 있을 뿐만 아니라 실제로도 과학적인 기원의 토대이기도 하다. 이러한 틀에서 사용되는 말들은 무비판적인 입장에서 어떤 형태에 부착된 이름표로 이해되었고, 이로 인해 대응이라는 용어가 사용되었다. 말-객체의 관계는 물질적인 객체와 사건에 대응하는 것으로 가정되어버렸다. 그리고 이러한 관점은 대중적인 담론으로 여전히 존속하고 있다. 결론을 내리자면, 언어는 있는 그대로의 사물을 재현 혹은 표상하는 수단이었고 현재도 마찬가지이다.[33]

1900년대 초, 소쉬르Ferdinand de Saussure는 언어가 실재 세계의 장치와 행위에 대응하는 말-객체의 집합이라는 믿음에 대해 비판한 것으로 유명하다. 아리스토텔레스가 행한 분리의 논리학보다는 오히려 다윈의 진화론적인 동역학을 수용하여, 소쉬르와 많은 동시대인들은 언어를 분류나 명명의 체계가 아닌 인간이 집단적으로 서로 더 큰 규모의 세계 속에서 응집력을 만들고 유지하고자 하는 수단이라고 주장하였다. 소쉬르가 발전시켰듯이, 언어는 두 개 혹은 그 이상의 구성인자들 사이에서 순환적으로 혹은 반복적으로 상호작용하는 산물인 것이다. 따라서 언어의 상징들은 이름 붙이는 도구들이 아니라 정신과 정신을 연결해주는 매체라고 할 수 있다.

4장에서 더 설명하겠지만, 소쉬르는 언어를 폐쇄적이고 자기 준거적인 체계로 설명하였다. 즉, 언어의 의미는 외부 대상 혹은 사건과의 대조가 아니라 어휘 사이의 비교와 격차에서 발생하는 일련의 완비된 교차 준거라는 것이다. 이와 같이 언어는 집단적인 강박증이나 새로운 형태가 도입되면서 변화하게 되고 이로부터 촉발됨으로써 계속적인 변형을 이루어가게 되는 것이다. 따라서 언어학적인 형태를 지속하기 위한 핵심적인 기준은 진화론적인 적합성에 있다. 생존은 언어 체계 외부와의 대응이 아니라 내적인 적합성이나 일관성에 의해 좌우된다는 것이다.

'정합 이론'은 두 가지 주요한 지점에서 대응 이론과 구별된다. 첫째, 정합 이론은 외적인 조응이 아니라 내적인 적합성에 초점을 맞추기 때문에, 진리의 중요한 속성으로 생명력과 유용성을 들게 된다. 이미 언급한 바 있듯이, 이는 프래그머티즘 철학과 일맥상통한 것으로 진리는 현재 직면한 문제를 효과적으로 해결해주는 데 있고, 새로운 경험과 변화 상황에 따른 항상적인 변형에 지배를 받는다. 이러한 점에서 과학의 연구과제에 대한 변화는 다윈에 의해 촉발되어 미친 영향은 확실하다고 하겠다. 둘째, 정합 이론에서 진리가 진화하는 것은 대부분 전면적인 개조가 아니라 부분 수정의 문제가 된다. 더군다나 이러한 부분 수정은 뚜렷한 흔적조차 없이 순식간에 이루어진다. 즉, 세계에 대한 개별적이고 집단적인 설명은 '합리적rational' 이라기보다 오히려 '합리화하는rationalize' 인간 능력에 뿌리를 두고 있다.

예상한 바대로 언어의 본질에 대해 이해를 전환시키는 것은 과학적인 진리가 지닌 지위의 변화와 연결되어 있다. 정합 이론에서 과학에 대한 '사실'은 표상representation 이라기보다는 더욱더 표현presentation 의 문제라고 볼 수 있다. 바꾸어 말하면, 진리에 대한 주장이라는 게 현실의 일정 부분을 고정불변의 확신으로 보는 것이 아니라 지각의 방향을 설정하고 해석의 틀을 만드는 수단으로 이해하는 것이다. 진화와 분기에 대해 관심을 갖는 과학과 마찬가지로, 이와 같은 진리에 대한 주장은 수시로 변화할 수 있고 조율될 수 있다. 실제로 진리는 자기 자신의 내적 일관성을 유지하기 위해서라도 반드시 유연성을 가져야 한다.

대체로 정합 이론은 인문학과 사회과학에서 발전하였고, 이후 물리학, 특히 쿤Thoma Kuhn[34] 과 포퍼Karl Popper[35] 와 같은 이들의 주목할 만한 공헌을 통해 확산되었다. 종종 새로운 사고방식이 등장하면 대개는 대응 이론을 고집하는 과학자들로부터 혹독한 심지어 저주에 가까운 비난에 직면하게 된다.[36] 때로는 이것이 타당할 때도 있다. 따라서 이러한 배경을 고려할 때, 복잡성 과학이 지난 수십 년에 걸쳐 수많은 과학자들 사이에서 정합 이론과 유사한 사고방식으로 출현하게 된 시발점이 되었다는 점은 시사하는 바가 크다.[37]

정합 이론과 복잡성 과학의 공통적인 토대는 양쪽 모두 체계의 내적인 상관 역학과 관련성이 있다는 점이다. 물론 이 체계는 외적인 사건에 의해 조건화되어 있다. 실리어스가 언급한 대로, 이러한 초점은 체계의 요소나 구성인자들이 "홀로 표상하려는 그런 의미는 없고, 다른 많은 요소와의 관계 유형 속에서 의미가 있다"는 것을 깨닫고 있다.[38]

하지만 복잡성 이론은 다윈의 동역학뿐만 아니라 자기 조직화의 현상도 받아들이고 있다. 즉, 복잡성 이론은 창발적이고 초월적인 형태가 갖는 가능성에 집중한다. 이러한 관심은 표상하려는 노력이 현상이 나타나는 가까운 경험 안에서 복잡하게 얽혀 있음을 말해주는 그런 태도에 경청할 것을 요구한다. 실리어스가 강조하듯이, 맥락은 "이미 그리고 언제나 표상의 일부"[39]이다. 이것이 의미하는 바는 복잡성 네트워크 안에서 체계의 어떤 부분도 나머지 부분과 고립된 상태로는 아무런 의미가 없고, 반드시 체계의 구조를 총체적으로 설명해야 함을 말해주고 있다. 이것은 정합 이론가들에 의해 널리 공유된 확신이기도 하다. 다른 말로 하면, 복잡성은 압축 불가능하고 동시에 지속적인 팽창 과정에 있다. 바로 여기서 복잡성 이론과 정합 이론이 갈라진다. 비록 복잡성 과학자들은 표상이 원자 단위 혹은 근본적인 법칙이나 사건에 대한 설명으로 고려될 수 없다는 공통적인 확신을 정합 이론가들과 더불어 동의한다. 하지만 이들은 표상이 일체 완비된 체계의 일부라는 가정에 대해서는 이견을 보인다. 복잡성 과학자들에게 표상이란 그 자체만으로는 아무런 의미나 정체성이 없고, 보다 큰 단위에 있는 의미망의 일부임을 역설한다. 세계를 설명하기 위해 개발된 현실에서의 이론과 어휘가 세계로부터 독립된 것이 아니라는 말이다.

정합 이론과 복잡성 이론 사이의 구분에는 미묘하지만 중요한 점이 있다. 따라서 핵심은 복잡성 이론이 스스로 우주로부터 비밀리에 봉인된 것이 아니라 반응하고 동시에 책임지는 보다 큰 단위의 관계망의 일부라고 이해한다는 점이다. 이러한 틀에서 과학은 현실에 대해 창발적인 참여를 해야 한다. 바라건대 과학의 편향성을 주기적으로 부각시키는 양심적인 참여가 요구된다.

표상을 분산시킨다는 인식은 보편적인 진리가 존재하지 않는다는 것에 대한 깨달음을 수반한다. 이것은 심각하게 받아들일 점이다. 지금까지 세계를 이해하기 위해서 활용되어온 표상은 의미를 생성하기 위해 선택되어왔던 틀에 의한 산물들이었다. 즉, 이것들은 본질적으로 사물에 대한 순수한 특징 부여가 아닐 뿐만 아니라 사물과의 완전한 독립도 아니다. 오히려 이것들은 의미의 생성자, 생성된 의미, 그리고 우주와의 감각적인 조우 사이에 벌어진 진화와 항상적인 팽창 과정 속에 있는 것들이다. 앞서 설명했던 관점으로 돌아가면, 복잡성 철학에서 진리는 엄밀한 상호주관성이 아니라 상호객관성의 문제라고 할 수 있다. 즉, 인간 사이의 일관성 문제가 아니라 역동적인 인간 이상의 세계 안에서 역동적인 인류 사이에 나타나는 소통의 문제라고 본 것이다. 복잡성 철학은 진리를 추구하기보다 오히려 인식하는 구성인자가 할 수 있는 최선으로서 생성된 표상을 향한 실용적인 자세를 가지는 것이라고 제안한다. 이것들이 얼마나 유용한가? 이것들이 무엇을 하고 있는가? 이것들은 무엇을 전면에 내세우고 동시에 무엇을 지연시키고 있는가? 이러한 질문이 과학의 연구과제에 적용하는 것과 마찬가지로 "어떻게 가르치는가", "무엇을 가르치는가", 그리고 "정규 교육의 목적은 무엇인가" 등에도 동일하게 제기된다.

이러한 확신은 모든 것을 포괄하는 이론적인 패러다임에 대한 포스트모던 식의 불신으로 근접해가는 것이라 할 수 있다. 리오타르Jean-Francois Lyotard는 다음과 같이 역설이 들어 있는 의심에 대해 말하였다. "나는 포스트모던을 메타 담론을 향한 의혹으로 정의한다."[40] 이러한 주장을 다시 환기해보는 것은 새로운 메타 담론의 지위를 추구하는 것으로 종종 비난받는 복잡성 과학에 대한 논의에서 다소 역설적으로 비칠 수도 있을 것 같다.

이러한 비난은 경직된 복잡성 과학 안에서 일정 정도 내포된 강조점과 자세를 적용할 때 공정한 것이 된다. 이 책에서 줄곧 강조하듯이, 복잡성 철학은 "모든 것에 대한 이론"임을 주장하는 것이 아니다. 오히려 이것은 특정 현상에 대한 해석을 지향하는 접근이며, 이 해석 안에서 자기 자신과의 연관성을 전면에 부각시키는 것이다. 그렇게 함으로써 이러한 현상에 대한 자신만의 자세와 태도를 만들게 된다. 이것은 특별히 자신의 표상 속에서 활용되는 비유 장치로서 각별하게 표상하려는 시도에 함축되어 있는 은유, 유추, 그리고 이미지 같은 것에 집중한다. 이러한 점에서 복잡성 철학은 근대 과학의 합리주의적 전제를 포기한다. 즉, 다른 진리를 구성할 수 있는 논박 불가능한 토대로서의 진리가 존재한다는 가정을 버리는 것이다. 정반대로 복잡성 철학의 주장에 따르면, 인류는 논리적 피조물이 아니라 논리적인 능력으로 연관성을 만들어내는 피조물인 것이다. 따라서 의미가 무엇인지 파악하기 위해서는 항상적으로 변동하는 연관성의 그물망을 반드시 주시해야 한다.

우리는 3장에서 복잡성의 기하학에 대한 논의를 통해서 이러한 과제를 다루고자 한다. 특히, 논의의 틀을 갖추기 위해서 논리적이라고 추정되는 분석과학의 토대와는 대조적인 복잡성 철학의 은유적인 구조를 강조한다.

1. D. Dennet, *Dawin's dangerous idea: evolution and the meanings of life*(New York: Touchstone, 1995): p. 21.
2. Richardson & Cilliers, 2001.
3. Waldrop, 1992; Johnson, 2001.
4. J. Jacobs, *The death and life of the great American cities*(New York: Vintage, 1961).
5. D. Gordon, *Ants at work: how an insect society is organized*(New York: Free Press, 1999).
6. F. Engels, *The condition of the working class in England*(New York: Penguin, 1987).
7. R. Carson, *Silent spring*(New York: Houghton Mifflin Company, 1962).
8. H. Maturana, "Autopoiesis: reproduction, heredity and evolution," in *Autopoiesis, dissipative structure, and spontaneous social orders*, edited by M. Zeleny(Boulder, CO: Westview, 1980).
9. 예를 들면, '심스' 웹 사이트 〈http://thesims.ea.com/〉나 쌍방향이면서 시각적인 모습을 보여주는 뉴잉글랜드 복잡성 체계 연구소의 웹 사이트 〈http://necsi.org/〉을 보라.
10. 예를 들면, Lewin(1992); Waldrop(1992)를 보라.
11. 이러한 종류의 연구 프로젝트의 설문조사인 Kelly(1994)를 보라.
12. 같은 책. 또한 R. Lewin & B. Regine, *Weaving complexity and business: engaging the soul at work*(New York: Texere, 2000)을 보라.
13. 사실 이러한 개념을 갖는 근대 과학의 프로젝트는 일반적인 상상력 속에서 '진실한' 것일 수 있다. 수많은 저명한 과학자들은 이 프로젝트를 매우 다르게 조망하고 있기 때문이다. 예를 들면, E. F. Keller, *Making sense of life: explaining biological developments with models, metaphors, and machines*(Cambridge, MA: Harvard University Press, 2002)을 보라.
14. 이와 관련되어 있거나 대립되어 있는 감수성들의 폭넓은 논의에 대해 보다 더 충분한 설명을 들으려면, B. Davis, *Inventions of teaching: a genealogy*(Mahwah, NJ: Lawrence Erlbaum Associates, 2004)을 보라.
15. 예를 들면, J. H. Holland, *Emergence: from chaos to order*(Reading, MA: Helix, 1998); S. Kauffman, *At home in the universe: the search for the laws of self-organization and complexity*(New York: Oxford University Press, 1995)을 보라.
16. D. Osberg, *Curriculum, complexity and representation: rethinking the epistemology of schooling through complexity theory*(unpublished doctoral dissertation, Open University, Milton Keynes, UK, 2005)
17. Cohen & Stewart, 1994, 이러한 견해와 관련된 논의를 위해서는 1장을 보라.
18. S. Y. Auyang, *Foundations of complex-system theories in economics, evolutinary biology, and statistical physics*(Cambridge: Cambridge University Press, 1998).
19. R. Rucker, *in Mind tools: the mathematics of information*(New York: Penguin, 1987), "프랙탈로 구조화된 기억"이라는 은유에 대해 논의하고 설명하고 있다.
20. D. Watts, *Six degree: the science of the connected age*(New York: W. W. Norton, 2003)을 보라.
21. 예를 들면, S. A. Barab & M. Cherkes-Julkowski, "Principles of self-organisation: learning as participation in autocatakinetic systems," in *The Journal of the Learning Sciences*, vol. 8, nos. 3&4(1999): 349-390; C.D. Ennis, "Reconceptualizing learning as a dynamical system," in *Journal of Curriculum and Supervision*, vol. 7(1993): 115-130; M. Resnick, *Turtles, termites, and traffic jams: explorations in massively powerful microworlds*(Cambridge, MA: The MIT Press, 1995); M. Resnick, "Beyond the centralized mindset," in *Journal of Learning Sciences*, vol. 5, no. 1(1996): 1-22; D. Sawada & M.T. Caley, "Dissipative structures: new metaphors for becoming in education," in *Educational Researcher*, vol. 14, no. 3(1985): 13-19; U. Wilensky & M. Resnick, "Thinking in levels: a dynamic systems approach to making sense of the world," in *Journal of Science Education and Technology*, vol. 8, no. 1(1999): 3-19을 보라.
22. 예를 들면, M. Cherkers-Julkowski, "The Child as a self-organizing system: the case against instruction as we know it," in *Learning Disabilities*, vol. 7, no. 1(1996): 19-27; M. Cherkes-Julkowski & N. Mitlina, "Self-organization of mother-child instructional dyads and later attention disorder," in *Journal of Learning Disabilities*, vol. 32, no. 1(1999): 6-21; B. Davis & E. Simmt, "Understanding learning systems: mathematics teaching and complexity science," in *Journal for Research in Mathematics Education*, vol. 34, no. 2(2003): 137-167; W. E. Doll, Jr., "Complexity in the classroom," in *Educational Leadership*, vol. 47, no. 1(1989): 65-70; E.B. Mandinach & H. F. Cline, *Classroom dynamics: implementing a technology-based learning environment*(Hillsdale, NJ: Lawrence Erlbaum Associates, 1994); J. Rasmussen, "The importance of communication in teaching: a system-theory approach to the scaffolding metaphor," in

Journal of Curriculum Studies, vol. 33, no. 5(2001): 569-582; M. Resnick & U. Wilensky, "Diving into complexity: developing probabilistic decentralized thinking through role-playing activities," in *Journal of Learning Sciences,* vol. 7, no. 2(1998): 153-172를 보라.

23. 예를 들면, J. D. Dale, "The new American school: a learning organization," in *International Journal of Educational Reform,* vol. 6, no. 1(1997): 34-39; B. Davis & D. Sumara, "Cognition, complexity, and teacher education," in *Harvard Educational Review,* vol. 67, no. 1(1997): 105-125; B. Davis, D. J. Sumara, & T. E. Kieren, "Cognition, co-emergence, curriculum," *Journal of Curriculum Studies,* vol. 28. no. 2(1996): 151-1679; M.J. Jacobson, K. Brecher, M. Clemens, W. Farrell, J. Kaput, K. Reisman, & U. Wilensky, *Education in complex systems*(Nashua, NH: New England Complex Systems Institute, 1998)을 보라.

24. 예를 들면, G.A. Cziko, "Unpredictability and indeterminism in human behavior: arguments and implications for educational research," in *Educational Researcher*(1989 April): 17-25; J.A. Middleton, D. Sawada, E. Judson, I. Bloom, & J. Turley, "Relationships build reform: Treating classroom research as emergent systems," in L. D. English(ed.), *Handbook of International Research in Mathematics Education*(Mahwah, NJ: Lawrence Erlbaum Associates, 2002): 409-431.

25. Sawada & Caley, 1985.

26. W. Doll, Jr., *A post-modern perspective on curriculum*(New York: Teachers' College Press, 1993).

27. 예를 들면, R. Rorty, *Contingency, irony, solidarity*(New York: Cambridge University Press, 1989)를 보라.

28. 어떤 설명에 따르면 이러한 한계는 극단적이다. 수백만 개의 감각의 잠재력으로부터 이것은 거의 나타나지 않는다. 즉, 어떤 사건은 인간의 감각 체계의 일부분을 활성화하기에 충분히 강렬하고, 실제로 의식의 표면에서 거품을 일게 한다. 의식에 대한 연구의 개괄은 T. Norretranders, *The user illusion: cutting consciousness down to size*(New York: Viking, 1998)을 보라.

29. B. Davis, D. Sumara, & R. Luce-Kepler, 2000, p. 73으로부터 각색함.

30. C. Seife, *Zero: the biography of a dangerous number*(New York: Viking Penguin, 2000)을 보라.

31. 포개지고 중첩되어 체화된 현상의 다양한 시간 척도의 중요성에 대해 단순히 추측할 문제는 아니다. 신경현상학자인 바렐라는 인간 신체의 구성요소 수준에서subpersonal, 개인 신체 및 심리 수준에서personal, 그리고 인간과 인간 사이의 상호작용 수준에서interpersonal 이러한 과정에 대한 연구를 해왔고, 생애주기에 대한 서로 다른 세 가지 척도의 '크기'를 검토해왔다. 바렐라에 따르면, '현재'에 대한 개인적인 감정과 관련된 시간 척도는 1초(10^0)의 범위 안에 놓여 있다. 즉, 이것은 사람이 행동할 때 어떤 하나의 역할을 시작하는 것을 인식하는 동안 의식하게 되는 순간의 시간 척도이다. 한 사람의 행동에 영향을 줄 수 있지만, 의식에서 기록되지는 않아 분리되어 지각하는 사건의 시간 척도는 0.1초(예를 들면, 10^{-1})에 불과하다. 그리고 바렐라에 따르면, '서사의 시간', 즉 개인적인 경험이 사회적인 집단성의 조직으로 꿰어지는 시간 척도는 10초(예를 들면, 10^1) 범위 안에 있다. 다소 다른 조건에서 보면, 사람이 사건을 지각하는 자동적인 조절로부터 자각하는 의식적인 조절로, 그리고 해석하는 사회적인 조절로 옮겨가기 때문에 시간은 10의 인수로 증가를 요구한다(3장에서 전개 되듯이, 어떤 사람은 수많은 사건 속에서 이러한 단계를 통해 상승하기 때문에 상응하는 감소도 이루어진다. 이것들은 '거듭 제곱'으로 알려져 있고, 이에 따르게 된다). D. Rudhauf, A. Lutz, D. Cosmelli, J.-P. Lachaux, & M. le van Quyen, "From autopoiesis to neurophenonmenology: Frnascisco Varela's exploration of the biophysics of being," in *Biological Research,* vol. 36(2003): pp. 27-65.

32. 분기(bifurcation)에 대한 충분한 논의와 확장된 설명은 Davis(2004)를 보라.

33. F. de Saussure, *Course in general linguistics,* trans. W. Baskin(New York:Philosophy Library, 1959).

34. T. Kuhn, *The structure of scientific revolutions*(Chicago: University of Chicago Press, 1962)

35. K. Popper, *Conjectures and refutations*(London: Routledge & Kegan Paul, 1963).

36. 예를 들면, A. Soka & J. Bricmont, *Intelligent impostures: postmodern philosopher's abuse of science*(London: Profile Books, 1998)을 보라.

37. 예를 들면, H.R. Maturana, "Science and daily life: the ontology of scientific explanations," in W. Krohn & G. Kuppers(eds.), *Self-organization: portrait of a scientific revolution*(Dordrecht: Kluwer Academic Publishers, 1990)을 보라.

38. P. Cilliers, *Complexity and postmodernism*(London: Routledge, 1998), p. 11.

39. 같은 책, p. 72.

40. J.-F. Lyotard, *The postmodern condition: a report on knowledge,* Trans. G. Bennington & B. Massumi. (Minneapolis: University of Minnesota Press, 1984), p. xxiv.

제3장 | 복잡성의 형태

구름은 원형이 아니고 산은 원추형이 아니다. 그리고 번개는 일직선으로 가로지르지 않는다. 기하학의 형태들이 갖는 복잡성과 비교하면, 보통 자연이 갖는 형태들의 복잡성은 정도에서 차이가 나는 것이 아니라 본질상 다른 것이다.

_멘델브로트Benoit Mandelbrot[1]

수년 전 미국 부시George W. Bush 행정부는 소위 '아동낙오방지법No Child Left Behind Act of 2001'[2]을 도입하였다. 이 법안은 교육계와 교육 분야 연구자들에게 함축된 많은 의미를 던져주었다. 그 가운데 연구자들에게 던져진 핵심적인 쟁점은 새롭게 부각된 양적인 방법과 질적인 방법 사이의 구분이었다.

이것의 주요 계기는 미국의 교육부United States Department of Education가 주관한 '과학적인 근거에 의한 연구'라는 한 심포지엄이었다. 그곳에서 다음과 같은 내용이 확인되었다.

임상 실험은…… 의학에서 금본위제와 같은 것으로…… 무엇이 효과가 있는지 확인하는 유일한 방식이다…… 의학에서 무엇이 효과가 있는지에 관한 규칙과 무엇이 효과가 있는지에 대한 추론 방법 등은 동일하게 교육적인 실천에도 해당된다.[3]

여기에 슬며시 가려져 있는 확신은 "무엇이 효과가 있는지 확실히 하라."는 것이다. 즉, 교육 분야 연구는 반드시 실험을 설계해야 하고 동시에 본질적으로 양화quantification가 가능해야 한다는 것을 말하고 있다.

2장에서 우리는 이러한 방식이 지닌 문제를 지적한 바 있다. 즉, 연구 대상인 현상들의 진화를 측정하는 데 있어 본질적으로 상이한 시간의 척도를 보지 못한다는 것이다. 이 장에서는 또 다른 비판을 제시하고자 한다. 그것은 연구를 수행함 있어 질적인 접근과 양적인 접근을 구분하고자 하는 것이 뿌리 깊은 착각에서 유래하고 있음을 강조하는 것이다. 특별히, 이것은 시대에 뒤떨어진 과학과 증거의 개념 속에 처박혀 있고, 자신들이 사용하는 비유적인 표현들이 어떤 근거 위에 있는지조차 망각하고 있음을 말한다. 이러한 논의를 발전시키기 위해서 이것이 양의 문제가 아니라 형태에 관한 문제라는 점에 초점을 맞추고자 한다. 수학적인 탐구의 갈래에서 보면, 무엇이 과학이고 그리고 무엇이 과학이 아닌지에 대한 논의는 반드시 명확하게 떨어져야 하는 산술이나 통계학이라기보다는 함축적인 기하학의 문제에 더 가깝고 그래서 더 관심을 가져야 이해할 수 있음을 강조하는 것이다.

우리는 후기구조주의 전략인 '해체deconstruction'의 방법론에 근거를 두고, 현재의 담론들이 지니고 있는 비유적인 근거들에 대한 평가를 필두로 고대 그리스 철학과 연계되어 있는 기원과 맥락을 검증하고자 한다. 같은 내용의 사고방식이 근대 과학 속에 무비판적으로 계승되고 있음을 지적하고, 복잡성 철학 안에서 제시되는 전혀 다른 비유와 이미지를 탐색하려고 한다. 이 과정에서 우리는 양적인 것과 질적인 것의 구분이 지닌 단순한 특징뿐만 아니라, '아동낙오방지법'과 같은 미 행정부의 교육 개혁안을 등장시킨 가정에 들어 있는 내재적인 오류를 설명할 것이다. 특별히, "무엇이 효과가 있는지 그리고 동시에 어떻게 효과가 있는지 그 추론 방법에 관한 규칙들"이 사실은 "의학만큼이나 교육적인 실천 혹은 그 문제와 관련된 어떤 다른 영역을 포함해서도 모두 동일한 것"이 아니라는 확신을 발전시키고자 한다. 복잡성 현상들은 그렇게 간단하게 동일한 범주들로 흡수될 수 있는 것이 아니기 때문이다.

평면 기하학과 분석과학

20세기 철학자들은 언어에 관한 중요한 결론 가운데 하나로 언어의 의미가 '연상associations', '뒤엉킨 은유tangled metaphors', 그리고 '망각된 준거forgotten referents' 등의 복잡한 그물망에 갇혀 있다는 경향성을 말하였다. 구조주의자, 후기구조주의자, 정신분석 이론가 그리고 프래그머티스트들까지 이를 공유하였다. 이들 모두가 바라는 최선은 단단하게 얽혀 있는 그물망에 감추어진 의미를 닳고 닳은 가닥들의 일부라도 끄집어내는 일이다. 이것을 적절한 순간 적합한 공간에 정확한 가닥을 잡아내어 그물망을 풀어헤칠 수 있다는 소망을 갖는 것이다. 바꾸어 말하면, 언어의 진정한 의미는 명확히 겉으로 드러난 구체적이고 의식적인 것이라기보다는 글자 속에 잊히고 감춰진 암묵적인 부재로부터 나온다고 볼 수 있다. 따라서 대개는 알아차리지 못하지만, 의미와 지각을 지탱해주고 동시에 제한하는 언어적인 측면과 해석을 향한 관심을 촉구하게 된다. 데리다Jacques Derrida가 역설한 이러한 종류의 의미의 '연기deferral'가 강력하게 확산되는 예는 유클리드 기하학에서 도출된 개념들이 영어 안에서 이루어지는 때이다. 또한 진리와 관련된 개념을 통해 정의justice와 다른 사회적인 이상social ideals 등으로 정연하게 짜인 방식에서 찾아볼 수 있다.

유클리드의 평면 기하학은 기원전 3세기경에 발전하였고, 이로 인해 대체로 기하학이라는 말이 통용된 것이 사실이다. 하지만 이것이 유일한 것도 아니며 더군다나 최초의 기하학도 아니다. 유클리드가 기여한 것은 광범위했던 그리고 일반적으로 수용되었던 기하학을 수학적인 결론으로 모아 하나의 내적 일관성을 갖춘 연구로 결합시킨 것이다. 이러한 노력보다 이미 백 년 앞서 플라톤은 당시 연역적인 논리 추론으로 널리 이해되었던 기하학을 학문적인 사고의 상징으로 정립한 바가 있다. 플라톤의 기하학은 평면 위에 그려진 도형뿐만 아니라 우주의 가장 심오한 비밀을 파헤치는 데 이용될 수 있는 추론 양식에도 폭넓게 관심을 보였다. 이와 같이 그는 기하학이라는 용어를 모든 학문 영역의 탐구 방식으로 지칭하였으며, 현상에 대한 체계적인 환원이나 근본 요소 혹은 기본 원리에 대한 총체적인 지식으로 추구하였다.

유클리드의 주된 공로는 평면 기하학이라는 세련함으로 탐구 방식에 시각적인 형상을 부여한 점이다. 예를 들어, "한 점에는 어떤 부분도 없다."와 같은 23개의 정의와 "직선은 어떤 점에서든 다른 점으로 그릴 수 있다."라는 5개의 공리를 이용한다. 즉, 이를 통해 알려진 형태와 고립된 진리의 다양성을 도출하고 연결하는 논리적인 주장을 입증한 것이다. 이 과정에서 기하학의 변혁에 이바지하였다. 그렇게 함으로써 유클리드 기하학은 특정 부류의 요소와 이미지뿐만 아니라 합리적인 연역 논리에도 특권을 부여하였다. 이러한 논리는 수세기에 걸친 과학의 발전에 중심이 되어왔다. 물론 이러한 인식 행위와 지식의 힘과 의미에 대해 이의를 제기하는 사람은 거의 없었다. 이러한 연역 논리에 대한 지나친 적용은 지난 수세기에 걸쳐 포스트모더니즘[4]과 프래그머티즘 철학자들[5], 그리고 최근에는 인간의 사고가 논리적이라는 뿌리 깊은 가정을 거부하는 신경학, 심리학, 언어학 분야의 연구자들[6] 사이에서 광범위한 비판의 대상이 되어왔다. 하지만 여전히 기하학은 현대적인 합리성과 연결되어 은연중에 폭넓은 비판을 모면해온 것이 현실이다.

예를 들면, '평면plane'이라는 용어와 관련된 어원에 속하는 일련의 어휘를 생각해보자. '평평한plain', '계획plan' 등 다른 용어들과 더불어 평면은 '평평한flat'이라는 의미의 라틴어 'planus'로부터 유래하였다. 즉, "명료한 언어plain language", "명확한 진리plain truth", "명료하고 간단한 plain and simple", "종합 계획master plan"과 이와 관련된 어구들은 유클리드의 평면과 동일한 개념의 그물망 속에 혼재되어 있다. 미리 계획을 세우고plan ahead, 일정 수준을 유지하고keep things on the level, 설명하고자 하는 explain(어원적으로는 '정리하다lay flat') 현대에서의 소망처럼 말이다. 이러한 개념들을 관통하는 주제는 로티Richard Rorty[7]가 지적하듯이, 집단 최면으로 규정될 수 있다. 즉, 현실 속에는 당연히 발달 구조가 있다고 믿고, 과학자들의 정밀한 관찰과 평면에 바탕을 둔 논리에 넘겨주는 종합 계획이 있다고 믿는 것이다.

함축되어 있는 기하학의 분명한 특징은 '환원 가능성reducibility'에 대한 가정에 있다. 추정컨대, 유클리드 기하학의 대상과 증거에 의해 예시되듯이, 현상이 일련의 제한된 더 단순한 요소로 분해될 수 있다고 생각한다. 예를 들면, 개념상 환원되는 것으로, 하나의 평면은 정확히 한 점에서 교차하는 한 쌍의 선이라고 정의될 수 있다. 이에 상응하여, 하나의 선은 두 개의 점으로 유일하게 정의될 수 있다. 실제로도 그러하지만, 선과 점으로 연결된 개념이 현대적인 사고 안에서 적어도 논리적인 주장만큼이나 널리 확산되기를 기대하고 있다. 라틴어, 그리스어, 독일어에서 유래한 선에 대한 개념과 관련한 일련의 어휘와 어구의 목록을 정리하면 표 3.1 과 같다.

표 3.1 직선에 근거한 개념들

용어	파생어	현재의 용법
right	라틴어 rectus, straight	right angle, righteous, right handed, right of way, right/wrong, human rights, right wing
rect-	라틴어 rectus, straight	rectangle, correct, direct, rectify, rector, erect
regular	라틴어 regula, straightedge	regulation, regulate, irregular
rule	라틴어 regula, straightedge	ruler, rule of law, rule out, rule of thumb, broken rule
line	라틴어 linum, flax thread	linear, timeline, line of text, line of argument, linear relation, sight line, linear causality, toe the line
ortho-	그리스어 orthos, straight	orthodox, unorthodox, orthodontics, orthogonal, orthopedic
straight	독일어 streccan, stretch	straight up, go straight, straight answer, straight shooter, straight talk, straight and narrow, straight-laced

사실 표에서 제시한 어휘와 어구는 빙산의 일각에 불과하다. 굳이 이러한 목록을 만들어내려고 애쓸 필요도 없다. 유클리드 선형성의 망에 얽혀 있는 다른 어휘와 개념을 살펴보면 다음과 같다. 여기에는 정렬하다align, 설명하다explain, 외부의external, 확장하다extend, 정당화하다justify, 제한하다limit, 평범한ordinary, 투사하다project, 저명한prominent, 엄격한strict, 진리truth 등의 의미가 포함되어 있다.

유클리드 기하학에서의 요점은 이와 같은 특정한 연상의 망들이 존재한다는 것인데, 이것이 일종의 집단적인 실수나 숨겨진 음모를 나타내려고 하는 것이 아니라는 점이다. 오히려 이러한 부류의 용어들이 특정한 해석의 습관으로부터 유래하고 이를 지탱해준다. 이 과정에서 이것들은 '정상적'이거나 '자연적인' 것으로 유지되고, 이를 관철하는 데 기여하게 된다. 예를 들어, 표에서 본 것처럼, 용어들의 글자 이면에는 옳음과 그름, 검증과 오류, 규칙과 불규칙, 솔직함과 둘러대기 등과 같은 의미의 그물망이 존재한다. 바꾸어 말하면, 언어 안에서 선과 선형성의 우선적인 위치가 선과 악, 진리와 허위, 도덕과 일탈, 명료와 모호 등의 대립적인 공간에 중층적으로 포개져 자리 잡고 있다.

선과 선에 근거한 해석들이 중립적이지 않다는 주장은 어떤 사전을 참고하더라도 확인할 수 있다. '직선straight'과 관련된 어휘들을[8] 다음과 같이 나열해보자. 즉, 여기에는 정확한accurate, 솔직한candid, 계속적인continuous, 직접적인direct, 이성의heterosexual, 정직한honest, 단순한simple, 철저한thorough, 믿을 만한trustworthy, 이탈하지 않는undeviating, 덕이 있는virtuous 등이 있다. 단도직입적으로 말하면, 이러한 속성들에 대해 문화적인 우선성이나 사회적인 필연성 등의 이의를 제기한다면 병적인 것이 아니더라도 의도적인 도발과 비논리성으로 간주될 위험이 있다. 결국, 구부러진bent, 왜곡된distorted, 별난kinky, 비스듬한oblique, 도착성의perverse, 기울어진skewed, 비뚤어진twisted, 휘어진warped 등과 같은 용어들이 현재 지니고 있는 함축적 의미를 생각해보면 이를 알 수 있다. 이 모든 것들은 처음부터 순전히 '똑바르지 않은not straight' 혹은 '평평하지 않은not level' 등을 보여주는 의미였다.

이 문제는 90°인 직각과 관련된 용어들의 기원, 의미, 그리고 현재의 연상에 대해 앞에서와 같은 방식으로 검토하면 훨씬 더 뚜렷하게 부각된다. 표 3.2는 그 일부를 보여주고 있다. 다시 말하지만 우리의 요점은 이러한 부류의 개념들이 어떤 형태로든 일사불란하게 기만적인 방식을 보여주는 것은 아니다. 오히려 이러한 연상이 널리 확산되고 동시에 투명해지고 있음을 말하고자 하는 것이다. 이것들의 은유적인 가치와 의도는 스스로 이름을 붙이자마자 사라져버렸다고 할 수 있다. 이는 '정상the normal', '표준the standard', '검증the correct', '정통the orthodox'이라는 말에 잘 나타나 있다. 비유적인 용법이 비논리적인 전제들 속으로 사라져버린 것이다. 바로 정상normal이라는 말의 구체적인 사례에서 설득력 있게 설명되고 있는 점이기도 하다.

표 3.2 직각에 근거한 개념들

용어	파생어	현재의 용법
standard	라틴어 stare, stand (예. make a right angle to a flat surface)	standardized tests, standard form, raising standards, standard time, rally around a standard, standard units, standard of living, standard of behavior
normal	라틴어 norma, carpenter's square	normal curve, normalize, normative, normal child, normal development, normality
perpendicular	라틴어 pendere, to hang(vertically)	pendulum, depend, pending, independent, suspend

다른 곳에서 상세하게 설명하였는데[9], '정상적인normal' 이라는 개념은 원래 목수의 사각형a carpenter's square 을 가리킨다. 이는 '원circular' 이라는 단어가 거의 둥근 것round 에 근접한 형태로 활용되는 방식과 동일한 것처럼, 명사형인 '정상norma' 의 형용사인 '정상적인' 은 90°에 가까운 각도를 설명하는 데 활용되었다. 이와 같은 '정상적인' 의 정확한 의미는 수학에서도 지속적으로 남아 있게 되었다. 수백 년 전에도 이 개념은 일반적으로 측정의 정확성을 위한 하나의 은유로 사용되었다. 만약 어떤 것이 미리 규정되어 있거나 예상한 기대치에 충분히 근접하면 정상적이라고 불렸다. 1800년대에는 줄곧 지성이나 의식적 자각과 같은 실체가 불분명한 구성물과 더불어 신장이나 무게와 같은 현상에 대해 양적인 분석의 출현으로 이 용어가 나타났다. 오늘날 '정상적인' 의 의미는 '사물이 존재하는 방식' 과 '사물이 존재해야 하는 방식' 등으로 그 형태를 전환시켜 왔다. 이러한 해석은 일련의 현상에 대한 정상분포곡선, 즉 종모양의 곡선이 널리 응용됨으로써 자리를 굳히고 있다. 이러한 문제에 대해서는 3장 후반부에 더 상세하게 설명하고자 한다.

평면적이고 선형적이며 정상적인 사고가 지닌 특권적인 지위는 관련 쟁점에 대한 검토를 훨씬 더 깊게 다룰 수 있게 한다. 이와 관련하여 또 하나의 분명한 검토 지점은 '점point' 이라는 단어이다. 이것은 유클리드 기하학과 학문적인 담론 모두에서 근본으로 삼고 있다. 예를 들어, 우리의 임무는 다음과 같은 관점에서 해석될 수 있다. 즉, 주요 지점들을 만들고, 포괄적인 설명을 목적으로 하는 선의 추론으로 이것들을 연결하며, 점을 선이나 평면으로 정의하여 활용될 수 있도록 유클리드의 이미지로 평행선을 긋는 것이다. 만약 이것이 불가능한 것이 아니라면, 학문적인 글쓰기가 이루어지는 동시대의 문화 속에서 이러한 틀을 탈출한다는 것은 어려운 일이 될 것이다.

쟁점으로 돌아가서, 이러한 논의의 방향에서 드는 확신은 인간의 사고라는 게 이용 가능한 개념적인 도구들에 의해 활성화되면서도 동시에 제약을 받는다는 것이다. 진리와 수용 가능성을 이해할 수 있도록 형상을 만들기 위해 가장 자주 이용되는 시각적인 준거의 견지에서 보자. 그렇게 하려면 물질로 구성된 세계에서 압도적으로 존재하는 고전 기하학의 형태를 살아 있는 공간에서 한번 정도 쳐다볼 필요가 있다. 유클리드의 영향은 가정, 사무실, 직사각형의 도시, 선형적인 시간 개념과 전개 등에 분명히 존재한다. 학교에서 보면, 유클리드는 교육과정을 설계하는 지침 속에 존재하고, 이로 인해 학교 일정에 질서를 부여한다. 교실에서는 학생들을 조직하고, 학생들의 학습 경험의 틀을 짜 맞추며, 학생들의 수업 진도를 표시하는 등 여러 가지를 결정한다. 교육연구에서도 정상분포곡선과 선형회귀분석 등에서 널리 사용된다. 이렇게 기하학의 지배력은 너무 확고해서 통제를 벗어나 있는 유기체들에 대해서 놀라울 정도로 배척되곤 한다. 여기서 선호되는 경향성은 통제, 예측 가능성, 효율성, 상관관계 등의 이야기들이다. 이와 같은 것은 플라톤의 논리이며 동시에 유클리드의 이미지 속에 구현된 것들이다.

3장의 나머지 부분은 우리가 도전하는 두 가지 주요 원리를 제시하고 있다. 첫째는 대부분 전통적인 교육연구의 토대를 이루고 있는 역동적인 현상들 사이의 선형적인 관계의 가정에 대한 것이다. 둘째는 측정 방식의 다양성을 보여주는 잠재적인 현상에 대한 정상분포곡선을 적용하는 것이다. 이러한 관점에 대한 비판의 틀을 구성하기 위해서 우리들은 반드시 함축적인 유클리드 기하학에 맞서는 대안을 먼저 설명해야 한다.

지난 세기에 걸쳐 수많은 수학자들은 유클리드에 의해 연구된 대상과 너무나도 다른 속성을 가진 일련의 형태에 대해 관심의 초점을 모아왔다. 19세기 후반에는 이상하지만 새로운 '병리적인' 혹은 '괴물 같은'[10] 형태에 주목을 했고, 부분적으로는 공간과 차원의 측면에서 당시에 당연시되었던 가정에 도전을 하기도 하였다. 예를 들어, 피노Guiseppe Peano는 한 평면 안에서 모든 점을 통과하는 하나의 선을 구부리는 방식을 고안하였다. 즉, 1차원의 형태가 2차원의 공간을 완전히 덮어버린 것이다. 이후 1차원도 2차원도 아닌 일정하게 차원 분열의 공간을 차지하는 형태가 만들어졌다.

결국 이렇게 차원을 구부러뜨린다는 점을 촉진시켜 온 수학자 멘델브로트Benoît Mandelbrot[11]은 '프랙탈fractal'이라는 단어를 만들었다. 이후 이 단어는 기하학에서 상당히 의욕적으로 발전하는 분야로 지칭되었다.[12] 사실 이 어휘의 출현 이후, 프랙탈 기하학은 모든 자연과학, 의학, 경제학 등을 포함한 수많은 영역의 연구에 영향을 미치게 되었다. 이러한 적용은 프랙탈의 형태들이 생성되는 방식과 이와 동시에 그 형태들의 질적인 측면과 관련되어 있다. 이 두 가지 측면 모두는 '자연의 기하학'[13], '살아 있는 세계의 수학'[14], '복잡성의 수학' 등과 같은 제목을 만드는 데 기여하였다.

프랙탈은 잠재적으로 무한히 반복되는 과정recursive process을 통해 생성된다. 이는 일정한 한도 내에서 선형적인 연쇄 작업을 통해서 형성되는 유클리드의 형태와는 대조적이다. 반복되는 과정의 각 단계에서 출발 지점은 앞선 반복의 산출물이고, 그 산출물은 다음 반복의 출발 지점이 된다. 그림 3.1에서 보는 바와 같이, 이 과정의 모든 단계는 하나의 정교함elaboration이 있다. 이러한 정교함은 지체 없이 예상치 못한 형태와 놀라운 복잡성을 창출해낸다. 이러한 반복적인 과정은 압축 불가능하다. 이 말의 의미는 간단한 예로 그림 3.1에 나타난 나무의 이미지와 같이, 결과들이 때로는 쉽게 예견된다 할지라도 최종적인 산출물에 대한 지름길이 존재하지 않는다는 말이다.

그림 3.1 프랙탈 형태의 창발성
간단한 나무 이미지의 사례에서 보듯이, 프랙탈 형태는 비선형적인 반복의 과정을 통해서 산출된다.

창발적인 프랙탈의 형태는 몇 가지 평범하지 않은 속성을 지니고 있다. 이는 최소한 유클리드 기하학의 배경에 비추어보면 비범한 것이라 할 수 있다. 예를 들어, 프랙탈은 척도로부터 독립적인데, 그 의미는 아무리 확장되거나 축소된다 하더라도 미세한 부분에서 울퉁불퉁함은 여전히 남아 있다. 본 저서의 표지에 나와 있는 프랙탈 이미지가 바로 척도로부터 독립적인 형태로서 훌륭한 사례에 해당한다. 이는 우주에 반영되는 하나의 질적인 측면이기도 한데, 현미경 혹은 망원경을 통해 관찰하더라도 더 단순하거나 더 복잡한 것으로 보이지는 않는다. 이와 대조적으로 비근본적인 유클리드의 형태는 보다 단순하고 보다 기본적인 요소들로 항상 분해하고자 한다. 이것들은 분석과학이 모든 자연 현상에 은유적으로 확대하고 적용하고자 했던 질적인 측면에 해당한다. 이러한 질적인 측면이 모든 복잡한 생명체의 형태는 말할 것도 없이, 심지어 모든 수학적인 구성에 적합하지 않다는 사실이 밝혀지면서 연구자들에게 무엇인가를 하기 전에 멈추어보도록 하고 있다.

또한 어떤 프랙탈은 '자기 유사성self-similarity'을 보여준다. 이는 신중하게 선택한 하나의 부분을 전체와 비교했을 때 이상하리만치 매우 흡사한 속성을 가지고 있다는 점을 말해주고 있다. 그림 3.1에서 '완성된' 나무의 이미지는 자기 자신과 유사하며, 이는 각각의 가지 혹은 가지의 가지가 전체 나무와 비슷하게 보이는 방식 속에 잘 나타나 있다. 이는 또다시 세계의 수많은 현상 속에 반영되는 속성이 된다. 익숙한 예로, 브로콜리의 머리 부분이나 파슬리의 가지에서 떨어져 나간 조각은 전체 모습과 아주 흡사하게 닮아 있다. 마찬가지로 주식 거래에서 보면, 일일 차트는 주, 월 혹은 이보다 더 긴 기간의 차트와 비교해 적어도 변덕스러운 미세부분에서도 강한 유사성을 지니고 있다. 아마도 가장 익숙한 사례는 많은 어린 이들이 알고 있듯이, 잘 고른 나뭇가지가 종종 그 나뭇가지의 나무와 매우 흡사하게 닮아 보인다는 점일 것이다.

자기 유사성의 속성은 그림 3.2에 있는 양치류 잎사귀를 보면 잘 알 수 있다. 이 그림을 통해 자기 유사성이 실제로 척도 독립성의 특별한 사례임을 입증해준다. 자기 유사성을 갖는 형태에 대해 말하자면, 구조적으로 얽혀 있는 모습은 항상 척도와 상관없다는 점이 분명할 뿐만 아니라 때로는 구조가 수준과는 독립적일 수도 있음을 말해준다. 예를 들어 그림 3.1과 같이, 결과적으로 중층적으로 포개진 구조nestedness는 포개진 복잡한 형태에 대한 시각적인 은유일 수 있다. 그리고 이 안에서 다른 체계들과의 구조적으로 연결된 상호작용으로부터 유래된 체계 동역학은 역시 비슷한 것으로 지적될 수 있다. 종의 진화와 개인의 학습을 보면, 바로 이러한 방식의 비유가 역동적으로 자기 유사성을 보여주는 것으로 확신해볼수 있다. 이 두 가지 모두 상이한 척도와 서로 다른 시간의 틀에서 이루어진 것이라 할지라도, 동일한 복잡성 동역학의 지배를 받는 것이다.

그림 3.2 자기 유사성

프랙탈의 형태는 자기 유사성을 지닌다. 즉, 부분이 정확하게 전체와 일치함을 보여준다. 그림에 나와 있는 양치류처럼 자연의 형태는 종종 자기 유사성을 입증해주고 있다.

자연적인 형태의 영역에서 일어난 이러한 반향과 함께 프랙탈 기하학은 다양한 분야에 걸쳐 응용되었다. 가장 주목할 만한 예들은 다음과 같다. 의학에서는 순환계, 신경계, 뇌, 골격 등의 구조와 발달을 설명하고연구하는 데 나타났다. 정보과학과 통신기술에서는 데이터를 압축하고'무의미한 정보'를 줄이는 것으로 등장하였다. 그리고 경제학에서는 시장변동을 연구하는 데 나타났다. 이렇게 응용되는 분야는 실로 광범위하고급속도로 확대되고 있다. 대체로 복잡성 체계의 구조와 동역학을 이해하기 위한 프랙탈의 형태와 반복적으로 정교하게 이루어지는 복잡화의 과정 등 입증된 유용성에 의해 더욱 힘을 받고 있는 모습이다.

아마 프랙탈 기하학의 가장 중요한 공헌은 새로운 이미지와 은유로 개념화되어 있다는 점일 것이다. 겉으로 보면 복잡성의 현상은 유클리드보다는 프랙탈에 더 가까운 것처럼 보인다. 복잡성의 현상은 압축할 수 없고, 반복적으로 정교하게 복잡해지며, 종종 경이롭기까지 하다. 더구나 프랙탈 기하학은 오랫동안 분석과학 안에 새겨져 있었던 선형성의 전반적인 가정에 도전장을 던지고 있다.

공정하게 말하면, 선형적인 형태가 갖는 영향력은 선과 평면에 대한 문화적인 선호만의 문제가 아님을 반드시 지적해야 한다. 실제로 선형적인 수학이 고전주의 시대를 장악한 핵심적인 이유는 종이와 연필로 처리할 수 있도록 계산을 스스로 학습시켰다는 점이다. 데카르트, 뉴턴, 그리고 동시대인들은 비선형적인 현상에 대해 잘 알고 있었다. 그러나 다루기 힘들었던 수많은 비선형적인 계산 상황이 발생하면 대개는 선형적인 근사치로 대체해버린 것이다.[15] 수학 계산이 엄청나게 노동집약적이고 지루했던 것을 보면 이를 알 수 있다. 이러한 경향은 성장과 더불어 생태계의 관계와 같은 현상에까지 이르고 있다. 수학자인 스튜어트Ian Stewart는 다음과 같이 말한다.

이러한 습관은 너무 뿌리 깊게 박혀 있어서 수많은 방정식이 발견되는 동시에 선형화되었다. 그래서 심지어 명실상부한 비선형의 과학 교재는 존재조차 하지 않았다. 결과적으로 대부분의 과학자와 기술자들은 사실상 모든 자연 현상이 선형 방정식에 의해 설명될 수 있을 거라고 믿게 되었다. 18세기의 세계가 시계로 비유되었다면, 19세기와 20세기는 선형의 세계였다.[16]

스튜어트는 더 강력한 계산 기술의 출현으로 최근 상황이 바뀌었음을 언급하고 있다. 물리학 전반에 걸쳐 우주가 "가혹할 정도로 비선형적인 것"으로 간주되어왔다는 것이다.[17]

이와 같이 말하고 나니 현상을 바라보는 선형적인 해석의 뿌리 깊은 선호가 사실상 효과적인 계산의 문제 이상인 것처럼 보인다. 직선이란 게 인간의 지각에 의해 이루어지는 배경 밖에서 쉽게 추출되는 형태들 사이에 존재하고, 이러한 사실 속에 선형 그래프와 선형적인 상관관계에 대한 호소의 일부가 놓여 있는 것으로 여겨진다. 이러한 경향은 생물학에 근거를 둔 것으로 보인다. 즉, 종species의 수준에서 학습되었다는 것을 뜻한다. 이것이 비록 문화에 의해 증폭된다고 하더라도 말이다. 스튜어트와 코헨 등은 "유클리드 기하학의 표준이 되는 원천 재료로서 점과 선의 개념이 시각 체계를 갖는 생리학과 매우 밀접하게 어울린다는 것"을 확신하고 있다.[18] 다른 사람들도 세계를 단순화시키는 데 편애를 가진 진화론의 이점을 지적하기도 한다.[19] 이들은 인과적인(혹은 선형적인) 설명과 효과적인(혹은 선형화된) 행위 구도 등을 통해 이루어진 것들이다. 여전히 다른 몇몇은 출생 직후 몇 시간이 지나면 인간은 누구나 선을 찾게 되고, 감각 체계는 사물의 가장자리에 대한 지각이 증폭된다고 강조한다.[20] 이러한 경향은 보다 추상적인 능력과 구성 개념의 명확한 표현을 통해 이행된다. 이런 점을 추정하는 것은 그리 부당한 것이 아님을 말하고 있다. 스튜어트와 코헨 등은 "세밀한 선을 그리는 것이 인간의 타고난 성향이므로, 단순화된 정신의 명명 체계를 만들려는 시도는 서로 다르게 구조화된 세계와 조화를 이룬다."고 지적한다.[21]

따라서 복잡성 철학에 의해 제기된 프랙탈 이미지는 생물학적인 성향과 문화적인 선호 모두에 도전하고 있는 것으로 볼 수 있다. 여기서 핵심적인 쟁점은 선형적인 관계와 상관관계, 선형적인 궤도와 예측, 선형적인 담론 그리고 선형적인 보고 형태 등이 복잡성의 현상을 묘사하기에는 매우 빈약한 도구들이라는 점이다. 이러한 형태들이 양적인 분석이나 질적인 기술 속에 이식되어 있든 간에 복잡성 현상을 위해서는 제한된 해석의 가치일 수밖에 없다. 더불어 사실상 이것은 예측상의 가치를 지닐 수밖에 없으며, 이는 주식시장, 교실, 개인의 일상생활에서 매일 증명되고 있다.

이 지점을 강조하기 위해 복잡성 과학은 학습자, 교실, 공동체, 그리고 문화와 같은 자기 변형의 현상에 관한 연구에서 통계 도구를 활용하는 데 대한 비판을 초월하고자 한다. 이것이 바로 교육 분야 연구자들 사이에서 오랫동안 양적인 것 대 질적인 것의 논쟁 속에 숨겨져 있었던 문제라고 할 수 있다. 복잡성 과학자들은 수적인 것 대 기술적 것의 이분법도 잘못된 것이라고 주장한다. 오히려 결정적인 것은 '분석적인'과 '복잡한' 것 혹은 이미지의 측면에서 보면, 유클리드와 프랙탈 간의 구분이다. 후자는 반복적이고 비선형적이며 역동적인 특징으로 인해 유사한 측면에서 설명되는 현상을 이해하는 데 더 유용하다. 심지어 인간의 지각 체계가 생물학적이고 문화적인 측면에서 보다 더 단순한 해석적인 도구들 쪽으로 경도되어 있다 할지라도 말이다.

이러한 추세의 핵심은 실제적인 기술과 설명의 원천이라기보다 오히려 모델과 은유의 원천으로서 수학을 재구성하는 것이다. 수학의 역할을 재정의하면서 과학적인 지식의 본질에 관해 사고를 전환시키는 것이다. 20세기 전체에 걸쳐 이루어진 정신분석, 구조주의, 후기구조주의, 그리고 관련 담론에 의해 촉발된 인류 안에서의 인식론적 전환과 일치하면서 동시에 공통의 경계를 나누지 않는 것이다.

명확히 지난 100년간 이러한 담론을 가로지르고 있는 두드러진 주제는 정상분포곡선의 활용에 대한 비판이다. 차츰 드러나겠지만, 이 쟁점은 경직된 과학 안에서도 중요한 주제이기도 하다.

네트워크, 거듭제곱의 법칙 그리고 정상적이지 않은 분포곡선

통계학에서 가장 명확하고도 중요한 개념 가운데 하나가 바로 '정상분포곡선' 이다. 그림 3.3처럼 정상분포곡선에서 익숙한 종모양의 곡선은 수많은 현상에 대한 자료 수치를 평균 중심으로 결집하는 설명 방식을 취하고 있다. 곡선 중심의 꼭대기 점은 산술 평균을 표시하고 분포상태는 수치의 양쪽으로 급격하게 체감된다. 이러한 체감 분포는 너무 급격하게 이루어지는데, 실제적인 목적을 위해서도 평균으로부터 아주 멀리 이탈하는 수치는 거의 0의 수준까지 떨어진다. 가상으로 있을 법한 사례를 들면, 일정한 범위 안에 성인 여성의 평균 신장이 1.7미터라고 하자. 대부분의 여성들은 평균 신장 안에 속하게 될 것이다. 경우에 따라 몇몇은 평균에서 약간 더 멀리 떨어질 수도 있다. 그리고 바로 그 가운데 몇몇은 평균에서 훨씬 더 멀어질 수도 있을 것이다. 하지만 어느 누구도 0.3미터나 21미터의 키에 해당되지는 않을 것이다.

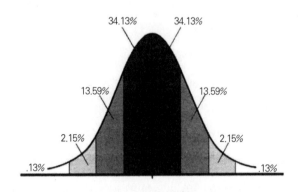

그림 3.3 정상분포곡선
서로 다른 영역에서 백분율 수치는 분포된 바의 안쪽을 포함하는 것으로 예상된 자료의 지점을 가리킨다.

이러한 사례를 통해 느낄 수 있는 것은 연구자들이 모든 영역에 걸쳐

변화하는 모든 현상에 대한 정상분포곡선에 따라 움직인다는 가정에 경도되어 있다는 점이다. 최근 복잡성 동역학에 따르면, 과학자들은 흔히 볼 수 있는 수많은 현상이 단순히 정상분포곡선을 따르지 않는다는 점을 알게 되었다. 예를 들어 "정상적인 지진은 얼마나 강력한가?", "지구상에 개인의 평균 자산은 얼마인가?" 등과 같은 질문에 대해 생각해보자.

사실 이러한 질문들은 아무런 의미가 없다. 전자를 고려해볼 때, 작은 미동이 상당한 정도로 항상 발생하고 있다. 횟수도 너무 빈번하여 만약 이것들이 더 큰 진동과 평균해서 계산해본다면, 소위 '정상적인 지진'은 너무도 미세한 것이어서 결국 거의 감지되지 못한 것으로 계산될 것이다. 상당히 민감한 장비를 제외한 어느 누구 혹은 어느 것이라도 말이다. 후자의 경우에도 자산이라는 것이 전 세계적으로 너무나도 불평등하게 분포되어 있기 때문에, 단순한 산술 평균만으로는 어떠한 유용한 정보도 주지 못한다.

최근 용어를 빌리자면, 다른 척도로부터 자유로운 현상으로 볼 수 있는 지진과 순수 자산 등은 정상분포곡선이 아니라 거듭제곱의 법칙을 따른다. 그저 몇 가지만 예를 들자면, 주식시장의 변동, 소규모 전투와 전쟁, 달의 분화구, 유행, 종의 소멸, 해양 플랑크톤, 인간의 심장 박동, 산불, 눈사태, 도시의 크기, 인터넷 허브, 웹 페이지, 전염병 등과 더불어, 지진

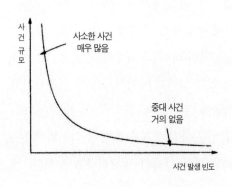

그림 3.4 거듭제곱의 법칙
곡선은 사소한 사건이 발생할 가능성이 매우 높고, 중대 사건은 발생할 가능성이 매우 낮음을 잘 보여주고 있다.

과 순수자산은 그림 3.4와 비슷한 분포를 보일 것이다.

간단히 말해서 거듭제곱 법칙을 따르는 현상들을 보면, 하나의 '규범', 즉 '전형적인' 사건, 경우, 구성원 혹은 부분과 같은 것들이 존재하지 않음을 알 수 있다. 정상적인 크기의 도시라는 게 존재하는 것이 아니고, 대표적인 역사적인 사건이란 것도 없다. 전형적인 지각 변동도 존재하지 않고, 특유한 학습 사례라는 것도 없으며, 평균적인 통찰력이나 발견도 존재하지 않는다. 뷰캐넌Mark Buchanan은 이러한 상황을 다음과 같이 설명하고 있다.

이론가의 머리에서 튀어나온 과학의 새로운 아이디어나 실험과학자들에 의한 모든 관찰은 산더미처럼 쌓여 있는 지식 더미 위에 낱알을 하나 더하는 것과 같다. 이것은 붙어 있을 수 있고, 단순히 확대되는 구조에 덧붙이는 것이 될 수도 있다. 혹은 아이디어들이 흔들리는 압박 가운데 한 부분을 차지할 수도 있다. 흔들림은 잠깐일 수 있거나 오래 지속될 수도 있다. …… 눈사태에 대해서는 내재적인 혹은 예상되는 크기란 없다. 가장 작은 혁명들이 매일 발생하고 있으며, 발밑에서 항상 진행 중인 작은 지진과 마찬가지로 그저 소수일 수도 있고 사실상 눈에도 보이지 않을 수도 있다.[22]

지진과 눈사태의 역학과 인간의 행동체계 사이에서 벌어지는 일에 대한 뷰캐넌의 비유적인 표현은 상징적인 의미 그 이상이다. 겉으로 보기에 서로 상이한 현상들이 매우 깊이 있게 그리고 아직까지는 잘 이해되지 못한 채로 공통성을 가지고 있는 것으로 보인다.

그러나 현재까지 이해되고 있는 한 가지 특징은 거듭제곱의 법칙 분포만이 오로지 척도로부터 자유로운 현상 안에서 발생한다는 것이다. 즉,

중층적으로 포개진 프랙탈 형태의 척도 독립적인 속성의 측면에서 조직이 설명되고 있다. 이러한 범주에 속하는 현상을 두고 이루어진 최근 연구들은 이 모두가 아주 특별한 종류의 엄밀한 구조를 가지고 있다고 역설한다. 이것들은 모두 특별한 종류의 네트워크 구조 차원에서 특징을 부여할 수 있다. 다소 놀랍긴 하겠지만, 예를 들어, 사회 집단, 인터넷 웹 사이트, 생태계 먹이 사슬, 국가 경제를 지탱하는 기업 네트워크, 살아 있는 세포 속에서 상호작용하는 분자 네트워크, 뇌상에서 상호 연결된 뉴런 네트워크 등은 구조 측면에서 아주 비슷한 면모를 보여주고 있다. 더 놀랍긴 하지만, 좀 더 개괄적으로 말하자면, 바로 동일한 조직의 원리가 물리적 – 생물학적인 세계와 동시에 사회적 – 문화적인 세계 양쪽 모두에 작동하고 있는 것처럼 보인다.

핵심이 되는 지점은 일정한 현상에 대해 '더 많은'이 단순히 '더 많은'이 아니라 '서로 다르다는 것'을 나타낸다는 점이다. 와츠Joules Watts는 다양한 현상뿐만 아니라 연구에 대해 중층적으로 포개진 탐구 영역의 특징을 전면에 내세우면서 다음과 같이 상황을 설명하고 있다.

물리학은 …… 원자의 수준까지 근본 입자를 분류하는 데 상당한 성공을 거두었다. 하지만 한 줌의 원자들을 모아보자. 그러면 이야기는 완전히 달라진다. 이것이 바로 화학이 물리학의 한 분야가 아니라 그 자체의 독립적인 과학 분야인 이유이다. 조직의 계열을 좀 더 거슬러 올라가면, 분자생물학은 단순히 유기화학으로 환원할 수 없고, 의학은 분자에 관한 생물학을 직접 응용한 것 이상이 된다. 상호작용하는 유기체의 수준처럼 더 높은 수준으로 생태학으로부터 동역학에 이르기까지, 그리고 사회학으로부터 경제학에 이르기까지 일련의 학문 영역들은 조우하고 있다. 각각의 학문들은 심리학과 생물학의 단순한 지식으로 환원할 수 없는 자체의 규칙과 원리를 제시

한다.[23]

이 인용문의 마지막 구절은 3장 앞부분에서 이미 언급했던 것이다. 이것은 부시 행정부에 의해 입안된 아동낙오방지법(NCLB법) 속에 구현된 교육 분야 연구의 사고 틀을 비판하는 근거로서 강조하고자 한다. 특정한 의학 연구의 기준이 교육 분야 연구가 되어야 한다는 것은 무비판적인 확신에 불과하다. 이것은 심각하고 위험하기까지 한 것으로 어떤 현상이 가지고 있는 상대적인 복잡성에 대한 무지를 드러내는 것이다.

복잡성과 관련된 현상들이 구조적인 유사성을 갖는 '이유'를 깊게 탐색하는 것은 우리의 의도를 벗어나는 일이다. 하지만 이 책의 끝부분에서 네트워크 이론에 관한 몇 가지 정보를 소개하고자 한다.[24] 기대한 바대로 함축되어 있는 현상들의 범위 안에 네트워크 연구에 포함된 분야들은 다양하기 그지없다. 해당 분야만도 물리학, 수학, 화학, 생물학, 심리학, 사회학, 의학, 그리고 경제학 등을 포함하고 있다. 최근까지 교육 분야는 광범위하면서 새로운 논의에 본격적으로 뛰어들고 있지 않지만, 이러한 논의가 생산적인 것이라고 볼 수 있는 몇 가지의 주제는 추정해볼 수 있다.

추정을 위한 틀을 갖추기 위해 네트워크 이론가에 의해 연구되고 있는 조직이나 구조를 지적하는 것이 필요해 보인다. 그림 3.5는 이러한 유형의 구조와 관련된 이미지를 제시하고 있다. 이를 간단히 말하자면, 노드(마디)들이 더 큰 노드들로 모아지고, 다시 이 노드들은 좀 더 큰 노드들로 모아지는 과정을 되풀이한다. 그림 3.5의 이미지는 이를 대략적으로 단순화시킨 것이다. 실제 복잡성 체계에 어울리는 다이어그램은 모구 毛球, hairball 와 더 비슷할 것이다. 노드라는 게 '기본 단위'는 아니지만, 중요한 지점으로서 반드시 허브(중추 마디)를 형성하기 위해 자체적으로 서로 연결되어 있는 하부 네트워크로 이해될 수 있다. 이러한 조직 방식은 대부분의 구성인자들, 즉 어떤 수준의 조직에서든 선택된 노드들의 상호작용이 가장 인접한 이웃과 이루어진다는 점을 여실히 보여주고 있다. 이는 복잡성 체계 안에서 대부분의 정보가 국지적으로 이루어진다고 주장하는 복잡성 과학자들의 통찰과도 일맥상통하는 것이다. 클러스터 형태의 배열과 더불어, 모든 구성인자들 또한 네트워크 안에서 상대적으로 적은 수의 상호 연결을 통해 모든 다른 구성인자들과 적절하게 연결되어 있다.

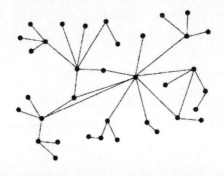

그림 3.5 척도로부터 자유로운 네트워크에 대한 단순화된 표상
모든 복잡성 체계들은 보다 더 큰 노드들로 연결되어 있고, 척도로부터 자유로운 유형의 노드들로 조직되어 있다. 어떤 현상에 대해 척도로부터 자유로운 조직의 존재는 종종 복잡성을 가진 결정적인 지표로 받아들여진다.

아마도 이러한 연결방식이 가장 익숙한 경우는 '6단계 분리' 개념을 들 수 있다. 이는 사회학자인 밀그램Stanley Milgram에 의해 처음 제안되었고, 훗날 같은 제목의 연극과 영화로도 대중적으로 널리 알려지게 되었다.[25] 여기서 말하고자 하는 바는 두 명의 사람이 사회적 혹은 공간적으로 멀리 떨어져 있다 하더라도, 이들 사이에는 6명 혹은 이보다 더 적은 수의 사람들로 연쇄적인 지인 관계가 존재한다는 것이다. 흔히 새로운 지인들이 공통적인 연결고리를 찾았을 때, "세상 참 좁구나?!"라는 웅변 섞인 표현을 하고, 이에 힘입어 이를 소위 "작은 세상 현상small world phenomenon"이라고 부르게 된다.

물론 6단계 분리와 작은 세상에 대한 주장은 종종 입증하기 불가능한 것일 수 있다. 그 이유는 결정적으로 모은 증거들이라는 게 사회적으로 연결된 모든 사람들에 대해 종합적인 지식을 요구하기 때문이다. 그럼에도 불구하고 보다 더 정밀하게 표현할 수 있는 현상에 터해 이러한 관점들을 지지하는 몇 가지 증거들이 분명 존재한다. 끊임없이 진화하는 인터넷은 일반적인 예가 되는데, 이는 전자공학을 통해 상대적으로 쉽게 연구될 수 있는 분야이다. 인터넷의 지형은 노드와 노드가 마디 형태로 연결되어 있는 복잡한 그물망이다. 12단계[26] 수준으로 다른 것과 분리된 체계 속에 연결되어 있는 것이 컴퓨터이다. 마찬가지로, 뇌 속에서 뉴런에 관한 연구는 척도로부터 자유로운 네트워크 안에서 조직되어 있다는 사실을 보여준다. 신경학자인 캘빈William Calvin은 이에 대해 특별히 다음과 같이 설명하고 있다.

> (뇌 속에는) 100개의 요인들이 반복해서 작용하고 있다. 100개의 뉴런들이 하나의 소형 칼럼으로, 대략적으로 100개의 소형 칼럼들은 하나의 거대 칼럼으로, 백 번에 걸쳐 백 개의 거대 칼럼들이 하나의 피질 지역으로 …… 그리고 양쪽 반구에서 이들 모두의 총합을 고려할 때는 약 100개 정도의 브로드만 영역Brodman Areas이 존재하게 된다.[27]

인간의 뇌 안에 엄청난 숫자의 뉴런들이 있음에도 불구하고, 이와 같은 조직적인 구조는 두 뉴런 사이의 거리가 놀라울 정도로 단거리일 수 있다는 것을 의미한다. 성인의 뇌와 같은 경우, 어마어마한 뉴런의 숫자(약 10^{12})를 가정해볼 때 참으로 다행한 일이다. 보다 엄격한 위계나 중앙집권적인 구조들은 반응 시간이 훨씬 느린 동시에 적응하는 속도 또한 수반하게 된다.

이러한 조직 방식에 있어서 이점이 있다면 그것은 굉장히 강력한 건강성이 존재한다는 것이다. 만약 하나의 노드 혹은 상대적으로 중요한 허브가 실패한다면, 척도로부터 자유로운 네트워크 체계는 지속적으로 생명력을 유지하게 될 가능성이 더 커진다. 정보와 물질의 교환을 위해 이루어지는 대체 경로들이 선택되거나 혹은 쉽게 설정될 수 있기 때문이다. 뇌가 경미한 타격을 받아도 대부분 회복이 가능해지는 이유도 바로 이 척도로부터 자유로운 구조 때문이다. 이러한 건강성과 관련하여 익숙한 다른 사례들을 들자면, 공항에서의 항공기 운항이나 전력공급 체계 등을 들 수 있다. 먼저 주요 허브 공항이 연착되거나 폐쇄되는 일이 발생한다 하더라도, 네트워크로 이어진 다른 공항들은 이와 무관하게 일상적으로 변함없이 운항을 할 수 있다. 다음으로 전면적인 연쇄적 전력공급이 이루어지지 않더라도, 수요의 급격한 변동에 대해서는 쉽게 적응하게 되고 예기치 못하게 차단된 전력공급원을 찾아 복구할 수 있다. 여기서 중요한 점은 사회적인 네트워크와 지식의 네트워크를 포함한 수많은 네트워크들이 건강성을 가지려면 소위 '약한 연결선weak links'과 더 많은 관련성을 가져야 한다는 점이다. 그림 3.5와 그림 3.6을 비교하면 이러한 점을 알 수 있다. 노드들 사이에 몇 개의 연결선을 추가하면 허브에 대한 네트워크의 의존성을 크게 줄이게 된다. 그리고 이로 인해 약점을 축소시킬 수 있다. 또한 약한 연결선을 추가함으로써 정보의 흐름을 개선할 수 있다. 이 부분은 이어지는 내용과 다음 장에서 설명하고 있는데, 체계적인 정보를 담는다는 점에서 중요한 함축적인 의미를 지니고 있다.

간단히 정리하자면, 척도로부터 자유로운 네트워크는 두 가지 주요한 이점이 있다. 첫째, 노드들이 결단코 서로 다른 노드들과 너무 멀리 떨어져 있는 것이 아니기 때문에 효과적으로 정보를 이동시킬 수 있다. 둘째, 전체적인 기능에 대한 결정적인 노드들이 대체로 존재하지 않기 때문에

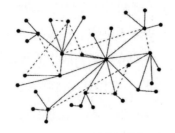

그림 3.6 약한 연결선의 중요성

점선으로 이루어진 약간의 약한 연결선을 추가하는 것은 네트워크 안에서 건강성과 정보의 흐름을 향상시킬 수 있다.

체계에 가해지는 충격을 견뎌낼 수 있다. 비록 일정한 노드들의 실패나 파괴가 네트워크의 파편화로 이어질 수 있다 하더라도 말이다. 바로 이러 하기에 척도로부터 자유로운 구조와 나머지 다른 두 개의 익숙한 조직 방식인 중앙집중적인 체계와 분산된 체계는 그림 3.7과 같이 비교해볼 수 있다.

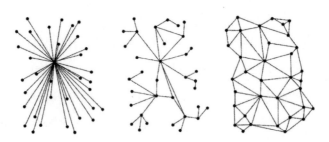

그림 3.7 네트워크 구조의 형태

네트워크 구조는 세 가지 형태를 띠고 있다.[28] (a) 중앙집중식 형태, (b) 탈중심 혹은 척도로부터 자유로운 형태, (c) 분포된 형태가 그것이다.

중앙집중식의 체계는 상당히 효율적인 정보의 흐름을 가능하게 한다. 그 이유는 원칙적으로 거의 하나의 매개체에 의해 노드들이 분리되기 때 문이다. 하지만 이러한 효과적인 연속성의 단점은 전면적으로 작동이 실패했을 때 취약하다는 점이다. 만약 중앙 허브가 자기 기능을 하지 못한다면, 전체 체계가 전면 중단될 수 있다. 이와 대조적으로 그물망처럼 분산된 체계는 상당히 건강하게 유지될 수 있다. 수많은 노드들이 작동 불능 상태가 된다 하더라도 시작 전에 이를 제거할 수 있다. 하지만 이러한 건강성은 효율적인 정보와 자원들이 이동하면서 발생하는 희생의 대가라고 할 수 있다. 각각 네트워크의 끝에 있는 노드들의 사이를 이동하기 위해서는 '도약대jumps'가 엄청나게 많아져야 한다. 이와 달리 탈중심적인 혹은 척도로부터 자유로운 네트워크는 효과적인 소통과 건강성의 균형을 맞추게 된다.

이를 교육에 적용해보면, 척도로부터 자유로운 네트워크에 대한 논의는 교육에 대한 해석과 연구에 대해 몇 가지 가능성의 지점들을 보여준다. 예를 들어, 지금까지의 모습을 보면 법을 집행하는 기관(교육청), 학교, 그리고 교실과 같은 행정 단위들은 상당히 중앙집중적인 경향성을 보인다. 이를 달리 생각해서 질문해보면, 보다 탈중심적인 구조가 일정한 교육적인 목적에 더 잘 이바지할 수 있지 않을까? 특히, 교실 조직에 대한 논의의 맥락은 4장에서 다시 다룰 것이다. 학교 자체의 물리적인 구조 또한 웁피티스Rena Upitis가 전개하고 있듯이, 복잡성 네트워크 조직의 측면에서 재검토될 수 있다.[29] 관련된 맥락에서 과연 네트워크 이론이 다양한 지식의 영역에 근거를 두고 교과적인 지식과 교육과정에서 추정되는 구조에 대한 재논의를 촉발시킬 수 있을까?

예를 들어 수학을 생각해보자. 교육과정에서 제시한 목적을 위해서 이전의 수학은 중층적으로 포개진 진화적인 네트워크로서가 아니라 고정된 연상과 엄밀한 구조로 취급되어왔다. 그 결과로 교육과정은 유클리드 기하학을 강조하는 가정들을 중심으로 구성이 되었다. 저학년에서는 숫자 세기와 덧셈과 같은 소위 '기초적인 것'에, 고학년에서는 보다 추상적인 개념들을 강조하는 데서 이러한 모습은 여실히 드러난다. 이와 같은 주제를 통해 진행되는 과정은 대부분 공통적으로 미리 규정된 연쇄적인 개념들을 통해 이루어지고 선형적인 교과 진도의 문제로만 설명된다.

　교육과정에서 제시한 목적을 추구하기 위해서라도 수학의 구조를 중층적으로 포개진 척도로부터 자유로운 네트워크의 측면에서 재구성한다면 과연 어떻게 될까? 이러한 변화는 보편적인 기초와 선형적으로 진행되는 가정으로부터 상당히 연속적인 아이디어와 노드들로 이어지고, 그 아이디어와 이웃하는 개념들에 대한 관심을 촉발하게 될 것이다. 따라서 이와 연관된 개념과 상황들이 함께 어우러지고 이러한 필요성을 강조하는 진정한 페다고지로서 교육학에 대한 관심을 불러일으킬 것이다. 여기서 핵심적인 질문은 "무엇이 근본적인가?"가 아니라 "연속적인 아이디어는 무엇인가?" 혹은 "네트워크 전체에 걸쳐 어떤 종류의 개념과 능력이 드러나는가?" 등이 된다. 그렇게 되면 교육과정의 구조 또한 반드시 주제를 통한 일방향적인 이동으로부터 이웃하는 개념들에 대한 연구로 전환해야 한다. 즉, 현재 사방팔방에 퍼져 있는 일련의 선lines보다는 오히려 그림 3.5와 그림 3.6 안에서 제시된 구조를 따라야 한다.

　이상은 전반적으로 추정해본 것이지만, 이러한 제안이 그렇게 가능성이 희박한 것만은 아니다. 수학의 구조에 대한 연구들은 아직 완성된 것은 아니지만 그 결과는 언어와 관련한 최근 연구의 결과와 유사할 것이라고 추측할 수 있다. 바라바시Albert-László Barabàsi는 다음과 같이 역설한다.

　일련의 네트워크화 되어 동의어로 간주되는 언어는 일종의 한 덩어리의 네트워크로 위계적인 특성을 갖는다. 그리고 'turn', 'take', 'go'와 같은 말은 다양한 어휘의 기본단위를 함께 유지하면서 매우 강력한 말과 연결되어 각각 수백 개의 동의어를 가지고 있다.[30]

이와 유사한 관점은 다른 영역에서도 적용될 수 있다. 예를 들어, 역사학자들은 기념비적인 사건으로 추정되는 선형적인 연쇄 사건과 관련된 광범위한 가정을 거부하기 시작한다.[31] 오히려 거듭제곱의 법칙과 관련된 개념을 활용하여 다양한 의미를 가진 사건들이 연속적으로 만들어가는 작은 사건들의 지속적인 축적에 더 많은 초점을 둔다. 여기에 깔려 있는 이미지는 어떤 사건이든지 중대 사태를 초래할 수 있다고 보고 지속적으로 쌓여가는 모래 더미와 같은 방식을 지향하게 된다. 하지만 이것은 사태를 최종적인 혼란으로 귀속시키려는 거칠고 지나친 단순화일 수도 있다. 역사학자들은 그저 '자극'에 불과한 것을 '핵심'으로 간주하여 그 순간을 정리하려는 습관이 있다. 이들은 직접적으로 선형적인 의미에서 사태의 원인을 찾는 것이 아니다. 오히려 축적된 사건들의 '더미' 속에서 결과를 결정한다. 바꾸어 말하면, 역사는 갑작스러운 기념비적인 사건들과 '위대한 인물' 차원이 아니라 오랜 시간에 걸쳐 누적된 자극들의 측면에서 재해석되어야 한다.[32]

네트워크 식의 사고가 문화적인 가정에 도전하기 시작하는 또 다른 지점은 과학이 그리고 과학자들이 조직하는 방식이다. 고군분투하는 고독한 천재에 대해 뿌리 깊게 박혀 있는 믿음은 공동 저자들과 저술 목록에 대한 아주 간단한 검토만으로도 충분한 문제 제기가 가능하다. 지난 세기 전체에 걸쳐 과학 연구 대다수는 팀에 의한 연구가 상당수에 해당한다. 현재는 10명 내지 20명의 공동 저자의 이름을 가진 과학 논문을 만나는 것은 흔한 일이 되어버렸다. 여기서 중요한 발견은 연구가 거의 단독으로 이루어지지 않는다는 것이다. 예를 들어, 1994년 '톱 쿼크top quark'의 발표는 450명의 물리학자 이름으로 이루어졌다. 서로위키James Suroweicki는 공동 연구에 대한 추세에 대해 그 이유를 다음과 같이 추정한다.

과학이 점점 예전에 비해 더욱더 전문화되고, 각 학문의 영역 안에서 하부 영역의 수가 확산됨에 따라 한 사람이 글자 그대로 필요한 모든 것을 안다는 것은 어렵게 되었다.[33]

서로위키가 제시한 더 놀라운 공동 연구의 예로써, 사스SARS와 같은 바이러스에 대한 최근 사례를 제시할 수 있다. 전 세계에 걸쳐 동일하게 긴급한 목적으로 인터넷으로 연결되어 이루어진 공동 연구팀들의 각별한 노력으로 수주일 만에 바이러스의 역할을 찾아내고 입증한 것이었다.

공동 연구와 집필은 아마도 과학 관련 연구의 문화에서 추세 변동의 측면에서 가장 잘 이해될 수 있다. 결과적으로 설사 가능하더라도 이러한 획기적인 발견은 거의 고독한 천재의 업적일 수 없다는 집단적인 깨달음이 이루어졌다. 또한 이러한 현상은 협동하는 연구자들이 일반적으로 보았을 때, 더 성공적이고 생산적이라는 단순한 사실과 연관된다. 프라이스 de Solla Price와 비버 de B. Beaver 등이 보여주었듯이, "지금까지 가장 풍요로운 사람은 가장 협력적인 사람이고, 그 다음으로 풍요로운 4명 가운데 3명은 자주 협력하는 사람들 가운데 있다.[34]

이러한 상황을 고려해볼 때, 지성의 영향으로 만들어진 지형, 이론적인 선호도, 특정 영역 안에서 연구의 강조점 등에 관심 있는 연구자들은 그림 3.4에서 보여준 것과 같이 척도로부터 자유로운 구조의 이미지를 만들어 낸다는 것은 놀라운 일이 아니다.[35] 이러한 지형들은 결정적으로 프랙탈과 비슷하기 때문이다. 다른 여러 노드들이 보다 더 큰 노드들을 연결하여 새로운 노드를 구성하고, 유리창에 서린 김을 연상시키는 유형을 생성한다. 또한 포플러 나무가 있는 숲의 체계, 인터넷의 구조, 그리고 인간 뇌의 상호 연속성 등에 뿌리를 내린다. 바꾸어 말하면, 지식의 구조에 대한 관점은 명확한 토대와 위계적인 논리의 연상 차원에서 보면 허구에 지나지 않는다. 그리고 이것이 학교나 개인의 두뇌에 강요될 때는 위험한 것이 된다. 이는 개인의 두뇌와 마찬가지로 집단 지성도 유기체적이고 네트워크 식의 구조를 가질 수 있다는 가능성에 대한 증거이다. 결국 교육과 교육 분야 연구에 있어 실로 놀라울 정도의 함축된 의미를 가지고 있다.

1. B. B. Mandelbrot, *The fractal geometry of nature*(San Francisco: W. H. Freeman and Co., 1982), p. 4.
2. 활동 및 관련 토론 보고서는 온라인 〈http://www.ed.gov/policy/elsec/leg/esea02/index.html〉에서 찾을 수 있다.
3. V. Reyna, *What is scientifically based evidence? What is logic?* 전문은 〈http://www.ed.gov/nclb/methods/whatworks/researhc/page_pg3.html〉에서 이용할 수 있음.
4. 예를 들면, Lyotard, 1984; A. Borgmann, *Crossing the postmodern divide*(Chicago: University of Chicago Press, 1989).
5. 예를 들면, Rorty, 1989.
6. 예를 들면, G. Lakoff & M. Johnson, *Philosophy in the flesh: the embodied mind and its challenge to Western thought*(New York: Basic Books, 1999).
7. Rorty, 1989.
8. R. L. Chapman(editor), *Roget's international thesaurs, fourth edition*(Toronto: Fitzheny & Whitesid, 1977).
9. 예를 들면, Davis, Sumara, Luce-Kapler, 2000; M. Foucault, *Abnormal: lectures at the College de France, 1974-1975*, trans. G. Burchell(New York: Picador, 2003).
10. M. Gardner, "In which 'monster' curves force redefinition of the word 'curve'," in *Scientific American*, vol. 235(December 1976), 124-129를 보라.
11. Mandelbrot, 1982.
12. J. Gleick, *Chaos: making a new science*(New York: Penguin, 1987)을 보라.
13. Mandelbrot, 1982.
14. I. Stewart, *Life's other secret: the new mathematics of the living world*(Cambridge, UK: Cambridge University Press, 1998).
15. I. Stewart, *Does God play dice?*(Cambridge, MA: Blackwell, 1998).
16. 같은 책, p. 83.
17. 같은 책.
18. I. Stewart & J. Cohen, *Figments of reality: the evolution of the curious mind*(New York: John Wiley & Sons, 1997), p. 187.
19. 예를 들면, P.R. Ehrlich, *Human nature: genes, cultures, and the human prospect*(New York: Penguin, 2000)을 보라.
20. 예를 들면, D.D. Hoffman, *Visual intelligence: how we create what we see*(New York: W. W. Norton, 1998)을 보라.
21. Cohen & Stewart, 1994, p. 369.
22. M. Buchanan, *Ubiquity: The science of history …… or why the world is simpler than we think*(London: Phoenix, 2000), p. 184. 또한 P. Bak, *How nature works: the science of self organized criticality*(New York: Springer-Verlag, 1996)을 보라.
23. Watts, 2003, p. 25.
24. 예를 들면, A.-L. Barabási, *Linking: how everything is connected to everything else and what it means for business, science, and everyday life*(New York: Penguin, 2002); M. Buchanan, *Nexus: small worlds and the groundbreaking theory of networks*(New York: W. W. Norton, 2002); Watts, 2003.
25. S. Milgram, "The small world problem," in *Psychology Today,* vol. 2(1967): 60-67; J. Guare, *Six degrees of separation: a play*(New York: Vintage, 1990)을 보라.
26. Barabási, 2002. 인터넷이 전개되는 이미지 사진을 보려면, http://research.lumeta.com/ches/map/gallery/〉을 방문해보라.
27. W. Calvin, *How brains think: evolving intelligence, then and now*(New York: Basic Books, 1996), p. 120.
28. P. Baran, *Introduction to distributed communications networks*에 기초하고 있고, 〈http://www.rand.org/publications/RM/brains.list.html〉에서 이용할 수 있음.
29. R. Upitis, "School architecture and complexity," in *Complexity: An International Journal of Complextiy and Education,* vol. 1, no. 1(2004): 19-38.
30. Barabási, 2002, p. 237.
31. 이러한 종류의 연구 사례를 들자면, M. de Landa, *A thousand years of nonlinear history*(New York: Zone Books, 2000).
32. 보다 더 충분한 설명을 위해서는 Buchanan(2000)을 보라.

33. J. Surowiecki, *The wisdom of crowds: why the many are stronger than the few and how collective wisdom shapes business, economics, societies, and nations*(New York: Doubleday, 2004), p. 161.
34. D. J. de Solla Price & D. B. Beaver, "Collaboration in an invisible college," in *American Psychologist*, vol. 21(1966): 1107-1117. 또한 H. Zuckerman, "Nobel laureates in science: patterns of productivity, collaboration and authorship," in *American Sociological Review*, vol. 32(1967): 391-403을 보라.
35. 예를 들면, B. V. Carolan & G. Natriello, "Data-mining journals and books: using the science of networks to uncover the structure of the educational research community," in *Educational Researcher*, vol. 34, no. 3(2005 April), 25-33, C. Chen & R. J. Paul, "Visualizing a knowledge domain's intellectual structure," in *IEEE*(2001 March), 65-71.

제4장 | 복잡성의 네트워크

어떤 것이든 그 자체만 골라내면,
우주의 다른 모든 것과 연결되어 있다는 것을 발견하게 된다.

_무이어 John Muir[1]

많은 이들이 뉴턴을 서구 수학과 과학의 역사에서 가장 위대한 지성인 가운데 한 사람으로 생각한다. 자신의 학문적인 성공을 "거인들의 어깨 위에 서 있었기에" 가능했다고 지적한 것은 현재까지도 유명한 일화로 남아 있다. 이 명언은 익히 알려져 있지만, 결정적으로 복잡하지 않은 채 지식을 향하였다는 하나의 태도를 보여주고 있다.

앞선 여러 장에서 언급했듯이, 뉴턴 시대의 지배적인 의견은 수학적인 지식을 토대로 한 과학이 우주에 대해 총체적인 이해를 향해 전진해간다는 것이었다. 엄밀한 실험과 검증을 거쳐 점증하는 일련의 지식에 대해 선형적인 것으로 생각했던 것이다. 즉, 이것은 축적되고 앞을 향해 가는 것이라 할 수 있다.

복잡성 철학은 이 같은 가정의 근저에 다음과 같은 점들을 밑바탕에 깔고 있다. 즉, 예측 가능한 종착 지점을 향해 지식의 축적과 진보를 강조하는 은유적인 표현에 이의를 제기한다는 것이다. 복잡성 과학자들에게 이렇게 새로운 해석의 가능성이 출현한다는 것은 이를 확장하면서도 외부를 지향하는 흐름들 속에서 일정한 틀을 갖춘다는 말이다. 이와 연상되는 이미지는 수면 위에서 밖을 향해 흘러가는 물과 같이 각각의 가지들이 뻗어 나가려는 가능성의 이미지이다. 바꿔 말하면, 통찰의 전개를 현재 나타나고 있는 가능성의 공간을 탐색함으로써 그 공간을 확대해가는 문제로 보는 것이다. 이와 같이 지식을 창조한다는 것은 '진보적인' 것으로, 그 이유가 정해진 방향으로 이동하기 때문이 아니라 끊임없이 설정된 것을 정교하게 만들어가기 때문이다. 지식의 창조는 일종의 확장이지 정해진 방향으로 나아가는 것이 아니다.

진보는 결정적으로 집단적이다. 이는 이미 3장 마지막 부분에서 전개했던 내용이다. 집단을 강조하는 목적은 의미심장하게도 개인의 정체성이나 주관적인 지식 혹은 개별적인 구성인자를 버리거나 축소시키거나 무시하는 것이 아니라는 점이 무엇보다 중요하다. 오히려 연구자들은 이전 연구자들의 성과에 의존할 뿐만 아니라 동시대인들의 통찰에도 의지하고 있다. 즉, 인간들 사이의 접속 증가로 인해 기술적인 가능성이 급속히 확산되었다는 점에서 이러한 주장은 지지받고 있다.[2] 이것은 집단성 대 개인성의 대립이 아니라 자율적인 구성인자들이 상호 규정하는 실천 속에서 발생하는 집단적 가능성이 이루어지는 상황인 것이다.

4장의 의도는 보다 세밀하면서도 여전히 피할 수 없는 부분의 설명을 제공하는 데 있다. 그 내용은 복잡성 철학이 어떻게 현대적인 사고 지형 안에서 적응해 가느냐이다. 우리가 확신하는 복잡성 철학의 지향성은 그 자체의 역사만큼이나 현재 담론에 의해 형성되어 있다. 이와 같이 우리는 다른 영역에서도 공인된 사고방식에 반드시 관심을 가져야 한다. 복잡성 철학 자체는 이러한 자세를 견지하도록 엄중히 요구하고 있다. 나아가 새로운 잠재력의 가능성을 혼합해가면서 전개되고 있다. 따라서 4장의 목적은 복잡성에 따른 창발적인 특징을 기치로 내세우고자 한다. 즉, 복잡성 과학이 연구하고자 의도하는 것이 중요한 실례임을 강조하는 것이다.

전개상 다음과 같은 두 가지 지점을 중심으로 논의를 구성하고자 한다. 우선 1800년대 과학적으로 옹호되어온 진화론에 대한 명료화가 그것이고, 다음으로 1900년대 자기 조직화 체계에 대한 연구가 바로 그것이다.

형이상학으로부터 자연적인 세계관으로의 이행

근대 지성사의 변화 가운데 가장 의미 있는 것은 경험의 토대에 근거를 두고 이를 합리적으로 방어해온 진화론의 발달에 있다. 이 업적은 전적으로 다윈Charles Darwin의 공로이며, 그 결정적인 순간은 『종의 기원』을 출판한 1859년이다.

비록 다윈의 공로에 대해 누구도 부정할 수 없는 깊이를 지니고 있다 하더라도, 그를 유일한 진화론의 창시자로 단정 짓는 것은 그리 적절하지 못하다. 실제 그의 저작들은 당시까지만 해도 이미 존재했던 문화적인 감수성을 정리한 수준에서 해석될 수 있는 것들이다. 그의 조부와 부친이 이미 진화론의 주제에 대하여 저술 활동을 했을 뿐만 아니라『종의 기원』이 출판되기 30년 전, 라이엘Charles Lyell이 『지질학의 원리』를 출간했다. 이 책에서 그는 자연 지형들이 신의 손에 의해 이루어진 것이 아니라 지질학적인 힘에 의해서 항상적인 형성과 재형성을 반복한다고 주장했다. 같은 맥락에서 언어학자들은 공통적인 원형 언어로부터 유래한 유럽어의 갈래들을 예증하는 가지 형태로 뻗어 나가는 나무 다이어그램을 개발하였다. 이에 대해 다윈도 이들의 연구 결과들을 확실히 인지하고 있었다. 생물학적인 진화와 관련하여, 디드로Denis Diderot와 라마르크Jean-Baptiste Lamarck 등은 이미 1800년대 초에 상이한 형태들의 공통적인 기원에 관해 추정하였다. 바꾸어 말하면, 생명 자체의 창발성을 둘러싸고 다윈의 논문을 위한 무대가 이미 서 있었으며, 청중들도 들을 준비가 되어 있었다는 것이다. 뿐만 아니라 어린 시절부터 진화론의 일부 핵심 원리에 익숙해져 있었다. 그러므로 『종의 기원』의 출간은 불굴의 의지를 가진 한 개인에 의한 기존 정통 이론과의 단절이 아니라 정교하게 네트워크화되어 있었던 사고가 비로소 실현된 것으로 보아야 한다.

그렇다고 다윈이 전혀 새로운 것을 추가하지 않았다고 말하는 것은 아니다. 이와 정반대로, 그는 여러 갈래의 사고를 함께 엮어서 일관성 있고 생명력 넘치며 증거에 입각한 진화론의 발전에 중요한 기여를 하였다. 따라서 『종의 기원』의 출판은 너무나도 분명한 사실로서 식물학, 천문학, 사회학, 동물학 등을 포함시킨 채, 자연과학과 사회과학의 모든 분야에서 진화론에 대해 놀라울 정도의 가속화를 촉발시켰다. 하지만 분명하건대 '원인'이 된 것은 아니다. 다윈의 『종의 기원』 출판 50주년을 기리는 한 논문에서 듀이John Dewey는 논평하기를, 그는 수천 년에 걸쳐 이미 과학 안에 뿌리 깊게 박혀 있던 가정을 추방하였다고 역설하였다.[3] 듀이의 논평 이후 백 년이 지난 지금, 진화론은 거의 모든 학문과 대중 담론에서 공통적인 배경으로 자리 잡았다.

여기서 진화론에 의해 이루어진 관점 전환이 무엇인지 그 본질을 명확히 정리하는 것이 필요해 보인다. 다윈 이전에 우주는 압도적으로 고정된 완성체로서 이해되었다. 2장에서 설명했듯이, 이 틀에서 보면 과학에서의 과제는 우주를 구성하는 부분들에 대해 이름을 붙이고 분류하는 지극히 간단하고 직설적인, 즉 누적적이며 일방향적인 측면에서 설명되어왔다고 볼 수 있다. 구체적으로 말하자면, 이러한 기획은 고대 그리스 철학에 의해 명시적으로 표현된 것이었다. 그 가운데서도 사실상 대부분을 플라톤 철학의 세계관을 무비판적으로 조직한 것이었다. 이에 대해 간단히 말하자면, 인간이 살고 있는 자연의 세계는 완전하고 영원한 이상 세계에 대한 일종의 흠집이 반영된 것으로 이해되었다. 이상 세계는 형이상학적인 실재를 의미한다. 이것은 글자 그대로 "자연의 세계 이후 혹은 이를 뛰어 넘는" 또는 초자연적인이라는 말이다. 이데아라는 용어가 오늘날 플라톤 저작에서 표현되고 있는 것처럼, "자연 위에 있는" 이상 세계는 모든 '형상eidos' 혹은 '이데아idea'의 원천이고 목적으로 간주되었다.

하지만 150년 전 다윈이 활동할 당시, '형상'은 '이데아'보다 오히려 '종species'이라고 더 많이 번역되었다. 이 어휘들은 실제 어원적으로 깊이 관련되어 있다. '이데아'와 '형상'은 '보다to see'라는 의미의 그리스어 'idein'에서 유래한 것이다. 그런데 '종'도 '보다to look'라는 라틴어 'specere'에서 유래하였다. 그리스어 'idein'은 오늘날 'identify(동일시하다)'와 'ideology(이데올로기)' 등에 남아 있고, 라틴어 'specere'는 'spectator(관찰자)', 'spectacle(광경)', 'speculate(깊이 생각하다)' 등과 같은 용어에서 그 흔적을 찾을 수 있다. 당시 다윈이 『종의 기원』을 구상한 것은 고의성이 짙은 도발적인 것이라 할 수 있었다. 동일한 표현으로서 종species과 이데아ideas가 시작이 없는 고정된 형상이라는 만연해 있는 정통론에 대해 반기를 든 것이었다. 이 과정에서 그는 기존의 분류학 체계를 유기체 사이에서 차이를 이해하기 위한 잠정적이고 흠결이 많은 편의적인 도구에 지나지 않은 것으로 축소시켜 버렸다.

고대 그리스로부터 계승되어 보편적으로 확산된 신념 체계와는 대조적으로 다윈의 이와 같은 변화와 우연은 완전성으로부터의 이탈이 아니라 오히려 하나의 전형norms으로 간주되었다. 다윈에게 있어 변화와 우연은 창조의 가능성을 규정하고, 거대한 진화의 안무를 보여주며, 자신의 구조와 맥락을 끊임없이 부분적으로 수정해가는 것이다. 그러므로 다윈의 성과는 형이상학적인 상태나 초자연적인 영향과는 반대로 물리적 혹은 자연적인 과정을 지적으로 해설해낸 데 있다. 이는 종과 이데아를 관찰 가능한 구조로 설명할 수 있을 뿐만 아니라 거대한 지성을 가진 설계자의 감독이나 개입 없이도 다른 이념으로서 종의 변혁을 설명할 수 있다. 다윈은 물리적이면서 자연적인 과정 그 자체가 변화무쌍한 상황에도 불구하고, 일련의 혁신적인 변혁 가능성을 생성하고 선택할 수 있는 지성을 갖게 된다고 단정하였다. 또한 그는 자연이 일종의 무작위에 가까운 자기 배치를 통해 자신만의 역량으로 스스로를 끌어올릴 수 있다고 판단하였다. 나아가 자연이 항상 현재의 자신 이외의 모습으로 생성되는 과정에 있다고 보았다. 미리 설정된 목적이나 의도 없이 진화가 앞서서 계획되지는 않으며, 그저 단순하면서도 즉각적인 우연성에 적응하는 과정을 갖게 된다. 이렇게 다윈은 새로운 이념으로서의 종을 시험하면서 영원히 가능성의 경계 바깥으로 밀어내면서 동시에 창조된 공간들을 가득 채우고 있음을 역설하고 있다.

형이상학과 자연, 이 두 용어 사이의 대조는 다윈과 수많은 동시대인들에 의해 제안되었던 사고의 전환을 강조하고 있다. 앞에서도 언급했듯이, '메타meta'라는 접두사는 '위above' 혹은 '너머beyond'를 의미한다. 이것은 다윈 시대에 있었던 자연의 사물에 대한 일종의 조롱이나 무시의 태도였다. '자연'이라는 용어는 고대 그리스어 'physis'에서 유래한 것으로, '성장growth' 혹은 '자연nature'을 의미한다. 이는 'phyein'과 어원이 같은 것으로 그 의미는 '저절로 생겨나다bring forth'를 뜻한다. 또한 'phyein'은 '존재하다to be'라는 영어의 어원이기도 하다. 따라서 다윈이 형이상학을 비판하고 자연을 지향하면서 현상 자체가 자신들의 형태를 이해하는 충분조건임을 주장하였다. 다시 말하면, 다윈은 과학자들이 형태의 복잡한 상호관계에 초점을 맞춰야지, 사물을 구분하는 데만 관심을 갖는, 즉 상상을 통해 이상적인 세계에 시선을 고정시키는 것은 안 된다고 확신하였다. 자연은 그 자체로 이해되고 이해될 수 있어야지, 형이상학적인 실재에 대해 일정 정도만 불완전하게 반영되어서는 안 된다고 본 것이다.

진화론적인 사고와 교육이론

지난 반세기 동안 교육 분야에서 발전한 것 중의 하나는 객관적인 지식과 주관적인 이해 사이의 관계에 관한 것으로, 고대에 뿌리를 둔 전통적이면서도 현재까지 여전히 상식적인 신념으로 남아 있는 것에 대한 문제 제기였다. 이를 간단히 정리하면, 객관적인 지식은 '저 너머에 있는out there', 즉 어떤 측면에서 상식적으로 형성되는 경향이 있었다. 반면에 주관적인 이해는 사람의 머리 안에 머무르면서 보다 임시적으로 혹은 항상적으로 요동치는 허점 가득한 개인의 해석으로 설명되는 경향이 있었다. 이러한 틀에서 보면, 학습은 저 너머에 존재하면서 내면적으로 표상하는 과정으로 전락해버린다. 비판의 수위를 낮춰서 지적하자면, 학습은 일종의 지식을 소화하는 것이 된다. 가령, 통찰의 습득, 이념의 탐색, 정보 교환, 사고의 양식food for thought, 확실한 근거, 구조화된 주장, 지식의 구축, 그리고 이해의 구성 등과 같은 표현들이 연상의 그물망 표면을 스쳐 지나가기만 해도 현재까지 뿌리 깊게 박혀 있는 가정들을 확고하게 자리 잡는 데 도움을 준다.

2장에서 처음 소개한 바 있는데, 이러한 일련의 표현들은 그림 4.1에서 이미지 중심으로 제시되고 있다. 이 그림에서는 지식과 이해가 두 개의 별개의 영역으로 나타나고 있고, 학습은 내용물을 집어넣는 과정으로 표상되고 있다.

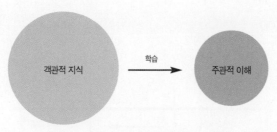

그림 4.1 지식과 인식 행위에 대한 대중적인 은유

공통적으로 표상된 언어 속에 객관적인 지식과 주관적인 이해는 반드시 연결되는 두 개의 고립된 영역 사이에서 구성되는 경향이 있다.

이러한 틀은 일찍이 프레이리Paulo Freiri에 의해 비판된 '지식 쌓기 교육banking education'으로 널리 알려져 있다. 여기서 학습과 교육은 단순히 정보를 축적하고 저장하는 측면에서 해석된다.[4] 하지만 이러한 프레이리의 비판은 최소 수세기 전 로크John Locke의 저술 속에서도 지적되었다. 그에 따르면, 학습의 순간에 외부에서 내부로의 이동은 그 어떤 것도 존재하지 않는다고 주장하였다. 이러한 추론에 의하면, 학습 지점에서 발생해야 할 것은 개별적인 인식 주체들이 자신들의 경험에 근거하여 자신들의 세계에 대해 내면적인 표상을 구성하는 것이고, 끊임없이 새로운 상황에 적합하도록 모델을 수정하고 개선해가는 것이다. 바꾸어 말하면, 이해가 이루어지는 내면세계가 외부의 실재 세계를 반영하는 거울이 되고, 그에 따라서 그림 4.2와 같이 객관적인 지식을 주관적인 이해로 연결시키는 화살이 제거된 모습을 옹호하게 된다. 불행하게도 이러한 모델은 지식으로부터 인식 주체를 분리시켰고, 결국 지식은 여전히 '저 너머에 있는' 것으로 간주되고 있다. 그냥 발견되기를 기다리며 절묘하게 숲 속에 숨어 있는 꼴이다.

이러한 로크의 견해에 대해 여러 비판자들이 있었다. 대표적인 인물로 그와 동시대인이었던 유명한 비코Giambattista Vico가 있다. 하지만 비코와 같은 경우 겨우 20세기가 되어서야 비로소 객관적인 지식과 주관적인 이

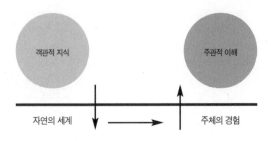

그림 4.2 지식과 인식 행위에 대한 로크의 이미지

로크는 주관적인 이해가 자연의 세계에서 신체적 경험에 뿌리를 두고 있다고 주장함으로써, 그림 4.1에서 예시한 바와 같이, 객관적인 지식과 주관적인 인식 행위 사이의 관계에 대해 상식적으로 이해할 수 있도록 정교화하였다. 이러한 부류의 그림은 비난조로 이해되는 '평범한' 구성주의의 기초가 된다.

그림 4.3 지식과 인식 행위에 대한 복잡성 철학의 이미지

집단적인 지식과 개인적인 인식 행위에 대한 복잡성 이론은 각각의 현상들 속에 주름 접혀 들어가고 동시에 서로에게서 주름을 펼치는 것으로 재구성한다. 비록 서로 다른 시간 척도임에도 불구하고, 이들은 유사한 진화론적 동역학을 따른다.

해 사이의 관계에 대한 새로운 관점이 폭넓게 인정받기 시작했다. 그는 로크의 두 가지 핵심 가정을 거부하면서 새로운 이론으로 이해 사이에 놓인 서로 다른 관계를 설정하였다. 그 핵심 가정은 우선 진리가 저 너머에 있다는 것이고, 다음으로 개인이 무엇을 이해한다는 일이 진리에 대한 내면적인 표상 문제라는 것이다. 이러한 이미지는 그림 4.3에 잘 나타나 있는데, 이 그림 안에서 이해는 지식 속에 중층적으로 포개진 것으로 나타나 있다. 물론 이러한 틀은 지식과 이해 모두에 대해 전혀 다른 관점을 요구한다. 4장 뒷부분에서 자세히 설명하겠지만, 이것들은 분리된 객체라기보다 중층적으로 포개진 동역학의 측면에서 이해된다. 이 안에서 유동성이나 안정성과 관련된 겉모습은 내재적인 속성이 아니라 시간 척도상의 문제로 나타난다. 따라서 학습은 매 순간의 적합성의 측면에서 재구성되고, 지식과 이해 모두 생명력을 유지하기 위해 항상적인 부분 수정을 하고 그에 따라 좌우된다. 이제 이러한 쟁점에 대해 보다 자세히 다루어보고자 한다.

진화론적인 사고 : 구조주의 이론의 등장

20세기 전반에 걸쳐 자연과학과 예술 그리고 인문학 사이의 간극이 점차 벌어졌다는 주장은 결코 과장이 아니다. 1970년대와 1980년대는 이러한 분기점으로부터 절정에 도달한 시기였는데, 이 시기에 사회적 구성주의 담론이 인문학을 장악하게 되었다.

간단히 정리하면, 사회적 구성주의는 모든 지식이 사회적으로 구성된다는 주장을 중심으로 수렴한 정합 이론2장을 참고할 것의 하위 담론이라 할수 있다. 즉, 사실이 무엇인지에 대한 기준은 검증이 아니라 상호주관적인 합의에 있다는 것이다. 사물이 진리인 이유는 집단이 진리라고 동의하기 때문이라고 본다. 물론 이러한 확신은 진리의 창조보다 오히려 진리의 발견 측면에서 압도적으로 형성되어왔다. 이는 근대 과학의 기획 의도가 여전히 상존하고 있음에도 불구하고 설득력을 지니는 것으로 볼 수 있다. 20세기 말로 접어들면서, 이는 근대 과학에 대한 인문학의 수많은 비판과 예술 및 인문학 안에서 인식론을 둘러싼 과학에 근거한 혹독한 비판들이 만나는 지점에서 겉으로 보면 교착상태에 봉착한 것으로 보였다.[5]

이러한 상황에서 주목할 점은 사회적 구성주의와 이와 관련된 담론들이 실제로 자연과학 안에서 그 뿌리를 찾고 있다는 점이다. 이는 다윈에 의해 촉발된 일련의 사고에 의존하고 있다는 것을 보여주고 있다. 2장에서 언급했듯이, 구조주의 담론은 대응 모델에 대해 대립하면서 진리에 대한 정합 이론에 의존하고 있다. 이것의 함축적인 의미는 정합 이론이 외부 조건과 내부 기능 사이에 나타난 일정한 대응이 아닌 생명력을 확보하기 위해 핵심적인 기준으로서 체계의 내적 일관성에 관심을 두고 있다는 점이다.

소위 '구조주의'라고 불리는 정합 이론들은 주로 1900년대 초 예술 및 인문학 분야를 휩쓸었던 일반적인 사조의 일부였다. 이러한 사조에 가장 깊은 영향을 미친 영역은 언어학, 수학, 심리학, 사회학 등이었고, 여기에 기여했던 사람으로는 소쉬르, 부르바키Nicholas Bourbaki 학파[6], 피아제Jean Piaget, 비고츠키Lev Vygotsky 등이 있었다.

다른 지성사의 사조와 마찬가지로, 구조주의 철학의 결정적인 사유 지점을 알기 위해서는 이전 시간을 거슬러 그 흔적을 추적해보아야 한다. 예를 들어, 구조주의자들은 다윈에 의해 제기된 진화론적인 동역학을 수용하면서도 17세기 철학자인 비코Giambattista Vico의 관점도 흡수하였다. 데카르트와 베이컨 등의 철학자들에 의해 촉발된 근대 과학혁명의 사상적인 분위기 속에 태어난 비코는 이들의 분석적인 철학을 맹공격하였다. 수학과 물리학에 치중한 이들의 방점은 예술, 수사학, 역사학, 언어 등을 포함한 인간 지식의 다른 측면이 갖는 주요한 성과들을 훼손한다는 것이 그의 생각이었다. 비코는 지식의 생성에 대해 확실성을 향한 필연적인 진보라기보다는 오히려 일정한 수준의 불확실성을 수반하는 것으로 간주하였다. 이와 같이 분석적 사고는 창의성을 제한하고 동시에 사고를 질식시킨다고 보았다.

또한 비코는 합리주의적인 수학과 경험론적인 과학에 대해 상당히 다른 견해를 제시하였다. 그는 수학을 인간 정신의 산물로 간주하면서, 수학적인 진리의 요체라고 할 수 있는 객관적이고 실재적인 천년에 걸친 신념과 작별을 고하였다. 즉, 수학은 오로지 인간의 뇌 속에만 존재하는 것으로 확신하였다. 과학에 대해서는 인간의 뇌와 자연 세계 사이의 상호작용이라는 측면에서 바라보았다. 물론 그에게 있어 과학적인 진리는 정신 안에서만 전부 창조되는 것은 아니었다. 정신에 대한 구성적인 개념과 물리적인 한계를 연결하는 실험을 통해서도 창조되는 것으로 보았다.

비코는 종종 자신이 살던 시대보다 수백 년 앞지른 인물로 간주되기도 하였다. 아마 그 어떤 동시대인들보다 지식에 대해 가장 급진적이고 새로운 사유의 방식을 제공하였다고 볼 수 있다. 이는 현대 구조주의 철학 안에 흡수되어 있을 뿐만 아니라 사후 150년 이상이 지난 후에도 실존주의, 프래그머티즘, 정신분석, 그리고 여타 다른 학문 사조 등에서 획기적인 두각을 나타내고 있다. 그가 했던 가장 의미 있는 기여는 역시 지식이 발견되는 것이 아니라 창조되는 것이라고 주장했던 것이다. 이는 백여 년 후에 나타난 다윈의 진화론적인 동역학과 결합되었을 때 엄청난 시너지를 불러일으키는 것이었다.

이러한 지점은 소쉬르 (구조주의) 언어학파, 부르바키 (구조주의) 수학, 피아제와 비고츠키 (구조주의) 인지이론 안에서 극적으로 입증되었다. 이러한 기획들은 각각 폐쇄적이면서 내적인 일관성의 체계를 설명하고 있다. 이와 동시에 여기에는 배치에 대한 노력도 들어 있다. 이러한 노력에는 이 안에서 나타나는 항목, 명제, 그리고 다른 구성적인 개념들이 '실재' 세계의 일정한 측면들과 연계되어 있기 때문이 아니라 다른 항목이나 명제들과의 관계로 인해 어떤 의미가 설정되어 있기 때문이다. 예를 들어, 소쉬르는 어떤 하나의 단어가 의미 있는 것은 다른 단어와의 연합과 분리로 인해 의미가 있다고 주장한다. 이는 단어가 갖는 의미라는 게 항상 요동칠 수밖에 없음을 함축하고 있는 것이다. 소쉬르는 구조의 생물학적 의미를 상기시키면서 1장을 참고할 것, 언어를 항상적인 상태로 진화시키면서 서로 뒤엉킨 부분에 대해 조합을 이루어 살아갈 수 있도록 유기체의 형태를 구조화시켰다. 그에게 있어서 언어는 두 개 혹은 그 이상의 두뇌 사이를 순환하고 반복하는 상호작용의 생성물인 셈이다. 어떻게 보면 언어적인 상징들은 정신을 연결하는 매체인 것이다. 여기서 매체라고 말하는 것은 물리적인 객체라는 의미에서가 아니라 상호 자극의 의미에서 볼 수 있는 매개자라는 것이다.

여기서 말한 구조의 생물학적인 의미는 피아제가 학습과 개인적인 이해 속에 나타나는 창발성을 해석하는 데 유용하다. 피아제는 구조주의로부터 '자기 준거', '자체 수용', '내적 정합성' 등의 특성을 차용했기 때문에, 개인의 세계에 대해 자기 자신만의 독특한 설명을 명료화하기 위해 외부와 대응할 필요가 전혀 없었다. 그렇게 하는 과정에서 뿌리 깊게 박혀 있던 형이상학적인 가정들과 단절해내는 인지cognition에 대한 자연적인 이론을 제공하였다. 피아제의 입장에서 보면, 보다 높은 곳에 위치하여 직접 도달할 수 없는 영역이 있어서 "진리는 저 너머에 있다."라는 형이상학 관점을 거부한다. 개인은 매 순간 자신의 경험과의 심리적인 적합성을 유지하기 위해서 이해와 기대를 수정하기에 "진리는 계속해서 우연히 생성된다."라는 신념을 지향해야한다고 주장한다. 이 지점이 인식의 주체와 고정되어 있는 독립적인 진리를 가정하는 소위 '소박한' 구성주의 이론과의 획기적인 단절을 상징적으로 보여준다.

심리학과 교육 분야에서 피아제가 이룬 성과는 소위 구성주의 이론의 확산을 촉발시키는 데 기여하였다는 점이다. 하지만 불행하게도 피아제의 연구와 사실 전혀 관련이 없는 구성주의 아류들도 많이 존재하는 게 사실이다. 그 이유는 대체로 지식, 실재, 개인의 정체성 등의 본질에서 탄력적으로 간주되는 형이상학의 가정들 때문이다.[7] 피아제의 성과와 복잡성 과학자들과 같은 구조주의자의 사고방식 측면에서 기억해야 할 결정적인 지점은 다음과 같다. 즉, 인지에 대한 피아제의 이론에서는 하나의 사건에 대해 개인이 형성하는 감각이 그 사건이 갖는 속성들의 기능이 아니라는 점이다. 오히려 언어적인 감응, 생물학적인 역량, 그리고 문화적인 융합의 구조를 갖는 구성인자들의 복잡한 역사성이라는 가정을 중심으로 이루어진다는 점이다.

그 당시에는 이런 용어를 사용하지 않았지만, 복잡성에서 쓰는 용어를 빌리자면, 피아제는 개인의 인지를 '자기 조직'과 '적응' 현상으로 설명한 것이다. 심지어 이보다 더 나아가 개별적인 인지를 언어와 문화라는 보다 더 큰 규모의 체계와 연결시킨다. 또한 이와 동시에 각 개인은 자신만의 독특한 경험으로부터 이해해나가기 때문에 보다 높은 수준의 현상들은 반드시 유사한 복잡성 동역학을 준수해야 할 것으로 추정해볼 수 있다. 이러한 추정은 피아제의 연구가 개별적인 인지구조와 동시대인이었던 비고츠키의 연구 성과 안으로 겹쳐지고 있음을 보여준다. 비고츠키는 세계가 연합되는 방식과 사회 세계가 개인을 형성하는 방식 등에 있어서 피아제보다 더 관심을 집중시켰다.

지난 수십 년에 걸쳐 이루어진 수많은 연구 결과의 내용 대부분이 피아제와 비고츠키 이론을 비교하는 데 많은 부분을 할애되었다. 대체로 이러한 자료들은 두 가지의 연구 성과를 양립시키려는 데 노력을 집중한 것이었다. 이러한 일련의 노력은 두 사람 모두 전혀 별개의 현상들에 관심을 가지고 있다는 점을 제대로 평가하지 못하였고, 이로 인해 자극받기도 하지만 이와 동시에 좌절을 맛보기도 하였다. 바로 이 지점에서 복잡성 철학은 그 유용성을 드러낸다. 그 이유는 개인의 인지가 집단적인 행위 속에 중층적으로 포개져 있기 때문이다. 즉, 집단적인 행위 안으로 주름 접혀 있고 동시에 밖으로 주름을 펼치고 있기 때문이다. 이러한 틀은 학습자들이 새로운 경험을 통합하고 체화하는 방식에 대한 피아제의 관심과 개인이 정치체 안으로 통합되는 방식에 대한 비고츠키의 관심 사이의 관계를 설명하는 데 도움을 준다. 서로 다른 과정이 작동하고 있으면서 서로 다른 관심이 두 가지 수준에서 작동하고 있는 것이다.

이 지점에서 피아제와 비고츠키의 이론을 포함하여 거의 모든 구조주의 담론들이 한 가지 더 중요한 요소를 공유하고 있음을 강조할 만하다. 이들 모두는 특별한 관심과 초점을 설명하는 데 있어서 '신체body'에 근거한 은유를 활용하려는 경향이 있다. 지식의 신체, 사회적 신체, 정치적 신체, 학생의 신체, 그리고 생물학적 신체 등이 그 예이다. 물론 이러한 유사성은 구성주의 이론들 사이에서 일정하게 중요한 차이를 전면에 부각시킨다. 그 이유는 연구대상이 되는 신체들은 구조와 형태에 있어서 상당히 다르기 때문이다. 결과적으로 이러한 차이들은 중층적으로 포개진 현상들이 상당한 유사성을 가진 것으로 이해될 수 있는 반면, 이것들은 결코 서로 간에 하나로 정리되거나 환원될 수 없다는 복잡성 과학의 원리를 더욱 부각시킨다. 즉, 복잡성 조직에 새로운 법칙이 출현함과 동시에 각각의 수준에서 새로운 규칙을 적용하게 된다.

진화론적인 사고 : 후기구조주의 담론의 등장

구조주의 이론들은 원칙적으로 문화, 언어, 개인의 인지와 같은 일정한 현상들이 조직되는 방식에 관심을 둔다. 이러한 이론들은 현상에 정합성을 부여하는 관계망을 탐구한다. 물론 연구대상을 생성시키고 동시에 그 안에 내재한 동역학에도 관심을 두지만, 이러한 관심은 기껏해야 부차적인 것에 해당한다.

20세기 후반에 접어들면서 일련의 상호 보완적인 담론들은 동역학과 관련된 쟁점들에 더 초점을 맞추면서 등장하였다. 이러한 후기구조주의 이론들은 체계를 구성하는 항목을 실재적인 혹은 이상적인 그 무엇에 대한 명확한 준거를 통해서가 아니라 '차이'와 '차별'의 체계를 통해 의미를 형성하는 구조주의의 주장을 뒤따랐다. 하지만 후기구조주의자들은 이러한 차이의 체계 안에서 작동하는 권력 구조에 더 많은 관심을 집중하는 경향을 보였다. 의도적이면서 동시에 우발적인, 또는 명확하게 드러나면서도 동시에 은밀하게 작동하는 것 말이다. 아마도 관심의 초점은 겉으로 드러난 지식의 표면에 있기보다는 오히려 속으로 감추어진 지식이라는 옷의 안감에 집중해 있었다고 말할 수 있다. 의상의 형태를 결정하면서 대체로 알아챌 수 없고 일반적으로도 보이지 않는 그런 의미의 동역학을 의미한다. 이와 같은 초점을 부각시키는 데 활용된 용어 가운데 하나가 바로 '담론discourse'이다.

담론이란 언어적, 사회적 그리고 그 외의 것들로 서로 얽히고설킨 구조를 지칭한다. 담론은 특정한 사회 혹은 문화 집단으로부터 습관적으로 선호하는 해석의 틀을 만들어낸다. 즉, 무엇을 말할 수 있는지, 무엇을 생각할 수 있는지 그리고 무엇을 행할 수 있는지를 조직하고 동시에 한계를 설정한다. 여기서 강조되는 지점이 바로 언어이다. 물론 후기구조주의 이론들은 특정 어휘와 언어 활용의 유형에 따라 촉발되거나 지지받는 행위와 전통 등에 대해서도 관심을 둔다. 각각의 담론들은 그 자체만으로도 독자적인 일련의 은밀한 규칙과 절차를 지니고 있으면서 의미와 무의미, 진리와 오류, 정상과 비정상을 판가름하는 기준을 산출한다.

담론은 항상 담론 상호 간의 관계 혹은 대립 속에서 기능을 하게 된다. 후기구조주의라고 명명할 수 있는 담론들은 담론에 관한 담론이라는 특이한 속성을 지니게 된다. 예를 들어, 자신과 다른 담론 체계의 이론적인 진정성과 개인 및 사회적인 의미 함축에 관심을 둔다. 포스트모더니즘과 후기형식주의처럼 제목에 '후기post'라는 접두사가 붙는 담론들과는 달리 후기구조주의의 후기post는 구조주의의 사고를 문제 삼거나 심지어 거부하는 것이 아니다. 오히려 더 정교하게 만들어간다. 사실 소쉬르와 동시대인들은 언어를 별개의 어휘 단위라고 보기보다는 일련의 관계 속에서 이해할 것을 주장함으로써 후기구조주의를 등장시키는 데 초석을 깔아놓았다. 후기구조주의자들은 언어의 구조적인 분석에 대한 소쉬르의 주장을 더욱 확장시켰고, 나아가 이러한 구조들이 반드시 탈맥락적이거나 탈역사적인 측면을 고려해서는 안 된다는 것을 확신하게 하였다. 바꾸어 말하면, 후기구조주의자들에게 있어서 정합성은 체계의 의미 생성을 위해 필요조건은 아니지만 충분조건이라는 것이다. 오히려 이들의 주장은 문화로의 몰입이 바로 인간 의식의 특정한 양식을 규정한다고 본 것이다. 이러한 몰입은 반드시 고립된 담론의 측면이 아닌 동시 발생적이고 중복되는 그러면서도 서로가 겹쳐지는 담론의 측면에서 이해되어야 한다는 것이다.

후기구조주의에서 가장 주목받는 비판의 대상은 종교와 형이상학 철학이다. 하지만 보다 중요한 지점이라고 주장하는 보다 미묘하면서 겉으로는 상식적인 담론들도 존재한다. 예를 들면, 과학, 자본주의, 민주주의 등이 그것들이다. 주요 후기구조주의 비판의 선동적인 인물인 푸코Michel Foucoult는 몇 가지 학문적인 탐구 방식에 대한 강력한 설득력을 지닌 예증들을 제공하였다. 그는 일찍이 의미 체계들이 성sexuality, 정신 건강sanity, 정상성normality, 그리고 사회 질서social order 등을 중심으로 한 문화적인 신념들과 어떻게 얽혀 있는지를 설명하려고 주력한 바 있다.[8]

후기구조주의 담론들은 부재absences, 실언slips, 배치 오류misalignment, 그리고 연기deferrals 등과 같은 의미들이 생성하고 진화하는 데 어떻게 기여하는지를 보여주고자 하는 시도라 할 수 있다. 일반적으로 이들은 '권력power'에 대한 탐색과도 연결된다. 권력이라는 용어는 프랑스어인 'pouvoir'와 'puissance'로부터 번역된 말이다. 그래서 이 용어의 주요한 의미는 '능력ability', '수단wherewithal', '행위 역량capacity to act' 등과 관계가 있다. 즉, 역량power to을 의미한다. 하지만 '무력force'과 '권능strength'을 지칭하는 데도 활용되거나 '지배 권력power over'을 뜻하기도 한다. 이러한 의미들은 후기구조주의 담론 전반에 걸쳐 다양하게 전개되고 있다.

후기구조주의의 특징과 맥락을 자세히 설명하였는데, 사실 그렇게 한 이유는 복잡성 사고에 잘 어울리기 때문이다. 복잡성 체계 안에서 검색의 대상이 되는 것은 문화, 정치체, 그리고 지식체이다. 1970년대와 1980년대에 걸쳐 후기구조주의가 비판하는 관련 자료들을 면밀하게 살펴보면, 일관되게 자기 조직, 자기 유지, 구성인자들의 상호 규정, 적응, 중층적으로 포개진 구조 등과 같은 복잡성 개념을 예고하고 있다. 바꾸어 말하면, 20세기 중반 자연과학과 인문학 사이의 개방적인 혹은 직접적인 소통의 부재에도 불구하고, 고전 과학의 도구들은 더 이상 집단 행위를 이해하기에 부적절하다는 상당히 양립 가능한 사고가 공통의 깨달음을 통해 등장하였다.

후기구조주의와 관련된 교육과 교육연구에 대해서는 이어지는 다음 장에서 더 많은 설명을 하게 될 것이다. 이 지점에서 우리들이 의도하고자 한 중요한 부분은, 비록 이러한 담론들이 복잡성 담론과는 독립적으로 발생했다 할지라도, 일정한 현상에 대한 동역학과 그 특징들이 매우 유사하다는 점이다. 바꾸어 말하면, 후기구조주의와 복잡성 이론 모두 일련의 자기의식self-awareness을 가지고 있다. 이들 모두 다른 담론들이 어떻게 발생하는지뿐만 아니라 자신들이 어떻게 등장하고 동시에 작동하는지 일정한 통찰력을 제공한다. 더군다나 담론의 본질과 역할에 관한 후기구조주의의 정교한 설명 체계 속에서 이 이론들은 인간 상호작용의 복잡성을 이해하는 데 중요한 기여를 하고 있다. 서로 겹쳐지는 가운데 상호 의존하는 담론들의 여러 측면과 지식을 표상하는 것이 무엇을 의미하는지와 같은 담론들의 특징 부여에 대한 후기구조주의의 실제 사례가 있다. 4장 마지막 부분에서 이에 대해 아주 상세하게 밝힐 것이다.

후기구조주의 담론의 가장 중요한 기여는 사회와 문화의 규범 및 관습의 역할에 관한 설명이라고 할 수 있다. 수많은 연구자들이 교육과 관련된 것으로서[9] 인종주의, 식민지주의, 성차별주의, 동성애 차별주의, 계급주의 그리고 다른 형태의 압제, 억압, 탄압 등을 지지하고 있다. 동시에 이를 자연스럽게 만드는 헤게모니 담론에 대한 풍부하고도 다양한 설명들을 제공해주고 있다. 일부는 이러한 담론 등장에 대한 설명을 제공하고 있다.[10] 이러한 연구에 대한 관심은 교육을 위한 복잡성 철학의 관련성 속에서도 핵심이 되고 있다.

진화론적인 사고 : 자연과학의 변화

20세기 말, 진화론적인 가정들은 너무 상식적이고 분명한 것이 되어버려서 예술이나 인문학 분야에서까지 지식과 진리에 대한 논의를 장악할 정도였다. 당시 이러한 분야들과 자연과학에 양다리를 걸치고 있던 일단의 철학자들이 새로 등장한 사고들이 전하는 깊이 있는 반향에 주목하기 시작하였다. 이러한 반향에 대해 예비 단계에서 하는 설명은 종종 회의론에 부딪히기도 하였다. 이는 리오타르Jean-Fran?ois Lyotard의 『포스트모던의 조건』과 같은 저작에 대한 다양한 반응에서도 입증된 바 있다. 겉으로 보기에 이렇게 된 이유는 갈래를 달리하면서도 교차되지 않은 진화론적인 경로들이 한 세기에 걸쳐 드러났기 때문이다. 특히, 예술 및 인문학 분야에서 대부분의 사고들이 과학과 명확하게 대비되면서 규정되었다.

하지만 이 지점에서 한 가지 중요한 조건을 반드시 제시해야 한다. 대부분 20세기의 구조주의, 후기구조주의, 그리고 관련 이론들로부터 거부된 '과학'이란 1700년대와 1800년대에 제시되었던 과학이다. 2장에서 설명했듯이, 이는 1900년대 전반에 걸쳐 과학계 안에서 사실상 축출되고 이와 동시에 명성이 실추된 일련의 경향과 강조점들이었다. 따라서 예술 및 인문학 안에서 '과학 지상주의'와 '실증과학'에 대한 대부분의 비판은 백여 년 전에 발생한 철학의 중요한 분기점을 말해주는 데 용이한 지점이 된다. 하지만 이러한 설명이 모든 현대 과학의 탐구에서 여전히 적절하게 적용된다고 가정해버리는 것은 끊임없이 진화하는 과학적인 기획에 대한 조잡한 패러디 혹은 희화화에 굴복하는 것에 불과하다.

우리 자신도 이러한 쟁점을 직접 경험한 바 있다. 약간 다른 맥락에서, 50년과 100년 전에 제시되었던 동일한 종류의 비판에 얽매여 '과학'이라는 용어를 무모하게 사용했던 것이다. 과학이 진화한다든지 혹은 이러한 진화가 동일한 종류의 현존하는 문화적 감수성에 지배를 받는다든지 하는 것은 많은 부분 평가할 수 없다. 설령 문화적 감수성이 다른 담론에서 의미가 있든지 아니면 무의미하든지 말이다. 어떤 사람들에게는 이 문제가 여전히 해결할 수 없는 쟁점인 것이고, 진리의 원천에 대한 인문학과 자연과학 사이의 분명한 차이를 보여줄 뿐이다. 왜냐하면 전자에게는 현재의 강조점이 집단적인 합의에 있고, 후자에게는 그것이 자연적인 세계에 대한 관심에 있기 때문이다.

따라서 이러한 사고의 갈래들이 합쳐지는 시점에 이미 도달했다고 주장하는 것은 지나치게 낙관적인 것이다. 하지만 지난 세기에 걸쳐 외견상 혹은 인정받은 것 이상으로 훨씬 더 큰 양립 가능성을 주장하는 것이 꼭 부당한 것만은 아니다. 지속적인 차이가 진리의 토대로서 상호객관성과 객관성 사이의 긴장을 여전히 유지해주고 있다. 대중적인 측면에서 사회적인 합의는 1+1의 합이나 지구 자전의 속도, 아원자 입자들의 행태 등에 대해 큰 반향을 일으킬 것 같지는 않다.

어찌 되었건 인문학이 자연과학의 일정한 측면에 심대한 반향을 불러온 것은 분명하다. 그 전에는 인문학이 단지 과학 탐구에 있어 독립적인 배경으로만 간주되었다. 반향의 사례를 보면, 전쟁, 이주, 의학, 오염, 유전자공학 등을 통한 종 유전자에 대한 인류의 충격이나 사냥, 질병 확산, 주거지역 감소, 기후 변화 등을 통한 지구의 생태 다양성을 들 수 있다. 또한 오존층 파괴, 농경 방식의 변화, 산림 황폐화 등을 통한 날씨와 기후 유형 변화 등도 포함시킬 수 있다. 이러한 사례들은 지식과 지식의 대상 사이에서 복잡한 상호관계를 보여준다. 지식은 지각, 태도, 행위 등에 감응을 주고, 다시 순서대로 이들 모두는 지식의 조건을 형성하는 데 중요한 역할을 하게 된다.

2장에서 말했듯이, '상호객관성'이라는 용어는 '상호주관성'과 '객관성'을 개념적으로 혼합한 것으로 마투라나 Humberto Maturana[11]와 라토르 Bruno Latour[12] 등의 사상가들에 의해 소개되었다. 이러한 흐름을 지속시키려는 이유 가운데 하나는 진리에 대한 인문학과 자연과학의 논의들을 좀 더 광범위한 대화의 장으로 이끌고자 하는 노력의 일환이기 때문이다. 이미 설명했듯이, 상호객관성의 관점은 객관적인 지식이 존재하지 않는다는 확신을 지향하고 있다. 즉, 독자적이면서도 영원한 인식의 주체와 독립적인 지식이란 존재하지 않는다는 것을 말한다. 달리 말하면, 관찰자 없는 관찰이나 혹은 평가자 없는 평가는 존재하지 않는다. 모든 의미 규정은 주체를 수반하고 함축하고 있다. 성찰해보면, 관찰과 평가의 행위는 관찰자와 평가자를 생성하고 동시에 이들이 관찰과 평가를 생성하게 된다.

3장에서도 언급했듯이, 결과적으로 상호객관성은 공진화complicity의 개념을 다시 서술하는 것이다. 이 개념은 지식을 생성하는 문화적인 기획이 과학적인 것이든 다른 것이든 간에 관찰을 하는 데 있어서 관계 구조를 의미 있게 엮어나갈 때, 반드시 관찰자가 가진 복잡성의 측면에서 이해되어야 한다는 새로운 깨달음을 준다. 지식 생성의 노력은 상호주관적인 합의의 문제일 뿐만 아니라 현상과 현상에 대한 지식 사이의 상호 감응하는 관계, 즉 상호객관성임을 주장한다.

여기서 한 가지 중요한 원칙은 우주에 대한 기술記述이 우주의 일부라는 점이다. 따라서 우주에 대한 기술이 바뀌면 우주도 바뀌게 된다. 이는 우주가 고정되어 있다거나 혹은 완성된 형상이 아니라는 진화론의 가정을 다시금 전면에 부각시킨다. 이러한 설명의 바탕에서 복잡성 이론은 생태학적인 담론과 맥을 같이하고, 참여 인식론의 담론과도 이해를 공유한다. 이러한 이론들의 범주 안에서는 지식이 상호작용 속에 내재되어 있는 것으로 이해될 수 있다. 즉, 지식은 우주 안에서 끊임없이 펼쳐지는 실천의 안무 속에 체화되거나 혹은 활성화된다. 거칠게 말하자면, 진리는 저 너머에 존재하지 않는다고 볼 수 있다.

그렇다고 진리가 엄밀히 말해 일종의 내적이고 주관적인 혹은 상호주관적인 현상으로서 "여기 안에" 존재한다는 것은 아니다. 오히려 지식은 실천 속에 연출되고, 실천은 우주를 펼치는 데 이바지하게 된다. 교육적으로 말하자면, 이러한 방식은 학교교육과 연구를 매우 복잡한 윤리적 쟁점 속에 빠뜨린다. 순결한 지식, 명확한 진리, 결론이 없는 가정이란 게 존재하지 않기 때문이다. 따라서 지식을 발전시키고 유지하는 데 있어 의도적인 참여는 항상 그리고 이미 우주를 펼치는 데 기여하고 있다. 아무리 명확하게 구상했다고 하더라도, 이러한 기여는 처음 의도와는 달리 상상 이상의 결과를 초래할 수도 있다. 이와 관련된 사례를 찾는 것은 어렵지 않다. 1900년대 중반, 교실 구조에 대한 행동심리학의 원칙들이 부여하고자 했던 교육 분야 연구의 흐름을 보면, 이와 관련한 설득력 있는 사례가 될 수 있을 것이다. 교육을 결과 지향적인 것으로 혹은 보상 관리의 기술로 환원시키는 것은 누가 봐도 불행한 일이었다. 마찬가지로 구성주의 담론을 향한 보다 최근의 추세도 이와 비슷한 문제를 초래하고 있다. 다른 곳에서 지적했듯이, 이렇게 새롭게 등장하고 있는 어려움에 대한 책임은 고스란히 교육 분야 연구자들이 감당해야 할지 모른다.[13] 왜냐하면 연구와 보고서의 결과에 대해 관심을 기울이지 않은 것처럼 보일 수 있기 때문이다.

앞서 분명히 드러났듯이, 상호객관성의 개념은 간단하게 설명하기 어렵다. 어려운 이유 가운데 하나는 이 단어가 우주의 본질에 관해 뿌리 깊게 박힌 문화적인 가정들을 거부하기 때문이다. 이 중 가장 두드러진 것이 현상에 대한 기술記述이 실제 현상과 분리된다는 분석과학의 전제이다. 여기서 분명한 것은 상호객관성은 기술과 기술이 된 사물이 직접적으로 인과적인 접속을 하지 않는다는 점이다. 핵심은 인식 주체가 사물을 지각하고 기술하기 때문에 사물이 변하는 것이 아니라 오히려 인식 주체의 행위가 자신의 기술로 인해 변경된다는 것이다. 행위들이 요동치면 세계에 대한 물리적인 구성이 감응을 받게 되는데, 이는 지난 세기에 걸쳐 극적으로 입증되었다. 예를 들면, 현재 가장 주목을 받는 질병, 대중의 관심을 점유하는 사회적인 쟁점, 그리고 지금까지 연구되고 있는 기후는 하나같이 복잡하게 발생하고 있다. 또한 뿌리 깊게 박혀 있는 습관적인 관찰, 해석, 실천 등에 의해서도 촉발되고 있다.

냉정하게 보면, 상호객관성의 관점이 대중의 상상이나 과학계의 일반적인 관심을 사로잡은 것은 아니다. 그럼에도 불구하고 상호객관성은 복잡성 과학의 부속물이고, 이미 언급했듯이, 교육자들에게는 매우 깊은 관련성을 지닌 쟁점임에 분명하다.

이미 1900년대 후반에 상호객관성의 개념을 공식적으로 명료화하던 시점에 일부 교육 이론가들은 일련의 공개된 이런 사고를 수용하였다. 하지만 이것이 미친 주요한 영향은 과학 철학에 대한 논의가 아니라 현상학과 정신분석의 사고에서 등장하는 창발적인 영역에 대한 것이었다.

진화론적인 사고를 넘어 : 현상학과 정신분석의 공헌

서양 철학의 결정적인 토대 가운데 하나는 인간이 지각한 바를 신뢰하는가에 대한 뿌리 깊은 의심으로부터 비롯되었다는 점이다. 플라톤으로부터 데카르트에 이르기까지 인간의 지각은 정확하지 못할뿐더러 쉽게 기만당하는 것이었다. 그리고 이러한 오류의 가능성이 합리적인 주장이든 경험적인 검증을 통해서든 어떠한 증명을 요구하였다.

즉, 인간의 지각에 대해 압도적으로 인식의 주체와 인식의 세계를 분리시키는 건널 수 없는 경계막으로 간주한 것이다. 그러나 20세기에 접어들면서 몇 가지 새로운 이론의 틀이 등장하기 시작하였다. 이 틀 안에서 인간의 지각은 분리의 지점이 아니라 구성인자와 맥락이 통합되는 지점으로 재해석되었다. 지각을 하고 있는 신체는 일종의 난공불락과 같은 생물학적인 감옥과 대립하면서, 의미와 정신의 원천으로서 다시 기술되기 시작하였다. 이렇게 체화된 정신이라는 개념이 등장한 초기 단계에서 가장 영향력 있는 두 개의 사조는 '정신분석'과 '현상학'이었다.

처음부터 이 이론들은 자연과학과 사회과학을 포괄하고 있었다. 실로 이 학문들 간의 경계는 학문 가로지르기의 측면에서 적절하게 설명될 수 있다. 프로이트Sigmund Freud는 신경학, 의학, 심리학, 사회학, 생물학적 진화론 등에 의존하였고 이것들로부터 영향을 받았다. 현상학자들도 이와 유사한 학문으로부터 영향을 받으면서도, 사용하는 개념들의 원천이 지식과 정체성의 창발성 안에서 경험적/문화적 그리고 유전학적/생물학적인 것들로 복잡하게 뒤엉키면서 관심을 촉발시켰다. 이러한 경향을 지닌 일정 정도의 정신분석과 현상학의 성과들이 거의 20세기 전체에 걸쳐 학문의 조류에 커다란 반향을 불러일으켰다. 예를 들어, 인간의 의식이 조종사의 역할이 아니라 승객의 역할에 불과하다는 주장은 가히 혁명적인 것이었다. 왜냐하면 이 당시에는 의식적인 사고가 철학, 심리학, 교육학 등에서 주요하면서도 상당히 독점적으로 초점의 대상이 되었던 시절이었기 때문이다. 이처럼 프로이트는 개인과 집단의 특징을 형성하는 데 있어서 사회적인 체질habitus과 무의식적인 과정을 전면에 부각시키는 데 일정한 기여를 하였다. 현대 철학에 있어 정신분석의 중요한 기여는 개인의 세계 구성과 세계의 개인 구성에 대한 분리를 거부한 것이고, 이는 상호객관성 차원에서 볼 수 있는 하나의 단초라고 할 수 있다. 이러한 관점의 전환은 개인 주체성의 재구성과 더불어 심지어 복잡화에도 연결되는 것이다. 프로이트는 근대 사상의 극단적인 개인주의를 거부하였는데, 그 대신에 인간의 정체성은 임시적이고 파편화되어 있으며 상호 맞물려 있다는 점을 주장하였다. 주체성의 경험은 사실상 상호주관적인 과정의 표현이라 할 수 있다.

이와 유사한 관념들이 현상학 안에서도 전개되었다. 1900년대 초반 후설Edmund Husserl은 이를 처음으로 명료화시켰다. 후설은 '사물 자체the things themselves'를 향해 방향 전환을 함으로써 현상학 연구를 시작하였다. 이러한 구호는 과학의 목표가 여전히 사물 자체를 뛰어넘어 이념적이고도 형이상학적인 진리를 갈망한다는 비교적 널리 통용되어온 가정에 대한 비판으로 제시되었다. 후설은 본질적인 속성과 이념적인 형태 안에서 끈질기게 기존 신념의 허구성을 폭로하였고, 이와 동시에 인간 의식 속에 세계가 명확하게 드러나는 방식을 연구하기 위한 여러 수단을 발전시켰다. 특히, 모든 지각이 어떤 맥락 속에서 대상을 지향함과 동시에 대상에 의해 지향된다는 확신을 바탕으로 지향성intentionality의 역할을 전면에 부각시키고자 하였다. 이처럼 후설의 현상학 이론과 이와 관련된 방법들은 세계와의 물리적인 연동에 관한 것이었다. 다른 말로 하면, 개념과 지각이 복잡하게 뒤엉켜 있는 것으로, 이것이 바로 상호객관성에 관한 것이었다. 이러한 성과는 20세기 전반에 걸쳐 세밀하게 다듬어졌다. 이에 가장 주목할 만한 것은 바로 메를로 퐁티Maurice Merleau-Ponty의 공헌이다. 1940년대 후반 프랑스판으로 처음 발간된,『지각 현상학』[14]은 여전히 지각과 의식 연구에 있어 표준이 되고 있다.

현상학이 유럽에서 등장했던 시기에 미국에서도 프래그머티즘 철학이 등장하고 있었다. 프래그머티즘 역시 다윈의 사유에 크게 영향을 받았다. 심지어 영향을 더 많이 받았다고 볼 수 있을 것이다. 퍼스Charles Sanders Pierce, 제임스William James, 듀이 등을 포함한 대표적인 프래그머티스트들은 지식과 지식 생성을 설명하기 위해 진화론의 개념을 명확히 원용하였다. 진리의 본질에 대한 그들의 핵심적인 주장들 속에 이 점이 분명히 드러난다. 앞에서 언급했듯이, 프래그머티스트들에게 진리는 현재 작동하고 있는 것을 말하였다. 이와 같이 진리에 대한 정의는 적합성에 대한 다윈의 관점을 토대로 한 것이며, 이와 동시에 맥락과 시간 조절의 역할을 전면에 부각시키는 것이었다. 1800년대 후반과 1900년대 초반, 프래그머티즘이 공식적인 철학으로 제 모습을 찾아갈 때, 이러한 주장을 예증해줄 수 있는 사례의 질과 양에는 부족함이 없었다. 가장 획기적인 것은 다윈의 『종의 기원』이 이미 과학계의 지형을 완전히 뒤바꿔버렸고, 이와 동시에 아인슈타인의 상대성 이론은 흠결 없는 우주에 대한 뉴턴의 완벽한 체계에 파열구를 만들어놓았다.

프래그머티즘은 집단적인 지식의 문제에 있어 도덕, 윤리, 개인적인 의미, 문화적인 표준 등의 문제를 결코 분리시키지 않았다. 오히려 이에 대해 즉각적이고도 확고부동한 확신으로 주목을 받았다. 어떠한 진리에 대한 주장도 관성적인 것으로 해석되어서는 안 된다고 보았는데, 그 이유는 오로지 모든 진리가 집단적인 의미의 그물망 속에 존재하는 것으로 이해되었기 때문이다. 따라서 프래그머마티스트들에게 진리, 세계, 실존은 일종의 집단적인 환상으로 이해되었다. 즉, 우리 모두가 참여하는 동시에 모두가 기여하는 장치들인 셈이다. 더불어 프래그머티즘의 결론은 코헨과 스튜어트 등에 의해 개발된 공진화의 관점과도 결코 다른 것이 아니라고 말할 수 있다.

간단히 요약하면, 복잡성 철학에 의해 제시된 사고들이 일반적으로 학계, 특히, 교육 분야 연구에서 제대로 나타나지 않고 있다고 주장하는 것은 참으로 불행한 것이며 동시에 엄청난 실수를 자행하는 것이라 할 수 있다.[15]

진화론적인 사고를 넘어 : 창발적인 사고의 등장

현대 교육 분야에 대한 논의에서 가장 중요한 기여 가운데 하나는 어떻게 규범과 관습을 스스로 진화시키고 유지하는가이다. 이 점과 관련하여 복잡성 철학은 후기구조주의, 정신분석, 현상학, 그리고 프래그머티즘에 대한 중요한 보완의 차원에서 등장하였다. 이는 문화적인 구조에 대한 기존의 비판에 대해 지지할 뿐만 아니라 구조를 해석하기 위한 새로운 가능성을 지향하고 있다.

다른 학문 영역과 마찬가지로 복잡성 철학도 진화한다. 길지 않은 복잡성 철학의 역사 속에서 주요한 이행 단계들을 살펴보자. 존스Steven Johnson[16]는 다소 느슨하게 관찰의 측면에서 다양한 현상에 대한 복잡성 철학의 초기 단계를 설명하고 있다. 여기서 제시한 공통적인 특징은 형태의 구조와 동역학에 대해 기존의 과학적인 방법론으로는 해석의 한계가 있다는 것이다. 그리고 이 지점에서 어떤 대안도 제시되지 않았음을 깨닫는 것이다.

두 번째 단계는 복잡성 철학이 1970년대 후반과 1990년대 후반을 거쳐 펼쳐진 것으로 사례를 관통하는 일반화에 초점을 맞춘 단계였다. 대부분의 성과들은 점차 정교해지는 컴퓨터 모델링을 중심으로 조직되었으며 동시에 연구자들은 복잡성 현상의 구조적인 유사성을 규명하면서 그들의 동역학을 모방하고자 하였다. 결과적으로는 상상을 초월하는 놀라운 성공을 거두기도 하였다. 현재 상태인 세 번째 단계는 소위 '변혁의 실천론'에 관심을 두는 단계로, 주된 강조점은 복잡성 현상의 행태와 특징에 대해 직접 감응을 주는 것이다.

물론 이러한 단계들이 대체로 문제 해결을 위한 자의적인 도구에 불과할 수 있다. 실제 복잡성 과학이 출현하면서 이를 정확하게 규정하는 단계들이 존재하지는 않았다. 예를 들어, 그 첫 단계는 1800년대 초 학문 연구의 수많은 갈래 가운데 진화론적 사고의 발달로 시작하였다. 마찬가지로 1900년대 초중반에는 이와 관련된 수많은 연구들을 인용할 수 있었다. 몇 개의 사례를 들자면, 도시와 계급 구조의 출현에 대한 엥겔스Friedrich Engels의 조사 연구, 문화적인 사고방식의 발달에 대한 듀이와 다른 프래그머티스트들의 비판, 개별 학습과 인지에 대한 피아제의 연구, '형태 발생'[17]에 대한 튜링Alan Turing의 탐구 등이 그것이다. 물론 이러한 예시들이 회고로서 규명되지만, 이 모두가 하나의 통일체로서 최종 기획자의 지시 없이 스스로 배치하는 방법에 관해 이런 저런 면에서 관심을 집중시켰다는 점은 주목할 만하다.

1900년대 중반, 연구자들은 그들의 연구 영역을 가리지 않고 서로의 성과에 대해 보다 더 의존하기 시작하면서 통합적인 추세가 주요하게 등장하였다. 예를 들어, 북미 도시들의 흥망성쇠에 관한 사회학자 제이콥스 Jane Jacobs[18]의 논의는 1장에서 제시한 대로 서로 다른 종류의 체계에 대한 정보과학자인 위버의 범주화에 의해 알려지게 되었다. 1960년대까지 개념적으로 관련 있다고 규명하지 못한 채 별개의 차원에서 수많은 연구들이 진행되었다. 마투라나는 자기창조적인autopoietic[19] 생물학 체계를 연구하였고, 켈러Evelyn Fox Keller는 불균형 열역학을 탐구하였으며, 민스키 Marvin Minsky는 분산된 네트워크의 측면에서 뇌를 설명하였다. 그리고 고든Deborah Gordon은 개미집의 생명주기에 집중하였다. 이러한 목록은 어렵지 않게 확장시킬 수 있다. 여기에는 이런 다양한 현상을 가로지르는 놀라울 정도의 유사성도 발견된다. 예를 들어, 통일체들은 자기 조직을 이룰 뿐만 아니라 학습을 하고 있는 것으로 보인다. 실제로 이들 중 일부가 시간이 경과함에 따라 점점 더 지성을 갖추어가고 있는 것으로 보인다. 즉, 이전에 부딪히지 못했던 상황에 보다 유연하게 그리고 보다 효과적으로 반응을 할 수 있다 5장을 참고할 것.

이러한 연구들은 복잡성 이론의 출현에 추동력을 제공하였다. 그리고 자기 조직화라는 현상 그 자체만으로도 연구대상이 되기에 충분하였다. 복잡성 형태에 대한 수많은 사례가 존재하고 있다는 점도 이를 지지해주고 있다. 최근에 보면, 가격은 저렴하지만 강력한 컴퓨터 성능에 힘입어 연구자들이 개미집, 뇌, 사회적 변동 등에서 서로 깊게 연관된 유사성을 연구하는 데도 박차를 가하고 있다.

교육계에서 벌어지는 논의와 관련하자면, 복잡성 연구의 강조점은 20세기의 집단적인 지식과 개별적인 이해 사이의 관계에 대한 논의를 정교하게 만드는 데 크게 기여하였다는 점을 들 수 있다. 특히, 교육과 관련된 논의에서 반드시 고려해야 할 점은 이들 사이의 동역학과 적응에 필요한 응집력이 무엇인지에 대한 것이고, 이것들이 상이한 수준으로 존재한다는 것이다. 복잡성 철학은 집단적인 지식 안에서 중층적으로 포개져 있기에 개별적인 이해가 부적당함을 지적한다 그림 4.3을 참고할 것. 그 이유는 교육자들에게 핵심적으로 관련된 것들이 여러 중간층으로 구성되어 있으면서 중층적으로 포개진 응집력이 존재하기 때문이다 그림 4.4 참조.

그림 4.4 교육 영역의 복잡성에서 볼 수 있는 중간 수준들
복잡성 철학은 주관적인 이해와 객관적인 지식 사이에서 발생하는 복잡성에 정합한 중간 수준들에 대해 관심을 집중할 것을 강조한다.

복잡성 철학에서 이 모든 현상은 진화하는 것으로 이해된다. 보다 도발적으로 표현하자면, 사실상 이 모든 것이 '인지적'이다. 그 어떤 것도 상이한 척도에서 '실재' 세계를 표상하는 문제가 아닌 것이다. 오히려 이 모든 것은 역동적인 상황 속에서 순간적인 적응과 관계가 있다.

교육계의 안팎에서 이루어지는 대부분의 연구들은 이러한 중층적인 구조에 대한 연구로서 이에 헌신하고 있다고 할 수 있다. 하지만 우리가 느끼기에 교육 분야 연구에서 가장 최근에 진화되어온 국면은 학습과 학교 교육에 대한 연구가 결정적이다. 그리고 이들의 관심은 개인과 집단의 복잡성을 해석하는 것뿐만 아니라 의도적으로 이들의 구조와 행태에 감응을 주는 데 있다. 어떻게 복잡성이 창조되고 유지되며 조정될 수 있는지 현재의 관심을 불러일으키는 것이다. 이와 더불어 복잡성 과학은 교육자와 교육 분야 연구자들에게 독특한 관심을 갖기에 안성맞춤이 되어버렸다.

복잡성과 관련된 담론들이 교육자의 관심을 받으며 진화하고 있다는 주장과 이러한 새로운 통찰력이 교육 분야 연구에 어떻게 적용될 것인가를 설명하는 것은 전혀 별개의 문제라고 할 수 있다. 제2부는 여기에 초점을 맞추고 있다. 예를 들어, 분자생물학과 점균류 혹은 신경생리학조차도 교실 현장의 교사, 학교 경영자, 그리고 교육과정 개발자의 작업에서 발생하는 일련의 관심과 쟁점과는 현격한 격차를 보이고 있다.

따라서 교육계와 교육 분야 연구에 대한 복잡성 철학의 기여는 필연적으로 직접적인 것이 아닐 수 있다. 그럼에도 불구하고, 몇 가지 중요한 원리는 교육자들이 가지고 있는 특정한 관심에 용이하게 적용될 수 있다. 예를 들어, 다음의 여러 장에서 초점을 맞추려는 주제 가운데 하나가 '나I의 집단'이 '우리we의 집단체'로 생성해가는 과정에 대한 최근 연구이다. 즉, 공통적으로 관심을 갖는 문제를 중심으로 하나의 불연속성이 하나의 연속적인 구조로 이행하는 연구인 것이다. 이러한 종류의 위상전이는 복잡성과 관련된 실체들이 갖는 상징 가운데 하나이다. 즉, 복잡성과 관련된 실체들이 어떻게 인지하고 동시에 설명할 수 있는지 5장과 6장의 초점, 게다가 어떻게 생성시키는지에 대해 많은 것을 학습하게 되었음을 보여주고 있다 7장과 8장의 초점.

이러한 논의에 있어서 우리의 목표 가운데 하나는 후기구조주의와 복잡성 이론의 상호 보완적인 특징을 전면에 부각시키는 것이다. 복잡성 철학과 맥락을 같이하면서 이러한 논의가 관련 탐구 영역을 가로지르는 소통에 가까울수록 현상을 이해하는 데에는 필수적인 것이 된다. 종종 원자들의 상호작용을 참고하게 되는데, 이러한 것들이 반드시 인간들의 근본적인 입자와 동일한 방식으로 상호작용하거나 행동해야 한다고 주장하는 것은 아니다. 오히려 인간을 이해하는 가장 핵심적인 것은 대개 새로우면서도 이전에 주목받지 못했던 연상들이 전혀 별개의 현상들 사이에서 이루어질 때 발생한다는 점이다.

바꾸어 말하면, 인간은 논리적이라는 데카르트의 가정이나 확신과는 반대로 합리적인 피조물이 아닐 수 있다. 논리적이고 합리적인 사고를 위한 능력은 뇌나 언어의 그물망에 나타나는 연상적인 구조와 같이 접속−생성connection-making의 체계 표면 위에 나타나는 것일 뿐이다. 달리 표현하면, 인간은 주로 비유적인 존재에 해당한다고 할 수 있다. 우리는 다음의 여러 장에서 이러한 깨달음이 있기를 촉구한다. 왜냐하면 우리의 의도가 새로운 연상의 가능성을, 즉 보다 복잡한 그물망을 위한 새로운 실마리를 제공하는 데 있기 때문이다. 여기서 기획한 것은 실재를 표상하는 데 있는 것이 아니라 실천과 해석을 위한 새로운 가능성을 펼치고 이를 위해 진정성을 가지고 참여하자는 데 있다.

1. J. Muir, *My first summer in the Sierras*(New York: Houghton Miffin, 1911/1998).
2. 이 점에 대해 과학의 안과 밖 모두에 관한 몇 가지의 사례 연구는 Surowiecki(2004)를 보라.
3. J. Dewey, "The influence of Darwin on philosophy," in *The influence of Darwin on philosophy and other essays*(New York, Henry Holt, 1910): 1-19.
4. P. Freire, *Pedagogy of the oppressed*(New York: Seaview, 1971).
5. 예를 들면, Lyotard(1984), Sokal & Brimont(1997)을 보라.
6. 부르바키는 한 사람이 아닌 집단으로 볼 수 있다. 그 이름은 1900년대 초에 일군의 수학자들에 의해 채택되었다. 그들은 형식 명제 체계에 의해 이루어진 모든 수학에 대해 재정의하려고 하였다.
7. 이러한 쟁점에 대해 더 철저한 논의를 보기 위해서는 B. Davis & D. Sumara, "Constructivist discourses and the field of education: problem and possibilities," in *Educational Theory*, vol. 52, no. 4(2002): 409-428.
8. 푸코의 주요 저작에 제시된 텍스트는 이런 점을 설명하고 있다. 예를 들면, *Discipline and punish: the birth place of the modern prison*(New York: Pantheon, 1977), *The history of sexuality, an introduction*(New York, Vintage, 1990).
9. 예를 들면, D. Britzman, *Practice makes practice: a critical study of learning to teach*(Albany, NY: State University of New York Press, 1991).
10. 예를 들면, C. Cherryholmes, *Power and criticism: poststructural investigation in education*(New York: Teachers College Press, 1988); P. Lather, *Getting smart: feminist research and pedagogy with/in the postmodern*(New York: Routledge, 1991).
11. H. Maturana, "Everything is said by an observer," in W. I. Thompson(ed.), *Gaia: a way of knowing*(Hudson, NY: Lindisvarne Press, 1987): 65-82.
12. B. Latour, "On objectivity," in *Mind, Culture, and Activity*, vol. 3, no. 4(1996): 228-245.
13. B. Davis & D. Sumara, "Why aren't they getting this? Working through the regressive myths of constructivist pedagogy," in *Teaching Education*, vol. 14, no. 2(2003): 123-140; B. Davis & D. Sumara, "Listening to how you're heard: on translations, mistranslations, and really bad mistranslations(A response to Stuart Mc Naughton and Nicholas Burbules)," in *Teaching Education*, vol. 14, no. 2(2003): 149-152.
14. M. Merleau-Ponty, *Phenomenology of perception*(London: Routledge & Kegan Paul, 1962; published in the original French in 1948).
15. 예를 들면, M. Grumet, *Bitter milk: women and teaching*(Amherst, MA: University of Massachusetts Press, 1988)을 보라.
16. Johnson, 2001.
17. 형태 형성은 매우 단순한 초기 상태로부터 더욱 복잡한 신체로 발전되어가는 생명 형성의 능력을 가리킨다.
18. Jacobs, 1961.
19. 문자 그대로 자아 창조(self-creating).

제2부
복잡성 교육에 대하여

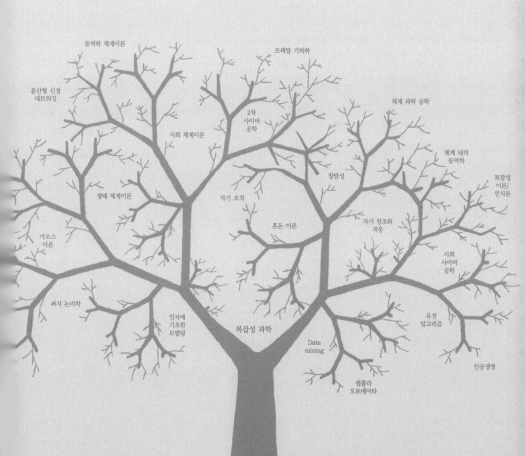

동역학 체계이론

프랙탈 기하학

분산형 신경 네트워킹

체계 과학 공학

2차 사이버 공학

사회 체계이론

체계 내의 동역학

복잡성 이론/ 인식론

창발성

생태 체계이론

자기 조직

카오스 이론

혼돈 이론

자기 창조와 적응

사회 사이버 공학

퍼지 논리학

인자에 기초한 모델링

복잡성 과학

유전 알고리즘

Data mining

인공생명

셀룰라 오토메이타

제5장 | 학습 체계의 특성

만물의 본질은 역사 속에서 체화된 현재 있는 그대로의 모습이다.

_톰슨 D'Arcy Wentworth Thomson[1]

앞 장에서 설명한 것처럼, 대체로 길지 않은 역사 속에서 복잡성 과학은 자기 조직, 자기 유지, 적응 체계에 대한 관찰과 설명에 집중해왔다. 이것은 우리들의 목적이기도 한 학습과 관련되어 있다. 비록 이 분야에서 새롭게 강조되는 분야들이 등장한다 하더라도, 이것은 여전히 가장 주목받는 지점이고 일정 정도 반향을 불러일으킬 수 있다. 교육 현상과 관련하여 교육 분야 연구자들이 상대적으로 뒤늦게 복잡성 과학에 주목한 점을 고려해볼 때, 복잡성 연구에 대해 기술하는 것은 시의적절한 것이다. 적어도 사회학, 경제학, 인류학, 심리학, 경영학 등의 연구에 비해 상대적으로 말이다.

실로 예비적인 수준에서 몇 가지 중요한 질문들은 여전히 해결되지 않은 채 남아 있다. 예를 들어, 어떤 이론가들은 교실 집단, 학교, 그리고 지식체 등에 대해 이를 복잡성 현상으로 간주하는 것이 적절하다고 추정한다6장 참조할 것. 반면, 이러한 추정을 지지해줄 증거는 산발적으로 존재할 뿐 다른 영역에서 진행된 연구에서 이루어진 유추에 주로 의존하고 있다고 주장하는 이들도 있다. 따라서 6장에서는 일련의 교육 현상을 두고 이를 적용할 것이고, 5장에서는 1장에서 소개된 복잡성 체계의 속성들에 대해 보다 더 자세하게 설명하고자 한다.

현재의 논의 수준에서 우리는 다음과 같은 노력을 하고자 한다. 첫째, 복잡성의 실례를 분명히 인식하고자 한다. 둘째, 이러한 실례를 통해 나타난 특징을 설명할 수 있는 몇 가지 개념적인 쟁점에 초점을 맞추고자 한다. 효율적인 논의를 위해서 우리는 특별히 복잡성 체계에서 나타나는 창발성에 관한 하나의 사례로서 '사회 집단성social collectivity'을 다룰 것이다. 현재 폭넓은 범위의 쟁점들이 제시되고 있기 때문에, 여기서는 여러 부분을 연결하기 위한 단 하나의 예시적인 사례를 활용할 것이다. 6장에서는 교육 분야 연구 문헌에서 복잡성 현상을 설명하는 데 강조점들이 어떻게 표상되어왔는지 보다 더 관심을 가질 것이다. 이를 위한 전략으로 설명 지향적인 복잡성 연구를 탐색할 것이고, 이 안에서 발생하는 일부 쟁점에 대한 예증 속에서 폭넓은 범위의 연구들을 인용할 것이다. 또한 복잡성 조직의 여러 수준을 교차해서 살펴볼 것이다.

본 장에서는 복잡성을 설명해주는 개념과 더불어 정밀하게 구성된 사례를 통해 교육 분야 연구자들이 복잡성 과학을 어떻게 설명하고 재설명하는지 그 전략들을 채택하고 적용시키고자 한다. 또한 기여할 수 있는 것을 중심으로 예비적인 단계에서 가질 수 있는 확신을 명료하게 정리하고자 한다. 향후 논의에서 분명하게 드러나겠지만, 복잡성 체계의 여러 측면들은 쉽사리 따로 떼어놓을 수 없다. 각각의 측면들이 서로 긴밀하게 의존하고 있기 때문에 그러하다. 이러한 이유 때문에 복잡성 체계를 분석하고자 하는 모든 시도가 작위적임을 부각시켜 관련 논의를 제한하고자 한다. 여기서 주장하고자 하는 바는 복잡성 체계가 이러한 측면들로 환원되는 것이 아니라 복잡성 체계의 구조와 동역학에 관해 관찰자들로 하여금 이를 규명하고 이해하도록 도움을 주는 데 있다.

집단 이해하기

5장 전체에 걸쳐 전개되는 사례는 시내 중심가에 있는 밸리뷰 초등학교 교사들과 연구자들을 포함한 공동의 연구 작업에 기초한 것이다. 이 시점은 1990년대 중반이다.[2]

어떻게 그리고 왜 이러한 공동 연구 작업이 시작되었는지를 설명하는 것은 어려운 일이다. 왜냐하면 연구 참여자들의 동기가 너무 다양하기 때문이다. 이 작업의 중요한 추동력은 최근 학교에서 벌어진 지각 변동에 있다. 비록 학교 건물 자체는 지역사회 안에 고정되어 있었지만, 공동 작업이 추진된 해에 참여한 교사들 중 단 한 명을 제외하고는 모두 새로 온 교사들로 채워졌다. 과거에는 지역사회에 살고 오랫동안 근무했던 교사들 사이에는 일련의 긴장이 존재했었고, 이에 대한 학교 경영진의 결정은 교감을 제외하고 전원 교체하는 것이었다.

이후 신임 교장은 대부분의 교사들을 선발할 기회를 갖게 되었는데, 선발된 교사들은 주로 경험이 풍부한 현장 전문가들로 구성되었다. 이들은 대체로 서로 일면식도 없었던 낯선 관계였고, 확실히 그 어느 누구도 지역사회와 연줄이 닿아 있지 않았다. 결과적으로 신임 교장이 공동 연구 작업을 환영한 이유 중의 하나도 학교에서 교사들 간의 우호적인 관계 설정과 지역사회와의 관계 개선을 위한 기회를 가질 수 있었기 때문이다.

대다수 교사들의 경우는 우리들이 제공하기로 되어 있던 교수학습 방법과 교육과정 구조에 대해 주로 관심을 가졌다. 이들은 헌신적인 전문가들로서 대부분 풍부한 교육 경력을 소유하고 있었다. 더불어 연구자들이 초등학교 교육과정의 중요한 두 영역, 즉 언어와 수학에 대한 전문적인 식견이 있었다는 점을 반가워하였다.

그럼에도 불구하고 연구 참여자들은 여전히 상이한 동기들을 가지고 있었다. 우리들의 경우 이 초등학교가 이곳 도시 가운데서도 첫 방문이었고, 대학에 교수로 임용된 직후였다. 이처럼 생경한 분위기에서 연구 프로그램을 진행해야 했기 때문에 공동 연구 작업은 그리 만만한 과제가 아니었다. 하지만 연구자들은 학교 전체 교사들과 공동 작업하는 이 같은 기회를 과감히 수용하였다.

자기 조직화

복잡성 체계에 있어서 공통적으로 자주 인용되는 특징은 바로 자기만의 역량으로 실존해가는 방식에 있다. 이러한 종류의 집단성은 동일한 집단의 구성인자들이 독자적으로 작동하게 될 경우, 자기가 가진 가능성을 초월하는 역량을 발휘하도록 한다. 개미들은 개미집을, 새들은 새떼를, 인간은 다양한 종류의 사회 집단을, 그리고 기타 다른 것들을 포함하여 모두가 스스로 자기 조직화해 간다.

자기 조직화는 잘 알려진 대로 '창발성emergence'이라는 이름으로 알려져 있다. 이는 복잡성 과학에서 제시된 수많은 통찰 가운데 가장 중요한 것이면서 동시에 평가하기 가장 까다로운 개념이다. 창발성을 통하면 공통의 목표를 지향하는 것은 말할 것도 없이, 공통성을 그리 필요로 하지 않는 구성인자들이 분명한 목표를 가지고 집단 안으로 함께 결집할 수 있다.

창발성의 사례를 연구하면서 겪는 어려움 중의 하나는 이것이 발생하는 독특한 조건과 기제가 상황마다 극적으로 변동한다는 사실이다. 예를 들면, 개미집에서 볼 수 있는 창발성의 과정과 지식체를 생성시키는 과정을 비교해보자. 같은 창발성이라 하더라도 확연하게 다름을 알 수 있다. 그럼에도 불구하고, 이미 자기 조직화가 이루어지도록 설정한 몇 가지 예비적인 일반화가 있었고 실제로 그렇게 실행되어왔다. 이러한 지점들에 대한 논의는 나머지 6~8장에 걸쳐 이루어질 것이다.

교육과 관련된 자료 안에서 자기 조직화의 예증에 대해 가장 주목할 만한 것으로는 아마도 생게Peter Senge가 말한 『학습하는 학교Schools that Learn』[3]일 것이다. 물론 600페이지에 달하는 이 책 어디에서도 자기 조직화나 창발성 혹은 이와 관련된 복잡성 과학의 용어들이 등장하는 것은 아니다. 그럼에도 불구하고, 복잡성 철학의 맥락에 국한해서 보면, 가장 두드러지게 언급되는 부분은 1970년대 학문 사조로 유명했던 소위 '체계적 사고systems thinking'가 하나의 장으로 제시되고 있다는 점이다. 체계적 사고는 물리적인 체계에서 벌어지는 창발성에 초점을 맞추고 있다. 그리고 이것은 관념적인 혹은 개념적인 체계에 더 집중했던 사이버공학과 대조를 이룬다. 이것이 바로 오늘날 복잡성 담론과 자기 조직화라는 용어의 원천이 등장하게 된 주요한 기여 중의 하나였다. 예상했겠지만, 이 제목에서 도발적으로 제시되고 있듯이, '학습하는 학교'는 건강한 학교 체계 안의 학부모, 교사, 학교 운영자, 그리고 학생들이 공동으로 참여하는 것과 같은 수많은 논의들이 제공되고 있다. 대체로 이러한 논의들은 개별적인 책무성보다는 오히려 집단적인 가능성의 측면에서 틀을 형성하고 있다. 이것들의 강조 지점은 학교교육의 배경과 목적에 관한 일화와 설명을 이끌어내는 데 배경 맥락이 맞추어져 있다.

이 책은 전체로서의 교육이란 게 부분들의 단순총합보다 더 클 수 있음을 보여준다. 이러한 주제를 예증하기 위해 수십 개의 사례 연구를 중심으로 구조화되어 있다. 사실 이 책 자체는 다음과 같은 메시지를 전달하기 위해 구조화되어 있다고 볼 수 있다. 즉, 다양한 일화와 해석이 서로 '소통' 가능할 때 더 큰 주제가 생성될 수 있다는 의도 말이다. 이러한 측면에서 이 책은 자기 조직화에 관한 잠재적인 반향을 불러일으켰다. 하지만 반대로 형식적인 설명의 측면에서 보면, 이 책은 복잡성 철학에 대해 제공하는 것이 상대적으로 거의 없는 편이다. 교육 분야 연구에 관련한 논의의 맥락에서, 연구 자체에 대한 보고와는 반대로 교육자들에게 흥미를 일으키는 자기 조직화 현상을 조사하는 것이 이 책을 설명하는 더 합당한 일일지도 모르겠다. 더군다나 이 책은 복잡성 철학에 대한 보다 일반적인 담론이라기보다는 오히려 체계 이론에 의존함으로써 주로 사회적인 구성단위들의 유지에 더 많은 관심을 기울이고 있다. 복잡성과 관련하여 지식 생성에 대한 핵심적인 교육 쟁점을 다루지 않은 점도 아쉬움으로 남는다.

비록 복잡성 철학과 관련된 보고서들이 제시하는 숫자들이 교육 분야 연구에서 획기적으로 급증하는 것처럼 보일지라도, 실제적인 창발성 현상은 다루고 있지 않다. 기껏해야 이미 창발성으로 규명되었거나 교실, 학교, 그리고 다른 체계들을 조사하는 쪽으로 선택하고 있다. 6장과 7장에서 자세하게 다룰 몇 가지 예외가 있긴 하다. 데이비스Brent Davis와 수마라Dennis Sumara 같은 경우, 자기 조직화와 관련한 몇 가지 사례를 제시하고 있다. 첫째, 일정 정도 도전적인 학문 과제를 완수하기 위해 모인 교사들의 집단성이다. 둘째, 수학적인 개념의 전개를 중심으로 결집된 교실의 집단성이다. 이들의 주장에 따르면, 창발성을 지닌 집단의 경우, 어느한 개별 구성원의 통찰을 뛰어넘는 통찰력을 생성한다고 말한다. 이러한 통찰력의 생성에 대해 데이비스와 수마라[4]는 자주 언급된 바 있는 소위 "가르침이 가능한 순간the teachable moment"이라는 현상을 제시하였다. 이것은 다소 도발적이지만, 교실 수준에서 일어날 수 있는 창발성의 사례일수 있다. 즉, 교실 수업에서 실천과 목적의 통일이 일어나는 순간이 된다. 하지만 이와 아울러 더 나아가서 파편화된 교육과정과 개별화된 평가 체제 등을 포함하여 오늘날 실제 교실 현장에서 나타나는 많은 특징들이 자기 조직화의 사례들과 대치된다는 점도 지적하였다.

다시 한 번 말하건대, 교육 관련 자료에는 자기 조직화 현상과 관련되어 있는 설명적인 연구들의 결과가 거의 없다시피 하다. 사실 복잡성 철학을 다루는 교육 분야 연구 보고서들은 한결같이 자기 조직화된 학습 체계의 사례들이 너무나도 복잡하다고 말한다. 이와 같은 모습은 교육 현장안에 널리 확산되어 있어서 기술이나 설명만으로는 집중적으로 노력한 흔적조차 실제적이지 않음을 말해주고 있다. 또한 여기에는 풍부한 성과가 없을 것이라고 인식하면서 출발하고 있다. 이와 대조적으로, 잘 알려진 경영학[5]과 사회학[6] 등의 다른 분야 연구자들은 이러한 설명에 대해 상당한 에너지를 투입하고 있다. 이러한 설명 전반에 걸쳐 두드러진 주제는 사회적인 집단성이 창발성을 갖도록 촉발하는 자극들의 범위 안에 있다. 이러한 목적이 겉으로 보기에는 인간 체계의 경우에 정체성을 공유하기 위한 욕구의 경향성이라고 말할 수 있다. 인공물, 신념, 통합적인 사건 혹은 대부분의 경우에도 공동의 적이 출현하는 것[7]과 같은 모습이다.

토론 상자 5.2
자기 조직의 집단 이해하기

밸리뷰 초등학교에서 연구를 했던 연구 집단은 어색하면서도 불편한 자기소개로 시작하였다. 참여한 연구자들 모두 일종의 '고아 신세'처럼 말이다. 참여한 연구자들은 연구 직전 연도는 물론 과거에 이미 각자의 분야에서 지지받고 결집력 있는 연구를 행한 공동체의 일원들이었다. 본 연구에서도 과거와 유사한 지지와 결집력에 대한 전망은 분명해 보였지만, 현 상황에서는 서로에 대해 그리고 주변의 공동체와 함께하는 일체감은 여전히 전무한 상황이었다.
집단성의 의미가 창발성 현상이라고 확신에 차 있던 수마라와 데이비스는 영어와 수학 학습과 교육학의 최근 성과들을 중심으로 연수와 비슷한 토의를 함께 구성하자고 제안하였다. 이러한 토의에 대해 공동체의 가치는 아니더라도 전문가적인 가치를 인정하였고 집단 구성원들 모두 기꺼이 동의하였다.

아동문학을 전공한 동료 연구자의 제안으로 수마라는 로리Lois Lowry[8]가 쓴 『기억 전달자the Giver』를 전체가 강독하자고 제안하였다. 제안과 더불어 흥미로운 상황 변화가 이 지점에서 발생하였는데, 이는 회의 시 작성했던 메모에 잘 나타나 있었다. 즉, 강독 제안 이전에는 대부분의 메모에 주로 '나'라고 적시되어 있었다. 즉, 개인적인 이해관계, 배경, 책임, 기대, 직업상 불안감 등이 대부분이었다. 하지만 이 제안 이후 언급된 대부분의 내용에는 '우리'라는 표현이 등장하였다. 이는 공통적인 기획과 목적에 각자의 의식들이 반영되기 시작했다는 반증이기도 하였다.

주목할 점은 이런 변화의 추세가 당시 회의의 맥락에서는 잘 드러나지 않았다는 점이다. 사실 이 메모는 연구자들이 수년 뒤 그 일부를 다시 읽게 되었을 때 겨우 확인할 수 있었다. 물론 이 자그마한 사안으로 한 집단이 자기 조직화되었다고 주장할 만큼 충분한 증거는 아닐 수 있다. 하지만 집단 동역학상 위상 변화가 두드러지게 일어나고 있다는 점은 추호도 의심할 여지가 없다. 심지어 여기에 참여한 개개인들이 다양하면서도 심지어 양립 불가능한 이유가 있었고 그것이 전혀 변하지 않았음에도 불구하고, 집단의 목적과 실천 의식이 발생한 것만은 분명해 보였다.

예를 들어, 이러한 실천 안에서 연구자들의 분명한 목표는 한 편의 문학 작품을 강독하면서 이것이 무엇을 의미하는지 교사들과 함께 이론화할 수 있도록 공간을 여는 것이다. 즉, 이들은 강독을 통해 교육학에 대해 배우는 것보다 오히려 강독 그 자체에 더 많은 관심이 있었다. 그럼에도 불구하고, 교육학이 대화의 주요한 주제가 되어야 한다고 이 집단은 '결정'했다. 특히 우생학, 안락사, 그리고 생소한 성 문제 등과 같은 주제를 다룬 로리의 책은 이렇게 집단적인 논의를 풍부하게 하고 상당한 수준의 집단적인 결집력을 촉발시켰다. 이러한 주제를 제기할 때마다 어떤 구성원들은 이 주제들이 "너무 논쟁적이고", "성 문제를 노골적으로 다루고 있으며", "너무 폭력적이라는" 점을 부각시켰다. 바꾸어 말하면, 이런 문제를 지적한 집단은 상상 속의 타자를 중심으로 결집하고 있었던 것이다. 특히, 이들은 학교에 의해 도움을 받는 공동체 중에서도 상대적으로 알려져 있지 않은 측에 속하는 사람들이었다. 이들은 강독하는 집단에서도 창발적인 '우리'와 대비되는 '우리가 아닌 이들'이었다.

상향식 창발

자기 조직화 현상의 한 가지 놀라운 측면은 중심적인 역할을 하는 특정한 조직자의 도움 없이도 발생할 수 있다는 점이다. 벌떼의 모습이나 혹은 교통 혼잡 시에 잘 드러나듯이, 응집력 있는 통일체들은 지도자가 없이도 형성될 수 있다. 동일한 현상이 '풀뿌리 운동' 혹은 좀 냉소적으로 표현하면 '군중 무리'나 '군중 심리' 등과 같은 것으로 설명되곤 한다. 수많은 종류의 인간 집단이 이러한 사건들 속에 자리하고 있는 것처럼 보이기도 한다.

대중적인 견지에서 보면, 이러한 사건들은 종종 합리성이 붕괴되고 집단적으로 우둔한 것으로 생각하기도 한다. 하지만 서로위키James Surowiecki[9]가 주장하고 있듯이, 상향식의 사회 운동에 관한 연구를 보면 대부분 일종의 '집단 지성'이 표현되어 있다. 그는 일상적인 상호작용에서부터 사스SARS 바이러스를 격리시킨 국제적인 공조에 이르기까지 수많은 사례들을 인용한다. 집단성이 부분들의 단순 집합보다 더 현명한 것임을 설명하고 있다. 서로위키에 의해 제시된 증거와 증거에 입각한 확신 가운데 교육자와 교육 분야 연구자들과 각별히 관련성을 갖는 것들은 다음과 같다.

양극화되지 않은 집단들은 대부분의 구성원들보다 더 훌륭하게 일관된 결정을 내릴 수 있고 나아가 더 적합한 해결책을 제시할 수 있다. 더군다나 어떤 한 집단은 최고의 구성원들이 모인 곳보다 더 잘해낼 수 있다.[10]

군중의 지혜를 퍼 올리기 위해서 일률적인 합의는 굳이 필요 없다. 합의를 추구하는 것은 모두를 열광시키지 못하는 대신에 오히려 어느 누구도 공격하지 않는 가장 김빠지는 낮은 수준의 공통적인 해결책을 제시할 뿐이다.[11]

엄격한 위계를 가진 다층 구조의 집단은 정보의 자유로운 흐름만 차단할 뿐이다.[12]

국지적인 문제에 관한 결정은 가능한 한 문제와 긴밀하게 관련된 사람들에 의해서 이루어져야 한다. 국지적인 문제에 관한 지식을 가진 사람들만이 종종 효과적이고 능률적인 해결책을 제시할 수 있는 최선의 위치에 있다.[13]

탈중심화를 입증하는 증거들은 압도적으로 많다. 자기 자신의 환경과 관련된 사람들에게 책임을 더 많이 지우면 지울수록 그들은 그만큼 더욱더 많은 헌신을 하기 마련이다.[14]

개인들의 비합리성은 집단의 합리성에 더해져 도움이 될 수 있다.[15]

역설적이지만 집단이 현명해질 수 있는 최선의 방법은 구성원 각자가 가능한 한 독자적으로 행동할 수 있게 해주는 것이다.[16]

이것들이 소위 '군중 심리'에 관한 전통적인 인식 선상에 있음에도 불구하고, 이러한 결론 가운데 일부는 설득력을 갖추고 있다. 즉, 지도자가 없는 군중은 개별적인 지혜를 거의 확실하게 압도할 것이라는 널리 만연해 있는 가정 같은 것 말이다. 사실 증거에 입각해 판단하자면, 대부분의 경우 누군가 이끌든 그렇지 않든 간에 집단성이 개인성보다 더 큰 잠재력과 일관성 있는 지성의 실천력을 지니고 있다고 말할 수 있다. 참으로 카리스마적인 지도자를 가진 군중들은 개별적인 사고를 통한 책임감과 비판적인 분석이 그 지도자에게 맡겨져 있기 때문에, 이러한 모습들이 지연되고 지성 또한 감소되는 경향을 보이고 있다.

이러한 방식을 확신하는 몇 가지 중요한 단서 조항들이 펼쳐져 있다. 그 가운데 하나를 들자면, 집단에 의한 최선의 결정은 합의나 타협이 아니라 대부분 의견 충돌과 경합의 문제라는 것이다. 예를 들어, 이것은 현재 교실의 집단성에 관한 대부분의 논의를 볼 때, 즉각적으로 문제가 제기되는 지점이기도 하다. 특히, 서로위키가 폭넓게 인용하는 간학문적인 연구 결과들은 '협동학습cooperative learning' 과 기타 협력에 근거하여 합의에 의해 추동되는 대중적인 집단 전략과 같은 하향식의 교실 조직 구조에 대한 신랄한 비판으로서 일정한 설득력을 갖추고 있다. 그의 분석에 따르면, 이러한 구조에 기반하고 있는 집단들은 결정적으로 지성적이지 못하다. 기껏해야 집단의 구성원 가운데 가장 뛰어난 개인의 통찰만이 가능할 뿐이지 개인이 가지고 있는 표준을 초월할 수 있는 가능성을 전혀 제공하지 못한다.

역설적이지만 여기서의 핵심은 지성적인 집단 행위가 다양한 개인들의 독자적인 행위에 의해 좌우된다는 점이다. 이 지점이 바로 복잡성 철학이 말하고자 하는 핵심적인 신조이자 복잡성 통일체에 대한 연구 전체에 걸쳐 있는 일관된 성과이다. 지성적인 집단 행위는 개별적인 구성인자들에 의한 상향적이고 독자적인, 하지만 상호 규정적인 행위로부터 발생한다. 나아가 개별적인 구성인자들은 철저하게 자기의 이해관계에 따라 행동하고 심지어 깊게 뿌리박힌 이기심에 의해 동기 부여된다.

이에 대한 확신을 이해하기 위해서는 '지성'과 '지성적인 행위'가 무엇을 의미하는지 명확히 밝히는 것이 중요하다. 복잡성 철학은 20세기 전반에 걸쳐 전개된 기술적이고technocratic 심리학적인 정의定義와 단절한 채, 일련의 가능한 행위를 탐색하고 동시에 당면한 상황에 매우 적합한 행위를 선택하는 차원에서 지성을 정의한다. 여기에는 두 가지 중요한 기준이 있다. 첫째는 가능성의 목록이고, 둘째는 이러한 가능성에 대해 상대적으로 효율성을 식별하는 수단들의 목록이다. 복잡성 용어를 빌려 바꿔 말하면, 지성은 당면한 상황에 대한 합리적인 혹은 총체적인 고려가 아니라 일련의 가능한 반응들을 '모색'하는 것이라고 할 수 있다. 이런 방식으로 이해하면, 지성의 통일체는 다양한 가능성을 생성해내고 동시에 이런 가능성이 갖는 장점에 대해 비판적으로 검토하기 위한 기제를 지니고 있다고 할 수 있다.

복잡성 체계가 중층적으로 포개져 있다는 특징을 가정해볼 때, 지성적인 행위 또한 반드시 여러 층의 조직에 걸쳐 있고 동시 발생적으로 이루어질 수 있어야 한다. 예를 들어, 대부분의 개들은 뱀이나 뱀과 비슷한 물체와 마주치게 될 때, 순간적인 본능으로 뒤로 껑충 뛰다시피 물러선다. 이러한 동작은 확실히 지성적인 것이고, 이는 의심할 바 없이 실제 많은 개들의 존재 속에 남아 있다. 그러나 이러한 지성을 개별적인 동물에게 귀속시키는 것은 합당하지 않다. 오히려 재빠르게 반응한다는 것은 종species의 진화라는 측면에서 작동한다고 볼 수 있다. 개라는 종이 개별적인 개의 측면이 아니라 일련의 반응을 선택한 것으로 볼 수 있다.

앞 장에서 제안했듯이 이를 다소 다르게 표현하자면, 복잡성 철학에서 소위 정상적인 '진화'라는 것은 전형적으로 간주되는 것 이상의 더 큰 규모와 오랜 시간에 걸쳐 이루어진 인식의 단계라는 점이다. 교육적인 관점에서 이 점은 아주 중요한 의미를 지니고 있다. 그 이유는 먼저 이것이 개인을 학습, 사고, 지성, 창조성이라는 독자적인 국면으로 바꾸기 때문이다. 이와 동시에 개별 학습자에게 펼쳐짐과 동시에 그 안으로 주름 접혀 있는 체계들에 대해 교육자와 교육연구자들이 보다 폭넓게 생각하도록 촉구하기 때문이다.

토론 상자 5.3
상향식 집단 이해하기

협력적인 집단의 속성 가운데 하나는 정해진 지도자가 없다는 것이다. 그래서 이곳에서의 '지도자'란 무엇을 읽고 토론할지, 언제 그렇게 해야 할지 등을 책임 있게 결정하는 하나의 개인으로 이해되었다. 물론 이러한 종류의 결정이 실제 합의의 문제라고 볼 수는 없었다. 오히려 무엇을 읽어야 할지 그리고 어떻게 해석할지 등과 관련된 "그때 그때의 상황"에 따른 것으로 이해되었다.

소설 강독으로 인한 공통적인 행위 과정을 통해 확인된 것은 공동체 안에서 교사들의 지위에 관한 우려가 분명해졌다는 점이다. 그렇게 주장하는 이들은 자신들이 교육과정 선택에 있어 매우 신중할 필요가 있다는 신념을 공공연하게 내세웠다. 비록 이들 각자가 『기억 전달자』에 대해서 상당히 좋게 평가했다 할지라도, 이것을 학생들과 강독한다는 것은 불가능하다고 간주했다. 실제 이 공동체의 정체성은 수년간 진행되었던 제한된 상호작용으로 인해 상당히 보수적으로 형성되었던 것이다. 이렇게 이미지화된 정체성은 교재 선택이나 교수법 전략에 관한 판단의 기초로 활용되었다.

복잡성과 관련된 감수성의 정보들을 제공하고 난 후, 연구자들은 탐구의 구조를 창조하려는 의도가 있었다. 탐구의 구조는 '학교'와 '학교가 아닌 곳'으로 간주되는 학습 장소로서 그 사이의 경계가 모호한 곳이라 할 수 있다. 이에 따라 수마라는 관심 있는 학부모들에게 『기억 전달자』를 강독할 수 있도록 초대하고, 이와 동시에 책에 관한 지속적인 논의에 합류할 것을 제안하였다. 연구 집단은 이 제안에 대해 동의하였는데, 그 이유는 호기심을 자극받고 부분적으로 옳았다는 것을 확인받기 위해서였다. 이 소설책은 학교 자문단의 학부모들에게 배포되었고, 학부모들은 또 자신의 친구들에게 전달하였다. 뿐만 아니라 학교 운영진에서는 다른 학부모들을 초대하여 학교 신문을 통해서 참여하도록 했다. 몇 주 후 교사, 연구자, 그리고 수십 명의 학부모들로 구성된 토론 집단이 모이게 되었다. 모두가 『기억 전달자』를 읽고 난 다음이었다.

물론 이렇게 새로운 상황은 참석자 모두에게 엄청난 불안과 걱정의 원천이기도 했다. 나중에 드러난 사실이지만 가장 큰 염려는 정체성 가운데 하나였던 것으로 판명되었다. 즉, 그런 배치 속에서 나타난 다양한 무리들이 갖는 서로 다른 의도, 해석, 그리고 동기에 대한 걱정들 말이다.

그럴 수도 있겠다고 생각했던 연구자들은 그 모임에서 가져왔던 몇 가지 우려를 분류하고 정리하기 시작했다. 결과적으로 일부 학부모들은 잠재되어 있던 자신들의 우려를 표명하였다. 그것의 대부분은 "학교 일을 한다는 것do school"이 무엇을 의미하는지에 대해 자신들의 신념을 중심으로 형성된 것이었다. 한 학부모가 말했듯이, "저는 고교 시절 문학 공부에 대해서 좋은 기억이 없어요. 제 대답이 틀렸을 거라고 항상 겁을 먹었거든요. 그래서 이 모임에서 저한테 무엇을 기대하고 있는지 혹은 우리의 목적이 무엇인지 확신이 서지 않는다는 것을 솔직히 고백하고 싶어요."

이런 반응에 대해 연구자들은 공동 강독에 지대한 관심이 있음을 설명하였고, 그런 설명 덕분에 대부분의 학부모들이 충분히 안심할 수 있었다. 논의의 초점을 실제적인 강독으로 전환하였을 때는 생생한 토론이 전개되기 시작하였다. 그러자 '대학 연구자', '교실 선생님', '학부모' 등과 같은 정체성의 범주를 분리시키는 경계선이 해체되기 시작하였다. 나아가 공동체를 통해 집단적인 의미 생성이 창발하도록 헌신하는 것이 가능해졌다. 중요한 점은 강독하는 행위가 무엇을 의미하는지 집단 내의 모든 이들에게 분명해졌다. 즉, 하나는 주어진 텍스트에 관한 강독이나 해석이 똑같을 수 없다는 점이다. 또한 다른 하나는 이 텍스트의 등장인물이나 상황과 관련하여 정체성의 관계를 발전시키는 문학작품일 때, 독자에 의한 해석의 반응을 보면 텍스트에 관해 말할 수 있는 것보다 독자들에 관해 더 많은 것을 말할 수 있다는 것이다. 이 모임이 서로 의심하고 우려하는 낯선 집단에서 출발하였음에도 불구하고, 책에 대해 공통적으로 해석하면서 이루어지는 논의들은 얼마 지나지 않아 참가자 모두에게 매우 흥미롭게 다가왔고, 하나의 사건이 되어버렸다. 개별적인 세부사항을 많이 드러내지 않고도 교사와 학부모 사이의 상호작용에 있어 전형적이지 않은 방식으로 서로 친숙해졌다. 허구적인 정체성은 해석이 되는 순간 해소되고, 모두를 놀라게 하는 정체성으로 대체되었다. 한 학부모가 다음과 같이 언급하였다. "제가 이 토론을 즐기리라고는 진짜 기대조차 하지 않았어요. 이것은 학창 시절에 했던 그런 경험과 전혀 달랐어요."

교사들도 놀라기는 마찬가지였다. 급기야 대부분의 학부모들이 모임이 끝날 때쯤, 『기억 전달자』를 5학년과 6학년 교실에서도 반드시 가르쳐야 한다고 주장하였다. 이러한 요구는 분명하게 집단의 언어로 표현되고 있었다.

"우리 아이들이 반드시 이 책을 읽어야 합니다. 우리라도 이 책을 가르치겠어요."

결국 이 모임은 공통적인 결론에 도달하였고, 그 결론은 실제로 누군가에 의해 특별히 제안된 것이 결코 아니었다. 어쩌면 교육받는 아이들의 공통된 기획으로부터 떨어져 나온 것처럼 보였다. 즉, 여기에는 어떠한 지도자도 존재하지 않았고, 오로지 참석자 모두를 놀라게 했던 공통의 정체성이 탈중심적인 통제의 한 형식 속에서 존재했던 것이다. 이것을 두고 하나의 '창발적인 우리 의식an emergent us-ness' 이라고 말할 수 있을 것이다.

여기에서 우리가 제시하는 내용의 일부는 거의 1세기에 걸쳐 인류학자와 사회학자들이 주장했던 것이다. 그것은 바로 인류가 집단적인 동물이라는 것이다. 인간의 정체성, 선호도, 역량 등은 전적으로 다른 사람을 서로 포함하고 있는 그런 맥락에 의존하고 있다. 그러나 복잡성 연구는 여기에 더 많은 것을 추가한다. 그 근거는 사람들이 집단을 통해 그 가능성을 가능하게 하거나 차단할 수도 있는 동역학 속에 일정한 통찰을 제공한다는 점 때문이다. 이러한 목적 때문에 네트워크 이론으로 알려진 복잡성 연구는, 3장과 4장에서 소개했듯이, 복잡성 구조를 인식하고 동시에 복잡성 동역학을 설명하는 일정 정도의 유용한 원리를 제공해준다고 할 수 있다.

3장에서도 지적한 바 있듯이, 네트워크를 구조화하는 데는 많은 방식들이 존재한다. 즉, 일련의 구성인자agents 혹은 노드nodes 는 매우 다양한 방식으로 연결될 수 있다. 주로 세 가지 방식으로 나눌 수 있는데, 그림 3.7에서도 보듯이, 중앙집중식, 탈중심, 그리고 분산 구조이다. 탈중심 네트워크는 보다 큰 노드들로 연결되는 작은 노드들로 구성된다. 이는 대체로 여러 수준의 조직에 걸쳐 있는데, 바로 복잡성 통일체의 '지문fingerprint'[17]과 같은 모습을 띤다. 탈중심의 구조는 보다 건강하다는 이점을 가지고 있다. 예를 들어, 불안해 보이는 중앙집중식 체계와는 대조적으로, 탈중심 체계는 한 노드가 작동되지 않더라도 전체 체계가 붕괴될 가능성은 없다. 동시에 여전히 노드들 사이에는 정보를 배분하는 상대적으로 효율적인 수단을 지니게 된다. 분산 구조의 네트워크보다도 어떤 한 쌍의 노드들 사이를 이동하더라도 훨씬 더 적은 수의 연계가 필요해진다. 이러한 건강성과 효율성의 조합이 지니는 의미는 탈중심 네트워크가 효율적인 정보 교환에 의존하는 생명체나 학습 체계를 포함해서 어떤 체계를 추구한다면 다른 어떤 것보다 생명력 있는 구조라고 말할 수 있다.

바라바시가 설명했듯이, 탈중심 네트워크는 일정한 압박을 받게 되면 정보 면에서는 효율적이지만 이보다 훨씬 취약한 중앙집중식 네트워크로 퇴화하고 만다. 이러한 주장에 대해 연구한 푸이트Jim Fuite[18]는 다음과 같은 가설을 내세웠다. 시간을 희소 자원으로 인식하는 교육자들의 경향에 따르면, 현대 교실에서 가장 공통적인 조직 전략은 교사가 중심hub에 서 있고 개별 학생들은 동심원 연결의 끝자락에 놓여 있는 중앙집중식 네트워크이다. 형식적이고 탈맥락적인 설명들이 유사한 방식 속에 계속된다. 그의 설명을 따르면, 교사든 행정가든 시간의 제약, 평가의 부과 그리고 교실 자율성의 감소와 같은 상황에서 과중한 교육과정을 모두 소화해야 한다는 중압감을 느끼고 있다. 그래서 이들의 유일한 선택은 모든 정보가 중앙 허브를 통과하여 직접적이고 중앙집중적인 교수법instruction을 행하는 것이고 이를 믿도록 만드는 것이다. 물론 이러한 종류의 조직 구조는 지성적인 집단과는 배치된다. 그 이유는 구성인자들이 자신들의 이해관계와 열망 추구를 차단하고, 그에 뒤이어 다양한 해석과 실천의 표상과 공존을 가로막기 때문이다.

중앙집중식 네트워크는 전통적인 교사 중심의 교실을 설명하는 데 적용되는 반면, 분산형 네트워크는 현재 상당히 대중화된 학생 중심의 교실에 응용되고 있다. 바라바시의 뒤를 이어, 푸이트는 여기서 더 나아가서 다음과 같은 제안을 한다. 구조적으로는 더 건강하지만 효율적이지 않은 분산형 네트워크는 자원이 풍부하고 압박감이 완화되었을 때 출현한다. 이러한 집단의 구성인자들에게 적용되었을 때, 이 구조의 문제는 서로에게 의존할 필요성이 감소한다는 점이다. 이러한 이유 때문에 구성인자들이 공동의 결집력 있는 행동을 하기 어렵게 만든다. 개인들은 자신과 가장 가까운 이웃에게 감응을 주기도 하고 동시에 감응을 받기도 해야 하지만 대부분 더 큰 집단과는 격리되어 있다. 이와 대조적으로 탈중심의 네트워크에서는 구성인자들이 상호 감응을 위해서 규정할 수 있는 기회들이 있다. 간단히 그리고 반복해서 말하자면, 탈중심의 네트워크는 지성적인 체계에 필요한 구조이다.

복잡성이 설명하고자 하는 이러한 특별한 측면이 함축하는 의미는 교실 조직을 뛰어넘어 확대일로에 있다. 이와 관련된 몇 가지 쟁점들이 6장에서 논의될 것이고, 여기에서는 교육행정 구조, 지식 영역의 해석, 그리고 인지과학의 학교교육에의 응용 등을 포함시키고자 한다.

토론 상자 5.4
척도로부터 자유로운 집단

독서 모임의 구조는 어떤 모습일까? 어떤 종류의 이미지가 구성원들 사이의 관계를 지도처럼 세밀하게 그리는 데 도움이 될 수 있을까?

이에 대해 흔히 하는 처음 대답은 "즉각적인 초점에 좌우된다."고 말하고 싶어진다. 만약 기존에 있는 개인들 사이의 상호관계만을 본다면, 노드는 집단 구성원으로, 연결고리는 학교 아이들이라고 볼 수 있는데, 실제 이를 통해 세밀하게 표현하는 표상과는 전혀 다른 것일 수 있다. 예를 들면, 만약 학부모의 자녀가 속한 학급의 담임교사와 함께한다면, 그 학부모는 특정 교사에게 긴밀하게 연결되는 지점이 만들어질 것이다. 그러나 면밀히 조사해보면, 상이한 초점이 서로 다른 세밀한 표현을 제공하는 게 사실이지만, 반면에 이러한 세밀한 표현의 구조들이 완전히 다르게 나타날 것이라고 보는 것 또한 전적으로 분명치 않다.

진실로 대부분의 표상들은 척도로부터 자유로운, 즉 탈중심의 구조를 따르는 것처럼 보인다. 예를 들어, 기존의 개인적인 관계를 생각해보자. 체계를 설명하는 우리들의 방식에서 드러나듯이, 순간적인 클러스터들을 보면 학부모, 교사, 그리고 연구자들이다. 하지만 이 클러스터들은 분산형과 같이 일률적이지도 않고 그렇다고 중앙집중적이지도 않다. 오히려 이와 마찬가지로 다른 클러스터로 재분할하는 것이 가능하다. 동시에 참여자들 사이에는 수많은 '클러스터 사이의 연결 고리들 between-cluster links'이 존재하고 있다.

독서 모임이 탈중심적이었다는 주장에 대한 증거는 이 집단이 상당히 효율적인 소통 체계 속에 있었다는 지점에서 발견된다. 이러한 속성은 연구자들이 불가피하게 모임 시간을 바꾸게 될 때 입증된 바 있다. 이들은 한 교사에게 연락하였고, 그는 단 한 명의 동료와 한 명의 학부모에게 다시 연락을 취하였다. 그리고 이런 방식은 계속 반복되었다. 심지어 이러한 소통을 위해 어떠한 공식적인 구조도 형성되어 있지 않았다. 이렇게 몇 안 되는 단계를 거쳐서 모든 사람이 통보를 받게 되었다.

불행하게도 이러한 기획은 오래전에 종료되었다. 그래서 불가능하지는 않지만 또 하나의 관계망을 통해 형식적이나마 세밀한 표현을 제공하는 것은 어려워졌다. 연구자로서 우리는 너무 뒤늦게 탈중심 네트워크 개념을 알게 되었기에 이 당시에는 이러한 맥락을 이해할 수 없었다. 그럼에도 불구하고, 건강한 집단의 속성과 효율적인 체계 간 소통구조가 무엇인지 이 집단의 구조를 통해 알게 되는 계기가 되었다.

중층적으로 포개진 조직

위에서도 언급했듯이, 탈중심적인 구조가 직접적으로 함축하는 의미는 별개의 수준을 가진 조직이 스스로 창발할 수 있다는 점이다. 이를 바꿔서 예를 들어 말하자면, 그림 3.5의 노드 – 클러스터 – 노드 속으로nodes-clustering-into-nodes 이어지는 구조가 하나의 체계 혹은 더 큰 체계를 구성하는 허브 안으로 집결하는 수많은 체계의 표상으로 해석될 수 있다.

복잡성 통일체는 동시 발생적으로 자율적인 통일체, 자율적인 통일체의 집단, 그리고 더 큰 통일체 안에서의 하부 체계일 수 있다. 이들이 바로 중층적으로 포개져 있는 것이다. 이러한 특징을 전면에 부각시키고 교육자들의 즉각적인 관심을 갖게 하기 위해 유용하다고 여겼던 다이어그램은 그림 5.1과 같이 살펴볼 수 있다. 이는 데이비스와 심트Elaine Simmt[19]가 개발한 것으로서, 이미지 내 각각의 영역은 정합성을 갖는 복잡성 현상을 부각시키고자 한 것이다. 이 경우는 특별히 학교에서 배우는 수학과 관련하여 그렸지만, 어떤 학문 영역이라도 채택할 수 있는 가능성은 남아 있다.

4장의 마지막 부분에서 설명했듯이, 그림 5.1과 같이 이 특별한 다이어그램의 목적은 다음과 같은 주장을 지지하기 위한 것이다. 예를 들어, 수학의 대상과 같은 집단적인 지식과 주관적인 이해와 같은 개인적인 의미 생성이 이루어지는 복잡성 통일체 사이에는 복잡성 조직도 여러 수준에서 존재한다는 것이다. 비록 매우 상이한 시간의 척도상에서 이루어지지만, 이는 일반적으로 진화의 동역학 측면에서 이해될 수 있는 두 가지 현상이라 할 수 있다. 데이비스와 심트의 확신은 객관적인 지식과 주관적인 이해 사이에 적어도 2개 층의 복잡성 조직이 자리 잡고 있다는 것이다. 이 두 가지는 항상적으로 진화하는 교육과정과 교실 통일체를 의미한다.

데이비스와 심트의 주장은 이 다이어그램 외부 층에 있는 기존의 교과 지식과 지식에 근거한 교육과정이 교육연구에 있어서 검증되지 않은 배경으로 작용하는 경향이 있다는 것이다. 이들 대부분은 상대적으로 고착된 것임과 동시에 미리 설정된 것으로 간주된다. 이와 대조적으로, 개인적이고 집단적인 이해와 관련된 내부 층에 있는 현상은 전형적으로 유동

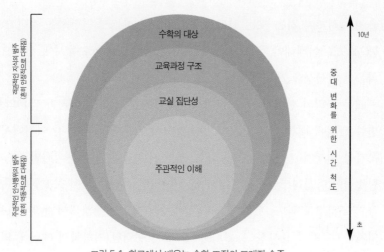

그림 5.1 학교에서 배우는 수학 조직의 포개진 수준

교육자들은 집단적인 지식과 개인적인 이해와 더불어 복잡성의 현상에 근거하여 교실 집단과 교육과정 구조를 고려할 수 있어야 한다.

적이고 상대적으로 쉽게 감응받는 것으로 여겨진다. 따라서 흔히 변형 가능한 개인적인 이해를 부추겨서 기정 사실의 표준에 적합하도록 교육학의 틀을 갖추도록 한다. 이로 인하여 주관적인 인식행위와 객관적인 지식 사이에 존재할 수 있는 복잡성 행위 속의 중층적으로 포개진 수준을 무시해버리게 된다.

복잡성 철학은 해석에 대해 서로 상이한 방식으로 접근할 수 있도록 한다. 예를 들면, 복잡성 철학은 교실 지식의 역할에 대해 관심을 갖도록 촉구한다. 어떤 종류의 국지적인 관습이나 이해관계 등이 개인적인 이해 형성에 기여하는가? 어떻게 이들이 교육과정 안으로 통합되고 동시에 조직되면서 보다 더 큰 규모의 문화적인 산물인 수학으로 틀을 갖추게 되는가? 반대로, 어떻게 이해하고자 하는 개인의 노력, 전달하고자 하는 교사의 노력, 그리고 교과내용을 전문화하려는 정책집단의 노력 등에 의해 수학 교과가 형성되는가? 요점은 모든 수준이 각각의 교육 혹은 교육연구를 위해서 반드시 고려되어야 하는 것은 아니라는 점이다. 오히려 교육 현상을 이해하고자 하는 모든 시도가 불가피하게 반드시 편향성을 지니고 있는 것으로 이해해야 한다. 이는 불완전할 뿐만 아니라 동시에 한쪽으로 치우친 편향성을 가지고 있다.

교육 조직의 상이한 수준을 이해하기 위해 등장하는 이론과 담론의 특별한 관계에 대한 더 많은 논의는 6장에서 이루어진다. 다만 여기에서는 복잡성 현상과 관련하여 작동하고 있는 감수성에 대한 분석적인 연구와 함축적인 유클리드 기하학으로부터 전면적인 이탈을 보여주고 있다는 점을 강조하고자 한다. 오히려 이 지점에서의 사고는, 3장에서 논의했듯이, 명확하게 '자기 유사성self-similarity'을 갖는 프랙탈 기하학의 개념에 의해 형성된 것이다.

반복해서 말하자면, 자기 유사성에 대한 프랙탈 기하학의 개념은 유사성에 대한 유클리드 기하학 개념의 확장판이다. 두 개의 도형은 확대를 하건 축소를 하건 간에 하나가 정확히 다른 하나에 맞춰질 수 있다면 유사한 것이 된다. 예를 들어, 모든 이등변 삼각형이 그러하듯이, 모든 원은 서로 유사하다. 프랙탈 기하학에 의해 추가된 비틀림twist의 개념은 일부 형상이 실제로 자기 자신과 유사하다는 것을 말해준다. 즉, 어떤 형상을 특별히 집단성으로 본다면, 부분은 전체를 닮아 있는 셈이다. 신중하게 선택한 하나의 조각을 확대해 보면, 최초의 형상과 긴밀하게 대응을 이루는 이미지가 나타날 것이다. 그리고 이것은 양치류 잎사귀, 꽃양배추, 파슬리, 구름, 강바닥, 나무, 물결, 해안선 등을 포함하여, 수많은 자연의 형상 속에 분명히 드러나 있다.

3장에서 지적했듯이, 자기 유사성의 속성은 필연적으로 척도의 기능을 하는 것이 아니라는 점을 보여주기 위해 활용되었던 것이다. 축소를 하든 확대를 하든 간에, 동일한 수준에서의 세밀한 부분은 결국 자기 자신을 표현하고 있는 것처럼 보인다. 간단히 말하자면, 이는 복잡성 동역학에서 자기 유사성의 개념을 적용하면서 그림 5.1에 나타난 중층적으로 포개진 현상이 유사한 방식으로 작동함과 동시에 펼쳐지고 있다고 주장하는 것이다. 이는 학습 체계로서 하나의 통일체를 항상적으로 진화하는 맥락에서 적합성을 유지할 수 있도록 하는 것이고, 이는 더 유연하고 창조적인 실천의 역량을 가능하게 하는 과정으로서 일종의 학습으로 이해할 수 있다.

토론 상자 5.5
중층적으로 포개진 집단 이해하기

모임에 참석한 학부모들이 학생들도 『기억 전달자』를 읽을 수 있는 기회를 가져야 한다는 요구에 고무되어, 수마라는 웨이Dolores van der Wey와 함께 5~6학년 학급에서 한 분임을 공동으로 지도하기로 합의하였다.[20]

연구 기금이 충분히 확보되어 있었기 때문에, 해당 학생들에게 소설책을 한 권씩 제공하였다. 이들은 읽어가는 대로 이 텍스트에 대해 자신의 질문과 반응을 기록하도록 하였다. 몇몇 학생들은 책장에다 직접 기록하였고, 다른 학생들은 포스트잇 메모를 활용하기도 하였다. 또 다른 학생들은 개별적인 일지를 활용하기도 하였다. 이러한 텍스트 내 표시하기in-text marking는 문학에의 참여로서 일정한 이론적인 성과에 의해 가능했다. 이를 주장하는 사람에 따르면, 의미를 만들어내기 위해서는 독자가 직접 텍스트 안에 존재하는 소위 '간극'을 채워나가야 한다.[21] 이런 텍스트와의 대화적인 관계 속에서 독자는 의미를 창출하고 동시에 읽기를 통해 정체성을 확립하게 된다는 것이다. 텍스트를 읽어가는 동안 독자가 생각했던 바를 표시하면서 대화의 관계를 만들고 이를 스스로 입증하게 된다는 것이다.

수마라와 웨이는 이 소설책이 학급 내의 일부 학생들에게 다소 복잡하고 어렵다고 생각했다. 그래서 그런 학생들에게는 일주일씩 번갈아가면서 교실에서 큰 소리로 읽게 하면서 그 소설책을 강독하였다. 그렇게 한 이유는 익숙하지 않은 텍스트 표시를 진행하는 동안 함께 적극적으로 참여하고 싶어 했기 때문이다. 각 장이 끝날 때마다 학생들은 자신이 주목한 부분에 대해 발표하였다. 예를 들어, 한 장을 마친 후, 학생들은 이목을 집중시킨 구절이나 문장을 확인하는 질문을 하였다. 이러한 질문들은 독자가 텍스트와 함께 만들어가는 연상과 해석에 대한 흥미로운 논의를 뒷받침하는 것이다. 게다가 결단코 독자들이 텍스트를 동일하게 읽는 것이 아님을 증거로 제시해주는 것이다. 어떤 독자는 중요하다고 발견한 내용이 다른 독자들에게는 종종 그 내용조차 주목받지 못한 경우도 있기 때문이다.

주목했던 부분에 대해 '지적하는' 행위 속에서 개인 사이에 혹은 텍스트 사이에 인식과 정체성이 형성되면서 집단적인 창발이 이루어졌다. 대개는 개인적으로 은밀하게 이루어지는 독서 행위가 보다 공개적으로 구성되는 모습이기도 했다. 이뿐만 아니라 관계 중심의 정체성이 형성되는 과정에서 창발성이 이루어졌다. 이를 전제로 '지적하고 동시에 토론하는' 행위가 모든 독자들을 위한 정체성 형성과정에 실천적인 지평을 넓혀주기도 하였다.

실로 독자 혹은 텍스트와의 관계로부터 지식을 창출하기 위한 조건은 개별적으로 고유하게 여겨진 독서가 집단적인 강독의 일부가 됨에 따라 확대되고 복잡화되었다는 사실이다. 예를 들어, 1차 구술 강독 도중에 한 학생이 다음과 같은 내용을 큰 소리로 말하였는데, 이는 다음과 같이 이론화되는 것이었다. 즉, 이야기 속에서 공동체는 여행을 차단하고, 다른 공동체와의 상호작용을 제한하며, 지속적인 분위기를 유지하기 위해 커다란 플라스틱 돔형 구조물에 가두어야 한다는 것이었다. 이 아이디어는 소설 속에 어떤 형태로 제시된 것은 아니지만, 강독을 통한 집단적인 공간에서 등장함으로써 텍스트에 대해 집단적으로 이해되는 일부가 되어버렸다. 이후 『기억 전달자』를 둘러싼 강독과 해석에 헌신했던 수주일 내내, 그 돔형 구조물에 대해 많이 언급하였고 논의가 이루어졌다. 이 돔형 구조물은 결국 이들에게 상식의 일부가 되어버렸다. 심지어 이야기의 일부로 인식한 학생들은 집단적으로 이

돔형 구조물이 스토리의 일부가 아니라는 주장까지 거부할 정도가 되어버렸다.

연구가 완결될 즈음, 수마라는 학생들에게 책이 바뀔 수도 있음을 느꼈는지를 질문하였다. 즉, 다 읽고 난 다음 『지식 전달자』가 달라져 보였는지 질문하였다. 이 학급 전체가 내린 합의된 결론은 '그렇다'였다. 소설은 정적인 대상이 아님을 그들 스스로 발견한 순간이었다. 오히려 소설의 본질은 강독과 토론을 통해서 생명을 불어넣는 맥락에서 새로운 의미가 생성된다고 볼 수 있었다. 즉, 항상적으로 진화하는 관계의 구조 속에 엮어 넣음으로써 가능할 수 있다는 것이다. 바꾸어 말하면, 독자들은 텍스트에 표시하기를 실천하고 자신이 읽은 이야기의 유동적인 의미를 토론하고 촉발시켰다. 문학을 자신의 학교 안에서 벌어지는 여러 행위의 고정된 배경이 아니라 학교도 하나의 일부가 될 수 있다는 유동적인 문화 풍경의 일부로 간주하게 된 것이다.

당연한 사실이지만 학생들에게 『지식 전달자』를 둘러싼 교육과정은 일련의 강제된 사실이나 숙달해야 할 기술이 아니었다. 오히려 참여를 위한 하나의 임시적인 사건이었다. 또한 이것은 변경 가능하고 타협이 가능한 형식이었다. 생명력 있고 유용한 범위 내에서 타당한 집단적인 진리를 설정하는 것이었다. 돔형 구조물의 예는 이 당시 발생한 많은 일 가운데 하나에 불과하였다. 이와 유사한 동역학들이 분명히 교실 수준에서 작동하고 있었다. 물론 이러한 창발적인 상식의 동역학은 개인적인 의미의 동역학과 유사한 것이었고, 개인적으로 형성된 의미의 기록은 모든 학생들의 소설책에 포함되어 있었다.

모호한 경계 그리고 조직적으로 닫혀 있는 체계

교육계와 교육 분야 연구에서 추구하는 목적 모두를 위해서 복잡성 체계를 규명하고자 할 때, 문제들 가운데 하나는 그것의 경계들이 유동적인 경향성을 띠고 있다는 점이다. 유동적인 이유는 많지만, 이 가운데 세 가지 정도가 특별한 관련성을 맺고 있다. 첫째, 복잡성 체계 자체가 '개방적'이라는 점이다. 즉, 언제나 체계의 맥락이 물질이나 정보를 교환한다는 것이다. 둘째, 바로 앞에서 지적했듯이, 복잡성 체계가 대개 정합적인 동시에 식별 가능한 통일체이고, 이와 동시에 다른 복잡성 체계로부터 발생하면서도 그것의 일부가 된다는 점이다. 따라서 어떤 수준이 즉각적인 관심의 초점이 되어야 하는지 항상 명확하지 않다. 셋째, 이 부분이 가장 혼란스러운데, 복잡성 체계는 식별 가능하지만 동시에 긴밀하게 뒤엉킨 네트워크가 동일한 '공간' 속에 존재한다는 점이다. 이 세 가지를 순서대로 논의해보자.

첫 번째 지점은 상이한 종류의 체계에 관한 연구에서 서로 다른 종류의 문제를 제기한다는 점이다. 즉, 물질의 교환을 통해서건 정보의 교환을 통해서건 또는 양쪽 모두이건, 복잡성 체계는 항상 자신의 맥락에 영향을 주고 동시에 영향을 받는다. 익숙하면서도 명확한 예시를 하나 들자면, 한 집단이 특정하게 기획을 하고 진행하고 있는 상황에서, 과연 누가 어떤 기여를 했는지 식별하는 것은 그리 간단한 문제가 아니다. 특히, 최종 산출물이 매우 정교한 성과물일 경우에는 더욱 그러하다. 바로 이러한 이유 때문에 수십 명의 공동 저자로 이루어진 과학 출판물을 접하는 것은 흔한 일이 되어버렸다. 핵심적인 공로가 특정한 사람에게 귀속될 수 있을지 모르겠지만, 아마도 이 공로는 다른 이들의 제안에 의해 촉발되었거나 다른 곳에 있었던 이들에 의해 개발된 정보를 모방하였기 때문에 가능했을 수도 있다.

예를 들어, 독자들이 읽고 있는 이 책을 생각해보자. 두 명의 저자가 있고 한 명의 편집자 이름이 등장한다. 하지만 다수의 동료들이 도움을 주었고, 그들은 참고문헌에 들어가 있다. 이러한 목록이 과연 텍스트의 기원과 내포된 개념과 관련된 저작권을 정확히 반영하고 있는 것일까?

그 답은 전혀 아니라는 것이다. 많은 세대에 걸쳐 수많은 사람들의 기여는 차치하고라도, 심지어 식별 가능한 영향력을 추적하기 시작하는 것만으로도 현재 이 책보다 더 긴 분량의 책이 될 것이다. 결국 저자들의 목록이 이렇게 짧아진 주요한 이유는 인간들이 가장 평범한 업적의 토대를 이루고 있는 보다 더 위대한 영향의 그물망에 감히 맞설 수 없기 때문이다.

대부분 복잡성 체계를 연구할 때, 연구자는 어쩔 수 없이 복잡성 체계를 관통하는 물질 및 에너지의 기원이나 궁극적인 목적지를 무시할 수밖에 없다. 보통은 이러한 핵심 쟁점을 '맥락' 혹은 '상황'으로 얼버무려버리기 일쑤이다. 다음 장에서 자세히 설명하겠지만, 이러한 경향은 교육연구 논문에서도 마찬가지이다. 이것은 학습과 관련된 쟁점을 중심으로, 특히 공교육 연구에 적합하다고 간주되는 학습 이론들을 중심으로 상당히 중요한 의미를 담고 있고 지적 긴장감을 형성하게 한다. 다시 강조하자면, 핵심적인 쟁점은 연구대상인 체계가 갖는 모호한 경계와 관련되어 있다.

다시 한 번 말하자면, 체계와 맥락 사이에 물질이나 에너지의 교환이 어떻게 이루어지는지 혹은 함축적인 의미를 가지고 있는지는 연구되는 체계에 따라 달라진다. 가령 생물학적인 신체나 생태계와 같은 자연의 통일체가 갖는 상대적인 안정성은 이들이 지속적으로 스스로를 재생시키는 방식을 취하는 데 있다. 즉, 물질의 흐름 속에서 자신의 유형을 유지하는 방식에 주목하는 것이다. 가령 수학이나 다른 교과와 같이 하나의 지식 체계는 주로 이 체계를 '경험하는' 개인에게 집중할 수 있다. 즉, 특정 교과나 담론이 개성의 흐름 속에서 자신의 유형을 유지하는 방식이 된다. 그렇다면 이와 유사하게 세포로부터 생태계에 이르기까지 복잡성 체계의 어떤 방식이든 적용할 수 있다. 이러한 쟁점은 다음 장에서 '학습 이론' 이라는 제목으로 다시 등장한다.

복잡성 통일체의 경계를 식별하고자 하는 노력의 첫 번째 쟁점이 체계 사이의 교환과 관련되어 있다면, 두 번째 쟁점은 일정한 체계 안에서 상이한 수준의 조직을 구별하려 할 때 나타나는 정의definition의 모호성과 관련되어 있다. 예를 들어, 하나의 구성인자가 어디선가 멈추면 하나의 집단이 시작되는 지점은 어디인가? 물론 이러한 질문에는 쉽게 대답할 수 있을 것이다. 예를 들어, 개미와 개미집 사이의 구분은 상대적으로 수월하다. 하지만 보다 더 복잡한 체계를 탐구하고자 한다면 상황은 훨씬 더 어려워진다. 예를 들어, 개인의 개성에 대한 연구를 생각해보자. 개성을 확실히 개인의 피부로 경계를 짓는 것은 타당하지 않을 것이다. 개인의 취향, 습관 그리고 해석의 도구들은 전적으로 개인이 몰입해왔던 맥락에 의존하게 된다. 그리고 이러한 경우에 반드시 연구되어야 하는 체계는 개인이 아니라 일종의 클러스터cluster 혹은 사회여야 한다. 이 점은 수세기 동안 사회학과 인류학 연구의 중심이었다.

지난 반세기에 걸쳐 이러한 쟁점은 교육 관련 문헌에서 중요한 지점으로 등장하였다. 수천 년 동안 개인의 선호도와 잠재력은 '자연적' 이거나 '선천적' 인 것으로 추정되었기 때문이다. 두 단어 모두 '타고남inborn' 을 어원으로 하고 있다. 그래서 교육에 있어서도 그저 미리 결정된 가능성이 실현 혹은 좌절되는 과정에 지나지 않은 것으로 판단하였다. 하지만 실제 상황은 이보다 훨씬 더 복잡하다. 개인은 가족, 또래 집단, 공동체, 하위 문화와 같이 다양한 집단 안으로 주름 접혀 들어가는 동시에 이러한 집단이 개인 안에서도 분명하게 나타난다. 이로 인해 개인으로부터 주름이 펼쳐지게 된다. 마찬가지로 생물학적인 구성을 무시할 수도 없다. 자기가 누구인지를 확실히 아는 길은 자신의 신체적인 존재가 어떤 것인지 인식하는 것과 깊은 관련이 있다. 특히, 이런 신체성은 사회적인 배경 안에 나타나고 동시에 해석되기 때문에 그러하다. 이렇게 역동적이고 상호 규정적인 영향력을 선형적인 연쇄와 직접적인 원인의 측면에서 이해하려고 시도하는 것은 사실상 거의 무의미한 일이다. 심지어 상이한 영향력에 대한 상대적인 결과를 '요인 분석'이라는 통계학의 방법을 통해 활용하는 것조차도 상당한 문제를 발생시킨다. 이는 너무 엄청난 범위의 영향력이 있거나 이들 중 작은 부분에 대해 의미 있게 측정하는 것이 불가능하기 때문만은 아니다.

교육 분야에서 이러한 점은 개인의 성격, 행위, 역량 등에 관한 선천성 nature 과 후천성 nurture 이라는 중요한 논의를 통해 이미 널리 인식되고 있다. '선천성'은 생물학적인 존재로 결집된 개인의 신체를 구성하는 '미시적인 subpersonal' 체계를 가리킨다. 이와 달리 '후천성'은 자신의 성격이 형성되는 '초개인적인 superapersonal' 체계를 말한다. 불행하게도 일반적으로 대중적인 논의에서는 생물학적인 구조가 문화적인 영향으로부터 분리될 수 있다고 생각한다. 통계적인 조작의 방식을 통해서 말이다.[22] 그래서 전자는 대개 고정되어 있으면서 동시에 제약되는 것으로, 후자는 역동적이면서 동시에 자유로운 것으로 설정되는 경향이 있다. 예를 들면, 뇌는 생물학적으로 결정된 구조로 이해되기도 하고, 반면에 기억과 선호도와 같은 뇌의 '내용'은 맥락적인 영향의 측면에서 간주되기도 한다.

현재까지 밝혀진 사실에 따르면, 인간의 뇌는 상당히 유연한 모습을 띠고 있다. 즉, 이 책을 읽기 시작할 때의 뇌와 지금 이 지점에 있는 뇌는 서로 다르다. 이러한 변화를 선천성이나 후천성으로, 혹은 이 두 가지 '요인'에 의한 확률적인 영향에 귀속시키는 것은 전혀 의미가 없다. 그저 상황이란 게 상상 이상으로 복잡해질 뿐이다. 즉, 평형적인 영향이라기보다는 중층적으로 포개진 영향이라고 할 수 있다.

이러한 쟁점은 복잡성 통일체가 갖는 모호한 경계와 관련된 세 번째 어려움을 가리킨다. 하나의 체계와 다른 체계를 혹은 하나의 수준과 다른 수준을 구별하는 것은 어렵지 않다. 체계들은 서로의 체계 안에서 주름을 펼칠 수 있기 때문이다.

물론 이 지점이 쉽지는 않다. 그래도 교육자나 교육연구자와 관련된 일련의 사례를 통해 가장 적절하게 소개할 수 있을 것 같다. 가령 신경 체계와 이해 체계 사이의 관계를 고려해보면, 두 경우 모두 탈중심적인 네트워크 측면에서 이해될 수 있다. 하지만 그 어느 쪽도 다른 쪽으로 정리될 수는 없다. 유추해서 비교해보자. 가령 문학비평과 같은 경우, 이 분야와 관련된 문학비평가와 함께 지식의 영역을 고려해볼 수 있다. 확실히 어느 한쪽도 다른 한쪽으로 환원되거나 동일시될 수는 없다. 지식을 생산하는 체계와 생산된 지식의 체계는 동일한 것일 수 없는 것이다.

그림 5.1에서 제시된 중층적으로 포개진 체계의 이미지로 돌아가 보면, 이것은 '지식 네트워크'의 수준보다 더 정확하게 특징지을 수 있다. 이러한 수준은 연결 체계나 공동체와 융합되어서는 안 된다. 그 이유는 명확하다. 비록 하나의 교육과정이 명확하게 학부모 교육으로 배치된다 할지라도, 교육과정을 결정하는 체계, 예를 들어, 학교 이사진 혹은 교육부는 지식 영역의 유지와 산출에 가장 많은 책임을 지닌 학자들의 집단 속에 중층적으로 포개져 있는 것은 아니기 때문이다. 사실 이러한 체계는 종종 완벽하게 단절된 상태에 놓여 있다.

이러한 쟁점이 교육계에서 중요한 이유는 가령 물리학을 "물리학자의 연구에 있어서의 본질"이라는 측면에서 정의하는 관례적인 습관으로부터 발생하기 때문이다. 그리고 당연한 귀결로서 물리학자들이 자신의 실험실에서 수행하는 것을 상상하듯이 일련의 행위를 모방해가면서 물리 수업을 구조화하기 때문이다. 현재까지 만연해 있는 이러한 정의의 반복성은 비생산적인 정보일 뿐만 아니라 복잡성의 측면에서 보면 크게 방향을 잘못 잡은 것이라 할 수 있다. 특히, 이것들이 교육 문제에 관심이 있는 이들에게 오히려 폐가 될 수도 있다. 그 이유는 일정한 영역에서 특별하게도 구조적인 복잡성을 통해 관심을 왜곡, 이탈시키고 있기 때문이다. 만약 좀 더 정확하게 이해하고자 한다면, 가르치는 노력조차 가능하지 못할 것이다. 이와 관련하여 적어도 정보를 줄 수 있을 복잡성을 언급하는데, 이에 대해서는 7장에서 다룰 것이다.

토론 상자 5.6

모호한 경계의 집단 이해하기

모임에서의 강독과 그에 따른 사고에 대해 학부모, 교사, 연구자 집단의 경험은 오늘날 대부분의 학교 현장에서 오랫동안 지속된 근간과 관련된 정체성과 인지에 대해 수많은 상식적인 신념들의 부당성을 들추어냈다. 예를 들어, 심리학과 사회언어학의 관점을 가진 연구자들이 모든 언어 학습과 언어 활용의 경험에 대해 필연적으로 공동체적임을 설득력 있게 입증했다고 하자. 설령 그랬다 할지라도[23], 학습자의 자율성과 그에 따르는 '개별 학습자'에게 할당된 특권에 대한 신념은 공립학교의 맥락 안에서 볼 때, 이에 대한 이해의 잠재력을 손상시키는 데 이바지했을 뿐이다. 비록 학생들이 상당히 사회적이고 협력적인 환경 안에서 자신들의 사고를 발전시킬 수 있도록 학습 모델 연수에 등록하는 초등학교 교사들의 수가 점점 더 늘어나고 있다 할지라도, 개별적인 수월성을 입증하고자 하는 학생들의 경쟁적인 욕구가 그대로 존속되고 있는 것도 오늘날의 실정인 것이다. 이러한 불협화음에 대해 학교에 대한 외부 수요로 귀속시킨다 할지라도, 상당 부분은 정체성과 인지에 관한 뿌리 깊게 박혀 있는 신념과 연결된 내부적인 것처럼 보일 뿐이다.

이러한 문제에 대해 이해하는 데 획기적인 발전이 이루어졌음에도 불구하고, 이러한 현상들은 여전히 애매모호한 경계의 측면이 아니라 오히려 엄밀한 이분법의 측면에서 판단되고 있다. 예를 들면, 학습에 대해 외부 세계에 대한 내면화로 간주되는 경향이 여전히 남아 있다. 개인 정체성의 창발성은 대중적으로 집단 정체성의 창발성과는 별개로 펼쳐진다고 생각한다. 비록 모든 탐구 영역을 실행하는 이론가나 연구자들이 개인의 정체성에 대해 생물학적이고 경험적인 것이 역동적이면서 동시에 복잡하게 혼융되어 있다고 입증한다 할지라도[24], 개체화되면서 동시에 본질적인 자아에 대한 가정은 여전히 학교 현장에 스며들고 있다. 예를 들어, 개인이 작성하는 일지를 책이라고 한다면, 이는 독자들의 과거, 현재, 미래에 예상되는 사회적인 관계들로부터 창발하는 집단적인 인지 행위가 되는 복잡한 방식으로 검토하는 것이라기보다 오히려 특정 독자들의 특유한 경험과 해석을 기록하는 장소로서 기능한다고 볼 수 있다.

이러한 통찰은 교사, 교사 및 학부모 독서 모임 안에서 『기억 전달자the Giver』를 함께 읽는 과정에서 분명히 확인된 것이다. 이곳에서 문장 하나하나에 대한 개별적인 반응은 상이한 배경을 가진 각자의 과거 경험과 더불어 자신의 학생들 혹은 자녀들과 함께 서로 대화 안에서 뒤엉켜 있었다. 따라서 이러한 반응들 안에서 결집된 것은 독서 중에 메모한 것뿐만 아니라 동시에 공진화하는 정체성의 흔적, 그리고 사고와 반응에 대해 복잡하면서도 공동으로 창발하는 유형에 대한 표상이었다.

이러한 창발적인 유형을 인식한다는 것은 『기억 전달자』에 대한 강독으로 어른과 아동이 정체성을 형성하고, 언어와 문화적인 실천이 개인과 집단의 정체성이 이루어지는 매 순간 중층적으로 포개지고 있음을 의미한다. 그리고 자기 유사성을 띄는 그런 진화에 기여하는 복잡한 방식에 관해 호기심을 가질 수 있는 기회가 된다는 점을 의미한다. 가장 중요한 점은 소설 강독이 독자로 하여금 지각하는 학습, 생각하는 학습, 그리고 특정한 사회의 정체성으로 살아가는 학습으로서 현상 사이의 관계를 이해하는 데 도움이 되었다는 점이다. 집단 강독을 통해서 참여자들은 소설 속에서 묘사되는 철저하게 규제받는 사회와 우리 사회가 다르다기보다 오히려 더 비슷하다는 점에 의문을 갖게 하였다. 마찬가지로 교사들은 집단 강독의 생생한 현장 안에서 학부모와 상호작용하면서 '이런 학부모'와 '이런 공동체'라는 기존의 뿌리 깊게 박힌 허구의 정체성을 해소하기 시작하였다. 당연한 귀결로서 학부모도 교사의 정체성과 학교교육의 경험으로서 자신들이 이해하고 있었던 것들에 대해 다시 지각하고 해석하기 시작하였다.

구조 결정론

하나의 복잡성 통일체가 어디에서 시작하고 어디에서 끝나는지 이해하고 시도하는 것은 중요한 일이다. 하지만 쟁점이 명확하게 해결될 수 있다 하더라도, 체계의 맥락이 아니라 창발적인 조건에 어떻게 반응할 것인가를 결정한다는 사실이 또 하나의 어려운 쟁점이 된다.

이러한 구조 결정structure-determined의 행태는 복합적인(기계적인) 체계로부터 복잡성 통일체를 구별하는 데 활용되는 핵심 특징들 가운데 하나이다. 복합적인 체계가 하나의 섭동perturbation에 반응하는 방식은 일반적으로 상당히 쉽게 설명된다. 그 이유는 일련의 반응들이 이 섭동에 의해 결정되기 때문이다. 예를 들어, 만약 하나의 나무 조각을 슬쩍 밀치면, 밀치는 힘이 갖는 조건에 대한 지식은 결과를 예측하고 동시에 설명하기에 충분하다. 그것의 힘, 대상의 형태와 질량, 표면과의 마찰 등의 결과는 가령 모터와 컴퓨터처럼 더 복합적인 체계에도 해당된다. 섭동이 반응을 결정하기 때문이다. 하지만 다음과 같은 것은 복잡성 체계에는 해당되지 않는다. 예를 들어, 만약 당신이 개를 슬쩍 밀친다면, 그 결과는 뉴턴 역학과는 실제로 아무런 관계가 없다.

오히려 반응은 개에 의해 결정된다. 이를 더 자세히 설명하자면, 개가 생물학적으로 그리고 경험적으로 구성한 구조에 의해서 이루어진다. 심지어 더 혼란스러운 경우가 있는데, 반응이 이보다 훨씬 더 폭넓은 사람의 경우를 생각해보자. 사람을 슬쩍 밀친다면, 그 결과는 훨씬 더 예측하기 불가능해질 것이다.

더군다나 슬쩍 밀치는 경험조차도 반복된다면, 무슨 일이 일어날지에 대한 적합한 지식이 제공되지는 못할 것이다. 여기에는 두 가지 이유가 있다. 첫째, 복잡성 체계는 학습을 한다는 점이다. 즉, 창발적인 경험에 대한 반응으로서 항상적으로 자신의 구조를 변경할 수 있다. 따라서 실제적으로 동일한 자극에 대한 반응은 아주 짧은 시간에도 극적으로 바뀔 수 있다. 둘째, 실제적으로 동일한 체계라 하더라도 동일한 섭동에 대해 상이하게 반응한다는 점이다. 그러므로 하나의 체계로부터 다른 체계에 이르기까지 그 결과를 일반화할 수는 없다. 이러한 학습의 경향은 일반적으로 인정받는 것은 아니다. 하지만 준실험적이면서 통계학에 기반한 교육 분야 연구가 안고 있는 주요한 문제 가운데 하나이다.

간단히 정리하자면, 구조 결정론의 관점은 선형적인 인과 관계의 사고방식에 근거한 모든 교육연구에 대해 사실상의 비판으로 자리 잡고 있다. 특히, 이것은 교육에 있어서 소위 '최선의 실천'이라고 믿는 오늘날의 희망에 대해 문제 삼는 것이다. 즉, 하나의 맥락에서 효과가 검증된 것이 대부분의 맥락에서도 마찬가지여야 한다는 가정이 박혀 있다. 이것은 오로지 기계적인 체계를 말할 때 의미가 있을 뿐이다.

이러한 확신은 학교교육의 혁신을 불가능하게 하지는 않지만 어려운 것으로 만들어버린다. 적어도 학습자들이 공교육을 자신들이 배워야 할 의무로 설정하면서 학습을 강제한다고 이해하는 한 그러하다. 복잡성 철학자는 이러한 태도가 지닌 함축적인 인과관계의 사고방식을 차단하려는 노력을 펼친다. 그 일환으로 '구조적인 안무structural dance', '상호 의존적인 발생co-dependent arising', '공동의 창발성co-emergence', '합의 영역의 설정establishing a consensual domain', '상호 규정mutual specification' 등을 전면에 부각시킨다. 이 모두는 구조적으로 결정되는 복잡성 통일체로서 서로 감응하는 방식에 대한 관심을 촉발시키려는 의도를 담고 있다.

예를 들어, 교육학과 관련해서 가르침의 행위가 일종의 창발적인 안무의 측면에서 반드시 이해되어야 한다는 것이다. 이 안무 속에서 교사와 학생의 동작이 서로를 규정할 수 있다. 물론 이 점은 교육자들에게 새로운 것은 아니다. 교사들 사이에서 유명한 농담은 다음과 같은 주장을 담고 있다. "나는 분명히 가르쳤어. 학생들이 그저 학습하지 않았던 거야." 이 말은 교사들의 내재적인 어리석음을 보여주는 것인데, 종종 능률이 떨어지는 학급에 대해 자기 비하적인 언급으로 활용되곤 한다. 여기서 명확히 지적해야 할 점은 교사와 학생의 행위와 해석의 연속성이 이 순간에는 단절되었다는 점이고 동시에 다른 전략이 필요하다는 점이다.

바꿔 말하면, 대부분의 노련한 교사들은 학생과 학급의 구조적인 결정이 지닌 본질을 깊이 평가하고 있다. 이것은 우리가 경험한 바이다. 이들에게 부족한 것은 이렇게 체화된 이해에 대해 책임 있게 실천할 수 있도록 하는 학교교육과 교육과정이다.

토론 상자 5.7
구조적으로 결정되는 집단 이해하기

우리는 지난 10여 년에 걸쳐 이뤄진 수많은 모임에서 『기억 전달자』 강독을 둘러싼 연구 성과에 대해 보고서를 제시하였다. 이러한 성과를 들어보거나 읽어본 동료 연구자와 교육자들은 이 기획이 특정 사안에 국한되는 반복 불가능한 특징을 쉽게 평가하는 것처럼 보였다. 하지만 때로는 이 연구를 복제하고자 하는 연구자들로부터

보다 더 세밀한 방법론적인 세부사항에 대해 요청을 받기도 하였다.

복제에 대한 갈망은 현대 연구자들의 사고방식에 깊숙이 뿌리박혀 있다. 그러나 불행하게도 진정으로 창발적인 연구는 학교 공동체의 상이한 층들을 가로지른다. 참여자들의 특정한 이해관계와 관심에 따라 반응하여 수개월에 거쳐 전개된다. 또한 그 연구 행위에 대해 항상적으로 진화하는 맥락에 지속적으로 관심을 둔다. 그렇다면 이것은 확실히 복제될 수 있는 것이 아니다.

그러므로 필연적으로 더 많은 정보를 얻기 위해 이루어지는 복제 지향의 질문에 대한 반응은 질문자와 응답자 모두에게 좌절만 안겨주고 만다. 적어도 어떤 의미에서 진정한 복제는 공동의 관심사를 중심으로 공동체와 더불어 진정성 있게 참여하는 연구 자세에 달려 있다. 이를 위해서 연구 집단 구성원 모두 자신들의 이해관계와 열망에 따라 행동할 수 있도록 충분한 해석의 공간을 허용하는 세심함이 필요하다. 이러한 점이 보장된 이후, 이와 같은 종류의 실천연구action research[25]는 아주 헌신적인 교육학과 무척이나 흡사해진다. 이를 각자의 경험을 통해 진행해나갈 때, 스스로에게 제시하는 여러 선택지 사이에서 매 순간 가능성의 타협을 보기도 한다.

이러한 자세는 자기 연구와 관련된 이해관계를 포기하는 것을 수반하는 게 아니다. 앞에서도 밝혔듯이, 『기억 전달자』를 둘러싼 이번 기획은 분명히 문학적인 앙가주망에 관한 것이었다. 그리고 연구자들을 위해서는 이런 이해관계가 연구 작업 내내 중심적인 일이었다. 그러나 다른 이들에게는 공동의 작업이 전혀 다른 목적으로 진행되었다. 예를 들면, 교장은 연구를 주로 공동체의 관계 개선 실현의 수단으로 생각하였다. 많은 학부모들은 자녀 교육에 더 적극적으로 참여하는 기회로 생각하였다. 그리고 대부분의 교사들은 교육학 연구로 간주하였다. 연구를 둘러싼 이번 기획에서 이렇게 혼융된 동기들이 복잡성 생산물이라고 간주할 수 있다. 바꿔 말하면, 연구 작업은 이것이 진행되었던 공동체 구조에 의해 결정된 것이었다. 따라서 복제는 불가능한 것이었고, 복제를 통해서 검증하고자 하는 잘못된 요구에는 다윈식의 동역학Darwinian dynamics보다는 뉴턴식의 기계적인 역학Newtonian mechanics에 더 잘 어울리는 사고방식이 자리 잡고 있었다.

항상적인 불균형

깊게 이식되어 있는 분석과학의 가정들 가운데 하나는 역학 체계가 균형 상태, 즉 안정적인 상태를 지향한다는 경향성이다. 보다 구체적으로 말해, 이 가정에 의하면 작동 중인 체계는 반드시 부정적인 피드백 기제 negative feedback mechanisms에 의해 지배를 받아야 한다. 이것에 의해 활성화된 극단적인 변동은 수용 가능한 범위 안에서 축출됨과 동시에 억제되어야 한다. 부정적인 피드백의 대중적인 예시는 온도조절계이다. 만약 방 안 온도가 떨어지면, 온도조절계는 보일러를 작동하여 중단될 때까지 가동시켜야 한다. 따라서 부정적인 피드백은 심지어 외부 조건이 유동적이고 통제 불능일 때조차도 내부 균형을 유지하는 수단이 된다.

부정적인 피드백의 정반대는 '긍정적인 피드백positive feedback'으로 알려져 있는데, 이것은 균형을 추구하는 체계에 상당한 곤란을 야기한다. 긍정적인 피드백은 체계의 일정한 역동적인 측면을 증폭 혹은 소멸시키는 역할을 한다. 유행과 전염병이 발생하여 사회 체계를 통해 이동하는 방식이 긍정적인 피드백으로서 널리 알려진 실례이다. 인간 영역에서 들 수 있는 또 다른 사례로는 1990년대 후반 닷컴dot.com 거품을 향해 솟구쳤던 투자 열풍과 이어진 붕괴, 예기치 못한 폭동들, 전쟁의 발발 혹은 보다 희망적인 측면에서 2004년 후반 우크라이나 공화국과 2005년 초반 레바논 등지에서 전개된 민주 정부를 향한 평화적인 사회운동 등이 포함된다. 때로는 사회 체계 안에서 이루어진 긍정적인 피드백은 "두 명의 친구에게 말해주기 현상"과 같은 것으로 설명되기도 한다. 이는 상황을 인지하는 사람들의 숫자가 기하급수적으로 늘어나는 경우에 해당한다.

역동적인 체계가 균형을 지향한다는 대중적이지만 검증되지 않은 가정은 정확하게 다음과 같이 다시 정리될 수 있다. 흔히 부정적인 피드백이 좋고 긍정적인 피드백은 나쁘다고 생각한다. 그러나 분명하게 드러나듯이, 소소한 섭동을 증폭시키는 기제는 생명체와 학습 체계라는 생명력에는 필수적인 것이다. 오로지 부정적인 피드백에 의해 지배를 받는, 즉 안정적인 균형 상태를 향해 추동해가는 기제를 가진 체계는 정의상으로도 복잡성이 아니고 동시에 확실히 살아 있는 것도 아니다. 이것은 부정적인 피드백의 기제가 복잡성 통일체에 중요하지 않다고 말하는 것도 아니다. 이와 반대로, 만약 인간의 사회 체계를 살펴본다면, 쉽게 통제로부터 벗어나고자 하는 개인의 아집과 욕망을 방지하기 위해 설정되어 있는 수많은 기제를 확인할 수 있다. 그러나 이와 동시에 복잡성 통일체는 반드시 긍정적인 피드백의 기제를 흡수해야 한다. 이로 인해 겉으로 보기에는 소소한 사건들이 크게 확대될 수 있도록 일정한 섭동이 증폭되기도 할 것이다. 예를 들어, 뇌는 다양한 "장비를 갖추고" 있어서 일부는 본능적이고, 일부는 학습하며, 일부는 혼합되어 있다. 초기의 섭동과는 비교도 안 될 정도의 비율로 반응에 자극하고 확대될 수 있다. 팔을 따라 흐르는 물방울의 느낌과 팔위를 기어가는 거미의 느낌에 대해 사람들의 반응을 비교해보라. 만약 알아차리게 된다면, 전자는 차분한 관심의 원천이 될 것이고, 후자는 공포에 질린 반사적인 동작을 유발할 것이다.

이러한 극단적인 반응은 체계가 당면한 생존을 위해서뿐만 아니라 자기조절self-modification인 학습을 위해서도 중요하다. 예를 들어, 심리학자인 도널드Merlin Donald[26]의 주장에 따르면, 개별적인 인간의 경우에 있어서도 뇌에서의 긍정적인 피드백 기제는 의식적인 자각의 순간을 자극하고 학습 형성에 필수적인 요소가 된다. 이러한 목적에서 일부 교육자들[27]

이 말하기를, 교사들은 학습자들이 학급 경험의 특정 부분에 집중할 수 있도록 일정한 수단을 탐색하고 있다고 한다. 결과적으로 이들은 학습자의 뇌 속에서 긍정적인 피드백 기제를 자극할 수 있도록 여러 방법을 모색해왔던 것이다.

사회 집단의 수준에서 고려해볼 때, 긍정적인 피드백은 대체로 군중 심리, 유행, 그리고 다른 통제 불능의 반응과 관련되어 있다. 반면에 부정적인 피드백 기제는 사회적인 관행, 법률 체계, 그리고 행동을 규제하는 다른 수단을 포함하고 있다. 물론, 혁신적인 반응을 허용하지 않는 엄격한 교실이나 수업구조에 비해 교사의 경험은 너무 느슨하여 교사들은 일관된 행위를 어렵게 하는 구조 사이에서 균형을 맞추는 데 아주 익숙해 있다. 현대적인 표현으로 말하자면, 불행하게도 이러한 구조는 대부분 '행동 관리'의 측면에서 설명되고 있다. 이는 인간의 인지에 깊이 이식된 행동주의, 즉 기계적이고 개인주의적인 가정을 반영하는 것이다. 생명 체계 내에서 긍정과 부정의 피드백 구조 사이의 균형은 필연적으로 역동적이어서 행동주의 지향의 프로그램으로 규정된 엄밀한 체제의 측면에서 보면 이런 부분이 잘 설명되지 않는다. 분명한 것은 이것들이 집단적으로 신체의 활기를 유지하기 위해 작동하기보다는 오히려 교실 통제를 지향하는 쪽으로 경도되어 있는 프로그램들이라 할 수 있다.

행동주의와 관련된 이런 주제와 아울러 한편으로 교육 체계 안에서 긍정적인 피드백 기제가 존재한다는 깨달음은 교육 분야 연구자들 사이에서 일정한 진정성을 촉발시킨다. 사실 지난 세기는 다른 학문 분야의 성과를 교육 분야 연구에 도입하였던 연구자들의 사례가 가득 차 있었던 시간이었다. 하지만 이들은 한결같이 성과를 받아들이고자 했던 스스로의 노력에 대한 결과에는 전혀 관심을 기울이지 않았다. 1950년대 심리학으로부터 행동주의를 받아들였던 것은 옹호자들에 의해 무분별하게 이루어진 면이 크다. 이는 수업 준비, 시험 체제, 교실 통제에 대한 집착 등 폐해의 반향이 지속적으로 야기되었기 때문이다. 비록 다소 다르다 할지라도, 이와 마찬가지로 최근 구성주의 이론의 수용도 이에 필적할 만한 결과를 초래하고 있다.[28] 이 두 가지 사례 모두 긍정적인 피드백 기제(예: 업무상 유명세에 대한 욕구)가 효과적인 부정적인 피드백 기제(예: 이론들의 실제적인 한계에 대한 증거)의 부재 속에 등장하였다. 이는 체계로 하여금 적절한 조절 없이 무분별하게 준동을 촉발하게 된 계기로 특징지을 수 있다.

토론 상자 5.8
항상적인 불균형을 갖는 집단 이해하기

수마라와 웨이가 5학년과 6학년 학급에서 공동으로 지도한 한 달 동안, 『기억 전달자』를 강독한 학부모, 교사, 학교 직원의 집단에 대한 지원은 지속적으로 확대되어 나갔다. 이 소설을 읽었던 학부모들은 다른 학부모들에게 이 책을 전달하였다. 교사들과 행정직원, 경비직원, 보조교사, 대학생 보조교사 등을 포함한 학교 직원들도 이 책을 읽었다. 교무실에서 보낸 시간 동안 연구자들이 이 소설의 몇 가지 측면에 관하여 교사, 학부모, 대학생 보조교사 혹은 학교 직원 등의 역할도 충실했던 것이 일상적인 일이 되었다.

『기억 전달자』에 등장하는 언어와 개념 또한 본격적으로 회자되기 시작하였다. 심지어 이 책에 대한 공식적인 논의가 없을 때조차도 연구자들은 성적 욕망을 지칭하는 "흔들림stirrings"과 학교에서 인종 차별과 관련된 현안을 논의할 때 쓰는 "동일성sameness" 등과 같은 표현도 마주하게 되었다. 전자는 성에 대한 관심이 싹트는 것을 가리키기 위해 저자 로어리가 쓴 용어이고, 후자는 사회적으로 승인된 속성을 가리키기 위해 이 책에서 쓴 용어이다. 점점 더 많은 사람들이 이 소설 속에 제시된 인물과 사건을 동일시하면서 학교 및 공동체의 맥락 안에서 독자들 사이의 정체성이 형성되는 지점이 더욱더 빈번하게 나타났다. 게다가 상당수의 학부모들이 이 책을 읽고 난 다음, 이 책의 소재들은 지속적으로 정교하게 통합된 언어 수업language arts unit의 중심 소재가 되었다. 그 이유는 이 소설에 관해 토론을 진행하였기 때문이다. 어른과 학생 사이에서 벌어지는 일련의 접촉과 정체성 형성과정은 공식적인 교육과정 밖에서도 전개되고 있었던 것이다.

사실 나중에 알게 되었지만, 이 소설의 효과는 이 지역 공동체를 뛰어넘는 것이었다. 이 학교의 일부 교직원들이 친분이 있던 다른 학교의 교사들에게 『기억 전달자』를 가르쳐주었고, 학부모와 교사 토론 모임이 지역 전체에 걸쳐 확산되었기 때문이다. 이 공동체 구성원의 보고에 따르면, 다른 지역에 있는 친구와 친척들도 이들의 열광적인 추천에 힘입어 이 책을 읽고 토론하기 시작했다고 한다.

근거리 관계

학습과 연구 체계에 있어서 긍정적인 피드백의 기제가 중요하다는 점은 오늘날 교육 분야 연구 논의에서 대체로 간과되고 있는 실정이다. 게다가 건전한 국지적인 상호작용을 권장하기보다는 오히려 주도면밀한 하향식 조직에 종종 집중하고 있는 게 사실이다. 복잡성 측면에서 후자의 경우는 생각해봐야 할 너무 중요한 지점이다. 왜냐하면 복잡성 체계 안에서 대부분의 정보는 중앙 허브로부터 분배되기보다는 오히려 근거리의 가까이 있는 사람들 사이에서 교환되기 때문이다.

이러한 쟁점을 중심으로 어떻게 복잡성을 통한 공동의 실천이 이루어질 수 있는지 의문이 들고 이를 제대로 평가하기도 어렵다. 어떻게 총체적인 행태가 국지적인 상호작용으로부터 창발성을 가질 수 있는가? 이에 대한 일부의 반응은 복잡성 통일체가 '윈 - 윈win-win 논리'와 관계가 있다고 한다. 제로섬 논리에서는 하나의 구성인자가 얻는 이익은 다른 사람의 손실을 수반하게 된다. 하지만 윈 - 윈 논리의 주장은 하나의 구성인자의 상황도 가장 가까운 주변 사람의 상황이 개선된다면 똑같이 개선될 수 있음을 강조한다. 모두를 위해서는 보통 '우리'가 '나'보다 더 훌륭하다는 것을 보여주는 대목이다.

물론 이러한 진리에 대해서는 교실에서의 지위와 사회적인 관계를 억누를 수 없도록 지속적으로 타협하면서 나타나는 풍부한 입증 사례들이 있다. 바로 이것이 부정할 수 없는 복잡성 현상이라 할 수 있다. 하지만 당장 교과 문제와 관련된 지식과 이해의 생성을 중심으로 보면, 이는 명확하지 않을뿐더러 심지어 찾아보기도 힘들 것이다. 간단히 말해서, 복잡성이 이루어지는 교실에서는 교사가 반드시 국지적인 정보 교환을 활성화시킬 수 있는 방법을 찾아야 한다. 물론 여기에서는 이러한 정보에 대해 중앙집중식의 통제가 아닌 보다 앞서서 제시했던 것으로 전개해나가는 것이 필요하다.

이러한 점은 우리의 논의를 실천의 교육학the pragmatics of pedagogy으로 이끌고 간다. 이 부분에 대해서는 7장에서 다시 상세하게 다룰 것이다. 7장에서는 복잡성 안에서 창발성을 실현시키기 위한 조건에 대해 특별히 초점을 맞추고자 한다. 여기서는 간단하게 언급하는 수준으로 정리하고자 하는데, 그 이유는 하나의 현상이나 형상이 복잡성인지 아닌지를 결정하는 노력이 매우 유용하기 때문이다. 만약 구성인자들이 가장 가까운 주변을 감응시키고 동시에 이들에 의해 감응을 받는다면, 이보다 더 큰 통일체는 복잡성의 초월적인 가능성을 지니고 있다고 볼 수 있다. 예를 들면, 뉴런, 개미, 생태계의 종 등의 경우처럼 말이다. 만약 정보가 중앙 허브를 통해 통제된다면, 창발적인 가능성은 어려워질 것이다. 이 체계의 구조가 유클리드 기하학이라면, 이 체계는 가능성의 공간 확대라기보다는 오히려 현재의 가능성을 복제하는 방향에서 이루어지는 기계적인 역학에 근거한 체계 고착화라고 할 수 있다.

토론 상자 5.9
집단에서의 근거리 관계 이해하기

『지식 전달자』를 읽은 학급 학생들에 대해 마지막으로 이루어진 집중적인 집단 면담 가운데 연구자들은 다음과 같은 사실을 알게 되었다. 레베카네 집에서는 그녀의 어머니와 오빠 모두가 이 소설을 읽었고, 그녀에 따르면 "서로에 대해 더 많은 것들을 학습할 수 있도록" 이 책을 중심으로 "대화를 진행해나갔다."고 하였다. 강독 초반에 참여하였던 학부모들은 모임 자리에서 자신에게 이 책과 이 책에서 등장하는 까다로운 쟁점을 두고 자녀들과 대화를 할 수 있었던 너무 소중한 경험이었다고 이야기했다. 헬렌이라는 학부모는 이러한 대화가 일상적이라기보다 오히려 '이념 idea'을 다루었다는 점에서 참으로 특이했다고 토로하였다. 또 다른 학부모인 마가렛은 이러한 대화가 다음과 같은 점들을 상기시켜 주었다고 덧붙였다. 즉, 자신의 자녀들은 복잡성의 측면에서 지성적이었고, 어머니와 다른 자신들만의 견해를 가지고 자신의 견해를 명료화하고 정당화할 수 있었으며, 창의적이고 흥미로운 생각을 스스로 할 수 있었다는 것이다. 이와 같이 학부모와 학생의 집단 강독을 통해 지성적인 작업을 중심으로 관계의 발판을 만드는 데 도움을 준다는 강력한 증거를 제시하였다.

논의를 이어가며

이 장에서 우리가 강조한 바는 복잡성 통일체의 정체성 형성과정과 설명에 초점을 맞추어 복잡성 철학자들이 전개시킨 몇 가지 원리를 체계적으로 정리하는 데 있었다. 6장에서는 얼마나 많은 감수성들이 교육 안에서 명료화되는지 교육연구 문헌을 통해 집중적으로 검토할 것이다.

1. D. W. Thomson, *On growth and form*(London: Cambridge University Press, 1917).
2. 몇 개의 논문이 이 연구로부터 출간되어 오고 있다. 여기에는 Davis & Sumara, "Cognition, complexity, and teacher education,"; D. Sumara & B. Davis, "Enactivist theory and community learning: toward a complexified understanding of action research," in *International Journal of Educational Action Research*, vol. 5, no. 3(1997): 403-422; D. Sumara, B. Davis, & D, van der Wey, "The pleasure of thinking," in Language Arts, vol. 76, no. 2(1998): 135-143.
3. P. Senge, N. Cambron-McCabe, T. Lucas, B. Smith, J. Dutton, & A. Kleiner, *Schools that learn: a fifth discipline fieldbook for educators, parents, and everyone who cares about education*(New York: Doubleday, 2000)
4. Davis & Simmt, 2003.
5. 예를 들면, Lewin & Regine(2000)을 보라.
6. 예를 들면, Watts, 2003; R. J. Eidelson, "Complex adaptive systems in the behavioral and social sciences," in *Review of General Psychology*, vol. 1, no. 1(1997): 42-71.
7. 집단 정체성의 과정과 동역학에 대한 호기심을 불러일으키는데, 이에 대한 검증에 대해서는 J. R. Harris, *The nurture assumption: Why children turn out the way they do*(New York: Free Press, 1998).
8. L. Lowry, *The giver*(New York: Bantam Doubleday, 1993)
9. Surowiecki, 2004.
10. 같은 책, pp. 189-190.
11. 같은 책, p. 203.
12. 같은 책, p. 205.
13. 같은 책, pp. 212-213.
14. 같은 책, p. 212.
15. 같은 책, p. 231.
16. 같은 책, p. xx.
17. Barabási, 2002.
18. J. Fuite, "Network education: understanding the functional organization of a class," paper presentation given at the Complexity, Science & Society Conference, The University of Liverpool, UK, September 12, 2005.
19. B. Davis & E. Simmt. "Mathematics-for-teaching: an ongoing investigation of the mathematics that teachers (need to) know," in press in *Educational Studies in Mathematics*로부터 제시됨.
20. 협력 교수에 대한 보다 충분한 설명은 Sumara, Davis, & van der Wey, "The pleasure of thinking." 을 보라.
21. 예를 들면, R. Barthes, S/Z(New York: Hil & Wang, 1974); R. Luce-Kapler, *Writing with, through, and beyond the text: an ecology of language*(Mahwah, NJ: Lawrence Erlbaum Associates, 2004); W. Iser, *The act of reading*(Baltimore MD: The Johns Hopkins University Press, 1978); L. Rosenblatt, *The reader, the text, the poem*(Carbondale, IL: Southern Illinois University Press, 1978); D. Sumara, *Why reading literature in school still matterrs: imagination, interpretation, insight*(Mahwah, NJ: Lawrence Erlbaum Associates, 2002).
22. 이러한 경우에 그 결과는 변함없이 50-50 분할로 나타난다. 즉, 눈으로 보기에도 지성, 인성 등을 양화시킨 개념인 후천성에 관해 선천성이 동등하게 기여한 것으로 보는 것이다. 결과의 일관성은 다른 어떤 것보다 기대의 일관성을 반영하고 있어 이를 비꼬려는 사람이라도 받아들이게 된다.
23. 이 문헌에 대한 개괄은 D. Sumara, *Private reading in public: schooling the literary imagination*(New York: Peter Lang, 1996)을 보라.
24. 이 연구에 대한 개괄은 B. Davis, *Teaching mathematics: toward a sound alternative*(New York: Peter Lang, 1996)을 보라.
25. 우리는 복잡성 철학과 행위 연구의 양립가능성을 탐색하려는 본 논문에서 이러한 점을 더 세밀하게 발전시키고자 한다. B. Davis & D. Sumara, "Complexity science and educational actions research" in *Educational Action Research*, vol. 13, no. 3(2005): 453-464을 보라.
26. M. Donald, A mind so rare: the evolution of human consciousness(New York: W. W. Norton, 2002).
27. J. Mason, Practitioner research using the discipline of noticing(London; Routledge-Falmer, 2001); I. Namukasa, *Attending in mathematics: a dynamic view about student's thinking*(Edmonton, AB: University of Alberta, unpublished doctoral dissertation, 2004).
28. 교육 연구자들의 책임성에 대한 논의는 Davis & Sumara(2002)를 보라. 그들의 논의는 교육 현상에 관한 구성주의 담론의 구체적인 사례를 중심으로 전개되고 있다.

제6장 | 수준의 도약

자연의 모든 수준에 존재하는 근본적인 경향의 일부로서,
우리 자신은 물론이고 우리의 창조성에 대해 조망하는 과학의 탄생을 우리는 지금 목도하고 있다.
_프리고진 Ilya Prigogine[1]

　우리는 6장의 부제를 "복잡성 과학에 대한 교육 분야 연구의 성과"라고 말하고자 한다. 여기서 알 수 있는 중요한 의도는 복잡성 철학의 일반적인 추세와 최근 대부분 교육 분야의 연구가 양립 가능하다는 점이다. 게다가 몇 가지 돌출된 주제들을 정교하게 만들었음을 입증하기 위해 일단의 예증적인 사례 모두를 검토해보자는 것이다. 물론 두 분야의 문헌 사이에는 명백하게 그을 수 있는 연결선이 상대적으로 존재하지 않는다 할지라도 말이다. 이와 같이 교육 분야 연구는 복잡성 철학에 대해 정당하면서도 중요한 성과를 내어 기여했다고 분명하게 주장할 수 있다.

　또한 이러한 연구의 상이한 측면들이 종종 '긴장 관계'에 놓여 있음을 지적하고자 한다. 이러한 주장은 오늘날 여러 논의들이 편협하게도 특정 담론의 수용으로부터 발생하는 경향이 있음을 말해주고 있다. 게다가 복잡성 철학이 종종 겉으로 드러나는 대립적인 관점을 환원시키지 않음을 말해주고 있다. 또한 특정 성과를 교육철학으로 최소화하지 않으면서 동시에 여러 이론의 틀 사이에서 긴밀한 상호 보완성을 발견하는 수단을 제공하고 있다는 것이 우리가 말하고자 하는 제안이다. 우리는 이 지점을

예증하기 위한 장치로서 소위 '수준 도약level-jumping'이라는 용어를 제시하고자 한다. 수준 도약은 간단히 말해, 교육에서의 중차대한 현안을 본격적으로 다루기 위해 복잡성 조직의 여러 수준을 가로질러 진행하는 가능성 혹은 필연성을 지칭한다.

이와 같이 복잡성 체계에 대해 우리가 추구하는 정의definition와 학습 현상은 일맥상통하고 있다. 그런 측면에서 6장은 교육 분야 문헌에서 상이하면서도 역동적인 적응의 체계에 관한 논의를 중심으로 구성되어 있다. 5장과 마찬가지로 일반적인 주제에 대해서는 본문에서 그 초점을 맞추고 동시에 예증적인 사례들은 논의 상자에서 제공된다. 분명히 밝히지만, 우리는 연구 간행물을 검토하면서 결코 이를 종합하거나 동시에 전형을 만들려는 시도는 하지 않을 것이다. 여기서의 의도는 빠른 속도로 진화하는 영역에 대해 상세한 지도를 완성시킨다는 애당초 불가능한 과제를 붙들고 씨름하는 것이 아니다. 다만 복잡성 철학을 상기시키는 일련의 쟁점을 소개하는 수준에서 이를 설명하고자 한다.

최종적으로 논의할 주제는 2장의 그림 2.3에서 제시된 중층적으로 포개진 이미지에 따라 구성하는 것이다. 또한 개인의 신체를 구성하는 미시적subpersonal 체계에서 시작하여 여러 수준을 거쳐 문화를 초월하는supracultural 체계에까지 이를 것이다.

교육 분야 연구에서 신경학, 생물학, 유전학에 대한 논의

오늘날 뇌 활동에 대한 실시간 관찰과 뉴런 신경망에 대한 전자 시뮬레이션 등 창조 가능한 기술이 발달하고 있다. 이와 더불어 오늘날 인지 신경과학이 교육적인 논의에 있어서 중요하고도 실제적인 통찰을 제시하고 있다고 말하는 것이 타당하다. 복잡성 철학의 맥락에서 본다면, 새로운 결론은 단순한 원인과 결과의 측면에서 이해될 수 있는 것이 아니다. 오히려 내부의 생물학에 근거한 동역학은 반드시 신체적인 경험에 감응을 주고 동시에 이들에 의해서 감응을 받는다. 이어서 사회적이고 문화적인 상황에서 잡혔던 주름을 펼치고, 이어서 문화 상호 간의 상황과 생태적인 상황을 형성하고 동시에 형성되어간다. 바꿔 말하면, 개인의 미시적인 현상을 이해하는 데 일정 정도 최근의 성과를 지적하기 위해 대부분의 현상을 고려 대상에서 제외하는 것이 필요하다. 하지만 설령 그러할지라도 여기서의 의도는 결코 유전공학이나 발달심리학 혹은 인지 신경과학으로부터의 결론이 그대로 교육적인 실천으로 조직되는 적합한 토대를 제공한다고 주장하는 것은 아니다. 다만 이러지도 저러지도 못하고 있을 뿐이다.

뇌와 다른 신체기관의 세계에 대한 신념을 교육 실천이라는 거시 영역에 적용하고자 하는 욕구는 전혀 새로운 것이 아니다. 사실 이것은 오늘날 교수와 학습에 대해 말하는 상식적인 어휘들 속에 깊숙이 새겨져 있다. 예를 들어, 깊게 자리 잡은 문화적 습관은 뇌 구조에 대해 가장 최근의 기술로 설명할 수 있다. 따라서 지난 세기에 걸쳐서 서구 문화는 뇌에 대해 백지로서의 뇌, 증기기관으로서의 뇌, 전화 교환기로서의 뇌, 컴퓨터로서의 뇌, 그리고 최근에는 인터넷으로서의 뇌 등과 같은 은유법을 활용하여 전개되어왔다. 더욱 혼란스럽게 하는 것은 하나의 은유법이 다른 것을 능가하지 않았다는 점이다. 오히려 낡은 개념에 새로운 개념들이 추가되면서 이전에 남아 있는 성향을 여전히 그대로 보여주었다. 그래서 기억 저장(recording memories, 백지로서의 뇌), 내부의 압력(internal pressures, 증기기관으로서의 뇌), 내부 접속(making internal connections, 전화 교환기로서의 뇌), 입력·처리·정보 출력(inputting, processing, and outputting information, 컴퓨터로서의 뇌), 그리고 생각하는 바이러스(thought viruses, 인터 넷으로서의 뇌) 등에 대한 거의 동시 발생적인 언급을 마주하는 것은 특이한 일이 아니다.

이러한 개념들의 문제는 그 자체만으로 은유적인 특징이 아니라 결국 대부분의 인간의 사고가 유추 활동을 하고 있음을 보여준다. 오히려 쟁점은 이러한 상징적인 장치들이 글자 그대로 진리라고 착각하는 데 있다. 이러한 개념들은 사실상 진리를 심각하게 오도하는 것이다. 이는 심리학에서 인지주의cognitivism로 알려진 학파 전체에 만연해 있으며, 이것이 비록 대중적으로 매력적이지만 교육적으로는 미흡함을 증명한 바 있다.[2]

최근까지의 문제는 연구자들이 유전자의 구조와 뇌를 소위 '블랙박스'라고 상정하고 이를 연구할 수 있는 자원과 수단이 부족했다는 점이다. 하지만 이미 언급했듯이, 이러한 상황은 지난 10년 사이에 극적인 변화를 겪었다. 이에 대한 결론은 압도적으로 명백한 영향을 받은 것이 아니라 하더라도 복잡성 과학과 일맥상통한다고 할 수 있다.

이러한 연구의 주요 결론은 학습이 지식을 주입하는 것이라거나 혹은 이를 흡수하는 것이라고 볼 수 없다는 점이다. 상식적인 습득, 예를 들면, 그릇이나 기계와 같은 은유법을 거부하는 것이다. 학습에 대한 최근 대다수의 연구는 뇌에 의해 신체적인 변형을 수반하고 있다는 원리에 기울어져 있다. 따라서 학습이란 생물학적인 현상이고, 학습에 대한 이런 관점을 통해 교수법, 학교 교육정책, 교육철학에 관한 논의도 풍부하게 모색될 수 있다. 만약 인지 신경과학이 제시하는 개념적인 성과에 너무 지나치게 의존한다면, 아마도 학습이 발생하는 방식에 대한 쟁점이 너무 협소해질 것이고, 교수법을 위한 규범에 즉각적으로 추종하고자 하는 유혹에 빠져버리고 말 것이다. 이로 인해 잠정적으로 무엇을 가르치고 왜 가르치는지 그 핵심 사항에 대한 검토를 앞질러버릴지도 모른다. 우리는 이 지점을 주의 깊게 다루고자 한다.

인지 신경과학으로부터 제시된 가장 중요한 교육적인 성과는 중층적으로 포개져 분포되어 있는 뇌3장참조와 이와 동시에 근본적으로 맥락적이고 유추 및 연상으로 구조화된 개인의 이해를 새롭게 보고자 하는 데 있다. 바꿔 말하면 사고, 기억, 의식과 같은 현상이 신경학적인 혹은 사회적인 조직의 특정 지점이나 특별한 수준에서 발생한다고 말할 수가 없다는 것이다. 오히려 조직의 모든 수준에서 행위가 인지적인 것으로 설명하는 것이 타당하다. 그 이유는 구성인자들, 예를 들어 분석의 수준에 따라 뉴런, 미니 칼럼, 매크로 칼럼 등이 자신의 주변 구성인자들의 행위에 감응을 주고 동시에 그들에 의해 감응을 받기 때문이다.

매우 중요한 것은 이러한 결과가 또다시 모든 수준의 조직을 가로질러 뇌의 순간순간의 물리적인 변형을 초래한다는 점이다. 이것의 의미는 개인적인 경험이 모든 수준의 뇌의 조직을 가로질러 체화된다는 점이다. 달리 표현하면, 대뇌피질 전체가 기억 체계라고 볼 수 있는 것이다. 비록 대중적인 인정을 받고 있다고 할지라도, 인간의 뇌에 대한 새로운 이해는 여전히 뇌가 지식을 담고 있고 동시에 정체성을 담보하는 상대적으로 안정적인 형상이라고 간주하는 만연한 신념과는 확연한 대조를 이룬다.[3]

인간의 뇌가 천억 개의 뉴런과 수 조兆에 달하는 접속[4]과 융합 그 이상이라는 깨달음의 결말은 뇌의 특정 부위들이 지닌 용도에 대한 대중의 습관적인 추정에 다소 곤란함을 일으킨다. 명백히 드러나듯이, 한 개인이 새로운 문제에 직면할 때, 행위는 뇌 전체에 걸쳐 일정한 인상을 남기게 된다. 이후 당면한 문제를 정확하게 파악함에 따라 특정 부위의 뇌가 실제로 과제 일부에 대해 '책임'을 떠맡게 되지만, 이들 특정 부위가 모든 학습자들에게 동일한 것도 아니다. 심지어 개인 안에서도 반드시 필연적으로 지속되는 것도 아니다. 바꿔 말하면, 뇌의 모듈, 즉 학습 양식 및 복합 지성이 연결된 것같이 교육이론과 관련된 논의에는 실제로 일단의 진리가 담겨 있을 수 있다. 하지만 대체로 매우 유연한 뇌와 항상적으로 변화하는 뇌 구조에 대해 너무나도 엄격하고 규범적인 개념이 전제되어 있다.

교육에 대한 최근 신경과학의 세 번째 핵심적인 기여는 뇌가 근본적으로 맥락적이라는 주장이다. 즉, '근본적radical'이라는 용어의 어원을 살펴보면, 뇌는 생물학적이고 경험적인 신체의 맥락context에 뿌리root를 두고 있다는 뜻을 담고 있다. 단도직입적으로 말하자면, 인간의 생물학에 근거한 기억에는 최소한 두 가지의 상이한 범주가 존재한다. 장구한 진화의 시간 속에서 종species에 의해 학습된 것, 인간의 게놈 속에 기억된 것, 그리고 한평생 개인에 의해 학습된 것들 말이다.

뇌가 근본적으로 맥락적이라는 주장에는 더 중요한 의미가 담겨 있다. 이는 인지 신경과학보다는 인공지능의 영역으로부터 도출된다. 비록 이 두 영역 사이의 구분이 점점 더 애매해지고 있지만 말이다. 1950년대 인공지능 연구 초기에는 지나치게 낙관적이어서 연구자들이 머지않아 전자 두뇌가 인간 신체의 아날로그적인 두뇌를 능가할 것이라고 예측하였다. 이러한 예측은 설계자나 프로그래머들이 개념적으로 상당한 노력이 필요하다고 보았던 전산처리 이행에 있어서 초기 컴퓨터가 얻은 상상 초월의 성공에 기반을 둔 것이었다. 여기에는 인간의 정신을 마비시킬 정도의 계산 능력과 반복 처리가 포함되어 있다. 이렇게 급속도로 진행된 기술적인 성과에 힘입어 연구자들은 자신감을 갖게 되었고, 컴퓨터가 곧 인간 사회 속으로 파고들어 가 피로감 없이 그리고 불평 없이 효과적으로 인간이 할 수 있는 모든 일을 해낼 것이라고 기대하였다.

인공지능 연구는 결국 이러한 기대와 목표치에 미치지 못하고 많은 교훈을 남겼다. 이렇게 된 이유는 인간 뇌에 대한 상당히 뿌리 깊은 가정에서 나타나고 있는 것으로 볼 수 있다. 예를 들어, 앞서 설명한 두 가지 점과 더불어 초기 인공지능 연구자들은 뇌가 중층적으로 포개진 구조를 가지고 있고, 동시에 인지 작용이 여러 수준과 영역에 걸쳐 분산되어 있는 방식을 발견하지 못했던 것이다. 이들은 한술 더 떠 인간의 지성이 강력한 처리 장치와 결합한 대용량 데이터베이스의 직접적인 표현 방식이라고까지 추정하였다. 하지만 오늘날의 컴퓨터가 무한정의 저장 용량과 엄청난 처리 속도를 보여줄지라도, 그 어떤 것도 얼굴을 인식하고, 사회적 관계를 유지하고, 새로운 사고와 소통하며, 순간순간의 경험으로부터 정합성을 도출해내는 데는 걸음마를 시작하는 아기의 능력 수준에조차 근접하지 못하고 있다. 이러한 격차가 생긴 중요한 이유는 겉으로 보기에는 근본적으로 뇌의 맥락적인 특징과 관련되어 있는 것으로 보인다. 왜냐하면 뇌는 물리적 신체의 확장된 구조를 통해서 정보를 흡수하기보다는 오히려 복잡성이라는 자기 혁신의 맥락에서 적합성을 유지하기 위해 지속적으로 내적인 구조를 수정해가는 상호작용의 형상이기 때문이다.

이러한 의미에서 한 구성인자의 내적인 동역학은 반드시 외적인 환경과 일관성을 유지해야 한다. 하지만 이것은 내적인 인지가 외적인 실재의 반영이거나 표상임을 의미하는 것은 아니다. 단지 구성인자 안에서 무엇이 진행되든 간에 이것이 자신의 맥락에서 생명력을 유지하기 위해 적합하다는 것을 말해준다. 그리고 이 지점이 인공지능 초기 연구가 비껴간 부분이기도 하다. 즉, 지성의 행위는 외적인 실재에 대해 한 치의 오차도 없이 정확한 내적인 지도에 근거한 것이라고 추정했던 것이다. 사고와 기억에 대한 이러한 이론은 비복잡성에 해당될 뿐이다.

두 번째로 인공지능 초기 연구의 문제는 인간의 인지에 대해 논리적인 절차로 연결시키고 있다는 추정이다. 뇌가 컴퓨터라는 일종의 대중적인 은유를 보면 알 수 있다. 사실 뇌는 뉴런들 사이에서의 물리적인 접속과 다른 수준의 조직이 통합된 활성화의 유형을 설정하면서 펼쳐진다. 다시 말하자면, 인간은 논리적인 피조물이 아니라 논리가 가능한 유추의 피조물임이 오늘날 판명되고 있다. 인간에게 유추는 쉽고 자연스러운 반면, 논리는 아주 지난한 노력을 필요로 한다. 이는 인간의 뇌가 전자 컴퓨터의 정반대로서, 전자계산기와 인간의 뇌는 전혀 공통점이 없음을 보여주는 명확한 증거가 되고 있다.

교육 분야 연구와 실제에 있어 이와 관련된 함축적인 의미는 헤아릴 수 없이 심오하다. 좀 더 깊은 탐구를 요구하는 주제는 다음과 같다. 먼저 인간의 인지를 통해 등장하는 연상 및 유추의 특징을 지닌 교육학과 교육과정의 함축적인 의미이다. 오늘날 대부분의 교육과정이 인간 자체를 선형적이고 논리적이라는 가정을 중심에 두고 조직되어 있음을 생각해볼 때 더욱 그러하다. 또한 지각의 안정성을 토대로 하는 구조적인 동역학이다. 예를 들면, 지속적으로 변화하는 뇌가 어떻게 해서 안정적인 이해를 보장하는가이다. 마지막으로 근본적으로 맥락적인 대뇌피질 안에서의 운동경험과 추상적인 능력 사이의 관계와 사회문화적인 맥락 및 뇌 구조 사이의 관계 등이 포함되어 있다. 물론 이외에도 주제에 대한 추가는 언제든지 가능하다.

토론 상자 6.1

'인간 잠재력의 확대'

미시적인 신체의 수준에서 본 복잡성 교육연구의 사례

산타페 연구소 컨소시엄The Santa Fe Institute Consortium, SFIC은 전 세계에서 가장 저명한 복잡성 과학 싱크탱크이다. 산타페 연구소는 학문과 학문의 경계를 가로지르는 연구 집단이라 할 수 있다. 이 컨소시엄에는 서로 다른 학문 영역 가운데에서도 신

경과학, 화상공학imaging, 생물학, 발달심리학 등의 부문에서 내로라하는 걸출한 연구자들로 구성되어 있다.

컨소시엄에서는 아동기와 성인기에서 이루어진 최초의 종합적인 종단 연구에 착수하였다. 이 연구에서는 뇌 안에서 발생하는 구조적이고 생리학적인 변동에 대해 정밀한 관찰과 측정을 하면서 인지적이고 사회적인 발달과의 상관관계를 밝히고자 하였다. 이 컨소시엄은 관련 연구로부터 산출된 자료들이 평생에 걸쳐 이루어졌다. 학습에 있어 결정적인 시기인 아동기와 성인기에 발생하는 근본적인 생리학적 변동이 존재한다는 것을 정책 입안자와 교육자들에게 확신시키기에 충분한 정보를 제공할 것으로 기대하고 있었다.

연구팀은 특정 연령에 따른 인지적인 과제와 더불어 최첨단의 기술을 활용하였다. 예를 들어, 언어 발달, 청각 이해, 모방 행위 등에 초점을 맞추었다. 개인의 출생에서부터 10대에 이르기까지 이를 추적해가면서 연구팀은 장기적인 관점에서 유사한 연구를 시작하였다. 연령대에 걸쳐 이루어진 변동과 관련된 대부분의 조사 연구들은 '교차 영역cross-sectional' 접근 방식을 활용하였다. 즉, 상이한 주체들의 집단이 상이한 연령에 따라 연구되는 것이다. 성장과정에서 동일한 아동에 초점을 맞추는 일련의 통합 연구는 이보다 훨씬 어려운 과정이고, 시간과 비용이 너무 많이 들어간다. 그러나 이러한 접근 방식은 동일한 개인 안에서 일정한 뇌의 구조의 발달에 따른 과정의 변화 방식을 관찰함으로써 인지적인 과정에 대한 신경계의 역할을 탐구할 수 있도록 하였다.[5]

교육 분야 연구에서 주관적인 이해에 대한 논의

주관적인 이해에 대해 신경학적인 설명으로 6장을 시작하고자 할 때, 잠정적인 문제들 가운데 한 가지는 이러한 논의가 근본적인 것으로 간주될 수 있다는 것이다. 비록 개인적인 지식이 신체적이고 생물학적인 과정으로 환원될 수 있다고 제안한다 할지라도 말이다. 참으로 신경학적인 과정과 개인적인 의미 생성이 융합하는 것은 피아제Jean Piaget[6]의 엄중한 경고에 의해서도 입증되었듯이, 많은 이들이 함정에 빠져들고 있다. 이러한 현상은 설명할 수 없을 정도로 복잡하게 뒤엉켜 있지만 이들을 결코 동일시할 수는 없다.

생물학자로서 피아제의 학문적인 배경과 학습에 대한 설명은 생물학에 근거한 유추와 은유의 광범위한 활용을 비추어볼 때, 이러한 쟁점에 이토록 집중했다는 것은 의미심장한 일이다. 복잡성 철학의 용어로서 그의 관심을 표현한다면, 피아제는 지식을 산출하는 체계와 이 체계에 의해 생성되고 유지되는 지식의 체계 사이에서 명확한 구분을 유지하고자 시도했던 것이다. 그의 연구의 초점은 행동하고 지각하는 신체 속에 중층적으로 포개진 신경학과 관련된 신경계통의 체계였다. 후자, 즉 지식의 체계는 그의 이론적인 성과에 있어서도 특별한 초점이 되었다. 이 안에서 그는 생물학적인 발달의 우발적이고 역동적인 속성으로부터 주관적인 개념 발달의 우발적이고 역동적인 속성을 유비적으로 도출해냈다.

피아제의 학문적인 성과는 대부분 심리학과 교육에 있어서 주체 중심의 구성주의 담론에 결정적인 영향을 미친 것으로 인용되고 있다. 교육분야에서는 이러한 담론을 교육과정, 교수법, 그리고 교육연구에 대한 논의에서 가장 탁월하고 영향력 있는 이론으로 받아들이고 있다. 지난 30여 년 동안 학습자 중심의 구성주의 이론은 사실상 모든 교육과정, 특히 과학과 수학 학습에 관심 있는 연구자들에 의해 수용되어왔다. 소위 '급진적 구성주의'는 수많은 교육 분야에서 가장 영향력 있는 이론적인 관점으로 흔히 인용되고 있다. 교육계 안에서 구성주의의 의미 확대는 교육 분야 주요 데이터베이스 가운데 하나인 ERIC Educational Resources Information

Centre의 연구에 의해 쉽게 입증된다. 지난 30여 년을 돌이켜볼 때, '구성주의자' 혹은 '구성주의'라는 제목을 쓴 자료의 수는 기하급수적인 증가 경향을 보였다. 1970년대까지는 한 자릿수로, 1980년대까지는 두 자릿수로 늘어났고, 1990년대에는 세 자릿수까지 증가하였다. 급기야 2000년도에는 1,000개의 인용 수치를 넘어섰고 지금도 그 추세는 계속 늘어나고 있다.

많은 비평가들[7]이 지적하였지만, 이러한 급속한 상승을 고려해볼 때, 피아제의 학문적인 성과에 대한 해석이 매우 다양하고 극적으로 전개되는 것도 그리 놀랄 일은 아니다. 그 가운데 어떤 설명은 함축적인 복잡성 사고를 보여주기도 한다. 물론 한편으로는 많은 설명이 결정적으로 기계역학과 관련된 경우도 있다. 여기서는 그의 연구 전체에 걸쳐 엮여 있는 철학적인 입장에 대한 간략한 설명으로 진행하고자 한다.

피아제는 자신과 자신의 탐구를 프랑스 구조주의 학파와 동일시하였다. 그 기원은 엄연히 소쉬르의 연구와 연결되어 있다 4장에서 설명. 반복해서 설명하자면, 소쉬르는 언어에 초점을 맞춰 기호의 대상이 서로 간의 관계 속에 위치하는 방식에 따라 의미가 존재한다는 것을 주장하였다. 바꿔 말하면, 의미라는 게 언어 체계의 내적인 정합성의 문제이지, 대상이나 사건 혹은 어휘의 외적인 대응의 문제가 아니라는 것이다. 피아제는 사실상 개인적인 이해 같은 것을 믿었던 것이다. 그래서 다른 인식 행위와의 정합성을 유지할 수 있는 범위 내에서 그리고 인식 주체가 생명력을 유지할 수 있는 범위 내에서 이루어지는 지식을 지식이라고 보았다. 만약 비정합성이 노출되거나 생명력이 위협을 받게 되면, 인식 행위는 조정을 받아야 하는 것으로 보았다.

피아제는 비록 이것이 대개는 미미하고 의식적인 자각의 표면으로 드러나지 않는다고 하더라도, 새로운 경험에 직면해서 이러한 조정이 지속적으로 이루어진다는 점을 주장하였다. 그는 이러한 지식 체계의 매 순간 이루어지는 수정을 '동화assimilations' 라고 지칭하였다. 이는 해석의 현재 체계로서, 무엇이든 쉽게 통합된다고 보았다. 인식 행위의 보다 폭넓은 재조직을 촉발하는 더욱 극적인 변동은 '조절accommodations' 이라고 명명하였다. 이러한 두 가지 개념은 거의 모든 복잡성 통일체에 적용될 수 있는 것들이다. 그리고 인지 발달의 여러 단계와 더불어 교육 분야 연구 문헌에서 피아제의 유산 가운데 가장 주목받는 측면이기도 하다.[8]

여기서 이루어지는 결정적인 지점은 바로 이런 것이다. 비록 개인적인 의미 생성에 대한 피아제의 설명이 보다 일반적으로는 구성주의에 대한 설명으로서 동일한 어휘를 통해 고정되어 있다 할지라도, 이것은 동일한 종류의 동역학을 언급한 것일 뿐, 신경학과 신경생리학과 같은 최근 연구에서 보여주는 것과 같이 이와 유사한 현상과 관련되어 있다는 점이다. 그럼에도 불구하고 명확히 구분도 존재한다. 이러한 주제에 대한 저명한 권위자 가운데 한 사람인 글라서펠트Ernst von Glasersfeld는 다음과 같이 지적하고 있다.

"피아제에게 있어서 지식이란 보다 차원 높은 형식의 적응adaptation 이다. 인지란 적응의 도구이며 그 목적은 생명력 있는 개념의 구조를 구성하는 것이다." 그는 계속 설명을 이어간다.[9] "그의 이론은 가끔 '비표상주의자non-representationist'로 설명되는데, 그 이유는 분명히 인지라는 것이 외부 실재에 대한 내부의 모델 및 표상을 구성하는 것과 관련이 있다는 관점을 거부하기 때문이다."

이 점에 있어서 피아제는 중층적으로 포개진 구조의 현상이라는 게 반드시 창발성의 여러 수준으로 연구되어야 한다는 복잡성 과학의 핵심적인 확신을 기대했다. 그는 개인적인 이해를 전적으로 생물학적인 구조에 의존하는 것처럼 보였지만, 확실히 이러한 구조를 초월하는 것으로 확인되었다. 다음에 논의되겠지만, 동시에 그리고 다소 역설적으로 피아제는 개인적인 이해와 관련되는 다른 수준의 중층적으로 포개진 구조, 즉 사회적이고도 문화적인 영역에 대해서는 무시하였다. 하지만 그가 이것들을 인식하지 못했다거나 이것들의 상관성을 평가 절하했다고 말할 수는 없다. 그는 그저 개인적인 의미 생성의 동역학에 자신의 연구를 헌신했던 것이고, 같은 맥락에서 사회적이고 문화적인 다른 영향들을 고려의 대상에서 제외하였던 것이다.

어떤 경우이건 간에 신경학적이고 구조주의적인 통찰을 모두 추종한 피아제는 자기 준거self-reference, 자기 완결self-containment, 그리고 내적 정합성internal coherence과 같은 것들을 중심으로 이론들을 발전시켰다. 이 점과 관련하여 그의 연구는 인간이 능동적으로 의식 안에서 세계와 연동한다는 칸트Immanuel Kant의 주장을 따르는 것이었다. 의식에 대해 알려져 있지 않은 것들과 알 수 없는 것들을 분리시킨 칸트의 이분법적 은유two-world metaphor와 맥락을 함께하면서 말이다. 따라서 자신의 이론 안에서 개인을 초월하여 조직의 여러 수준을 고려의 대상에서 제외하는 결정에 이르게 된다. 피아제에게 있어서 개별적인 인식 주체는 정합적이고 일체 완비된 해석의 체계를 조합하여 끊임없이 이어지도록 하는 가혹한 과제에 연결되어 있다. 또한 지속적으로 새로운 경험들을 해명하기 위한 설명과 기대를 갱신하고 수정하게 된다. 바로 이러한 이론적인 헌신성으로 인해 개인 중심의 구성주의 지지자들이 이론이란 설명적인 것일 뿐임을 주장하게 되었다. 즉, 피아제에 의해 고무된 구성주의 담론은 학습 이론일 뿐이고, 교수법, 학교교육 혹은 여타 다르게 의도된 목표 지향적인 기획에 관련된 이론으로 해석되어서는 안 된다. 이러한 이론들은 특별히 미리 선택된 해석을 강제하도록 하는 간섭의 방법이 아니라 개인이 자신의 세계를 해석하는 방법을 설명하도록 하자는 것이다.

이 점을 강조하는 이유는 상당수의 연구자들이 구성주의를 설명적인 descriptive 담론이 아니라 규범적인prescriptive 담론으로 착각하기 때문이다. 비유하자면, 이것은 소화 체계에 대한 설명을 중심으로 다이어트를 하려는 시도와 흡사한 실수라고 말할 수 있다. 정보 자체는 유익할 수 있다. 특히, 무엇을 소비해서는 안 되는지 상세한 정보를 제공하면 유익할 것이다. 그러나 어떤 정보는 더 큰 규모의 체계가 원활하게 작동할 수 있도록 하는 것에는 적합하지 않을 수 있다. 이는 담론의 원래 취지를 무시함으로써 핵심적인 확신과 주요 성과를 왜곡시킬 수 있는 문제이다.

이는 개인에게 초점을 맞춘 주체 중심의 구성주의가 교수법, 학교교육, 공교육 등의 문화적인 기획에 제공하는 것이 아무것도 없다고 말하려는 것이 아니다. 반대로 이것들은 여러 가지를 제공하지만 오로지 더 폭넓은 담론 지형 안에서 고려될 때 가능하다는 것을 말하고 있다. 물론 이 텍스트 안에서도 조직적인 확신은 복잡성 철학의 그저 그러한 지형을 제공할 뿐이다.

설명적인 담론을 규범적인 담론 안으로 강제로 끌어오는 문제는 신경학적이고 구성주의적인 연구에 의해 내용이 구성되는 교육과 관련된 논의에만 국한되지는 않는다. 인간의 인식 행위와 지식체의 한계, 생물학적인 성향, 고유한 경험, 사회적인 상황, 그리고 문화적인 맥락 모두가 복잡성과 관련된 우발적인 현상으로 중요하게 이해될 때, 자의적이고 결과 지향적인 현대 학교교육의 기획과 단절하는 분명한 지점이 된다. 복잡성 담론은 1900년대 중반 교육 분야 연구자들에 의해 수용되었던 심리학과 사회학으로부터 도출된 초기의 유행했던 이론들과도 결별하게 된다. 유명한 예로써, 교육계에서 행동주의 심리학의 도입은 제약을 하고 동시에 제약을 받으면서도 적어도 개념적으로는 학교교육의 기획과 맥락을 함께하였다. 행동주의는 신뢰할 만하고 예측 가능한 이론을 개발하여 분석적인 과학에서 추구하려는 희망과 부합하였다. 만약 분석적인 과학의 기계적인 전제들을 수용한다면, '행동주의 교육학'에 관해 말하는 것은 의미가 있을 수 있다. 이 담론은 원인에 대한 결과를, 투입에 대한 산출을, 그리고 행위에 대한 결과를 서로 관련시키는 것과 연관되어 있다. 하지만 구성주의는 이와 대조적으로 외부 조건 대신에 내부 동역학의 측면에서 인지 체계를 재구성한다. 이러한 조건에 대한 초점은 사실상 상상을 초월하는 사고의 복잡성 영역을 이해하는 데 아무런 의미가 없음을 주장하는 것과 같다. 이와 같이 '구성주의 교육학'과 같은 표현은 사실 모순어법에 해당한다. 앞에서는 우연과 우발성을 전면에 부각시키고 있고, 뒤에서는 전형적으로 자의적이면서도 일반적인 행위의 측면에서 이해라고 있기 때문이다.

급진적 구성주의로 기울어진 연구는 특정 개념에 대해 개인 발달에 초점을 맞추는 경향이 있다. 이는 대개 특정한 자극, 예를 들어, 정밀하게 구성된 문제 등에 대해 학습자들이 주의 깊게 반응한다. 개인이 기존의 이해 체계 안에서 새로운 경험을 통합하는 방식으로 추적해가면서, 교육학 실험[10]이라는 정밀하게 계획된 맥락에서 이루어진다. 이러한 틀 안에서 교육학과 연구는 학습자 행위를 두고 교사 및 연구자의 실천을 가능하게 한다. 동시에 이것에 의해 가능해진 상호 섭동mutual perturbation의 절차를 통해서 학습자가 이루어내는 의미를 설명하고 이해하게 된다.[11]

급진적 구성주의는 이렇게 간단한 설명으로부터 교육학의 일반론으로 제 기능을 할 수 없는 이유가 분명해진다. 이 이론의 의도는 개인적인 이해가 지닌 필연적인 복잡성에 대한 일반적인 설명을 제공하는 데 있다. 이것의 근거는 특정한 학습자들이 특정한 경험을 이해하는 방식에 대한 핵심적인 설명에 있다. 만약 그러하다면 이러한 정보는 효과적인 교수에 대한 불가능함도 지적한다. 적어도 한 명의 교사가 동시에 수많은 학생들을 책임지고 교육해야 하는 상황에서 말이다.

토론 상자 6.2

'신체 안에서의 철학'

주관적인 이해 수준에서 본 복잡성 교육연구의 사례

"정신은 내재적으로 체화된 것이다."

"사고는 대부분 무의식이다."

"추상적인 개념은 주로 은유적이다." [12]

레이코프George Lakoff와 존슨Mark Johnson은 위에서 말한 세 가지 확신을 통해 개인이 할 수 있는 의미 생성의 특징을 소개하고 있다. 이들은 이 세 가지 점을 인지과학에서 밝힌 주요한 발견임을 인정한다. 그리고 이것들을 바탕으로 반드시 분석적이고 탈근대적인 철학에 대한 재구성을 강제해야 한다고 확신한다.

이들의 광범위한 논의에서 철학 대부분의 주제들, 예를 들어 시간의 본질, 도덕, 인과성, 그리고 정신이 신체적인 경험으로부터 도출되는 은유법에 고정되어 있다고 주장한다. 이들에 따르면, 결과적으로 사고는 뇌를 필요로 할 뿐만 아니라 신체를 통해 세계를 경험하게 된다. 이는 운동, 수용, 그리고 그 외의 은유법을 위한 토대를 마련하고 있다는 점을 입증하고 있다. 이렇게 체화된 은유법은 보다 더 추상적인 관점을 위한 개념적인 토대로서 역할을 한다.

'인지과학'은 레이코프와 존슨이 설명한 것처럼, 다른 학문 분야들 가운데 철학, 언어학, 신경학, 사회학, 그리고 인류학으로부터 전문적인 지식들을 결합하는 그야말로 학문의 경계를 가로지르는 영역이다. 바꿔 말하면, 비록 이들의 초점이 주관적인 이해일지라도, 개인의 인식 행위에 대한 설명은 반드시 동시 발생적인 체화와 추상, 개인과 집단, 그리고 생물학과 문화적인 창발성의 현상으로서 이해되어야 한다.

개인적인 이해는 복잡성 현상이다. 물론 레이코프와 존슨이 자신들의 해석적인 틀이나 연구 태도를 설명하기 위해 복잡성 철학을 지적하는 것은 아니다. 이는 복잡성 사고들이 일부 학문적인 담론의 영역 안에서 폭넓은 인정을 얻고 있음을 예증하기 위해 취한 행동일 수 있다. 몇 가지 쟁점을 중심으로 복잡성 철학이 무엇에 관한 것인지 설명하기 위해 서두를 길게 낭비할 필요가 없다. 논의되고 있는 현상은 그저 자기 조직, 자기 유지, 자기 준거, 반복적인 정교화 과정으로 이해된다. 한마디로 말하자면, 이는 '복잡성'이다.

교육 분야 연구에서 집단적인 지식에 대한 논의

정확히 동일한 관심들이 교육계 안에서 '사회적 구성주의'[13] 담론 안으로 확대되어가고 있다. 이 이론은 주체 중심의 구성주의 담론에서 '맥락', '상황' 혹은 '섭동'으로 처리됨으로써 배제된 일단의 현상에 초점을 맞추고 있다. 이러한 관심은 피아제의 이론 속에서 유지되었던 주장, 즉 개인이 모든 인지의 중심이자 모든 학습의 지점이라는 오래된 신념과의 결별을 상징한다. 하지만 사회적 구성주의자가 보기에 인간의 인지는 널리 퍼져 분산되어 있는 집단적인 것이다. 바꿔 말하면, 사회적 구성주의자는 주체성과 객체성을 별개의 두 세계가 아니라 서로 간의 관련성 속에서 존재하는 틀을 만들고자 한다. 그러므로 사회적 구성주의의 일부 담론들은 개인이 세계를 구성하는 방식으로부터 세계가 개인을 구성해가는 방식으로 방향을 전환할 것을 핵심적으로 주장하고 있다.

지난 수십 년에 걸쳐 발간된 수많은 연구 간행물들은 부분은 주체 중심의 구성주의와 사회적 구성주의의 비교에 많은 지면을 할애해왔다. 대부분의 문헌들은 이 두 가지 연구 성과를 화해시키려는 일련의 시도에 집중하였다. 하지만 이 이론들이 복잡성 현상 안에서 상이한 범주에 놓여 있는 것이라는 사실이 알려지면서 이러한 촉발은 좌절돼버렸다.

대체로 이러한 논의는 피아제와 비고츠키의 성과 사이에서 벌어지는 긴장의 측면에서 틀이 형성되었다. 이 둘은 전형적으로 구성주의와 사회적 구성주의 이론의 은유적인 환원으로서 역할을 하였다. 피아제는 학습자가 겪거나 당하는 새로운 경험을 세계에 대한 자신의 기대 속으로 통합하는 연속적인 과정을 연구하였다. 이와 달리 비고츠키는 정치적인 신체 속으로 개인이 통합되는 데 초점을 맞추었다. 여기에는 상이한 과정이 작동하고 있고, 서로 다른 관심이 복잡성 행위의 두 가지 수준에서 발생하고 있다. 사실상 두 가지 이론 모두 내부 정합성, 자기 준거, 그리고 상시적인 적응의 진화와 같은 핵심적인 구조주의 원리를 중심으로 발전한 것이다. 두 가지 모두 복잡성 철학의 사례인 것이다. 하지만 복잡성 틀 밖에서 이들을 화해시키려는 시도는 인식행위와 지식에 대한 총체적인 설명에 대해 부수적인 희망만을 담은 불행한 환원론적인 사고방식을 노출시킬 뿐이다. 구성주의와 사회적 구성주의 사이의 또 하나의 공통 요소는 상이한 현상을 설명하면서 신체에 근거한 은유를 사용한다는 점이다. 여기에는 지식의 신체, 사회적 신체, 정치적 신체 혹은 학생의 신체 등이 분명히 드러나고 있다. 이러한 요소는 진화론적인 동역학의 활용과 마찬가지로, 명시적인 수준보다는 함축적인 수준에서 더 자주 적용되는 경향이 있다. 이러한 교차 지점을 넘어, 특히 교육 분야 연구자들이 확인해왔듯이, 사회적 구성주의 이론은 특정한 교육적인 관심, 핵심적인 은유법, 문화적인 관련성 등을 둘러싼 문제를 중심으로 서로 입장을 달리하고 있다. 이들은 또한 교육 목적에 관한 신념을 중심으로 나뉘기도 한다. 그 이유는 사회적 구성주의 담론이 오늘날 이데올로기 성향에 따라 모든 지점에 위치한 이론가와 연구자의 기획에 부합하도록 적응해왔기 때문이다. 우리는 이러한 입장 차이를 확인하기 위해 복잡성 철학과의 교차 지점을 특별히 살펴보고자 한다. 그러기 전에 여러 문헌 속에 뚜렷하게 나타난 네 가지 흐름을 언급하고자 한다. 그것은 행위 이론activity theory, 상황 학습 situated learning 이론, 보다 일반적인 사회문화 이론sociocultural theories 그리고 행위자 네트워크 이론actor-network theory 이다.

'행위 이론'은 비고츠키와 그의 제자들, 특히 루리아Alexander Luria 와 레온티에프A. N. Leontiev 의 연구 성과 안에 그 뿌리를 두고 있다. 행위 이론은 주체 중심의 구성주의를 포함하여 수많은 인식 행위에 관하여 한 개인에게 초점을 맞춘 이론들을 비판한다. 그리고 인지에 있어서 인위적인 도구들의 역할을 전면에 부각시킨다. 이 이론에 따르면, '정신'이란 오로지 인간과 물질 사이에서 목표 지향적이고 인위적인 도구를 매개로 하고 있다. 그리고 문화적으로 형성된 상호작용의 측면에서만 이해될 수 있다고 확신한다. 따라서 행위 이론가들은 구성인자와 인위적인 도구(예 : 장비, 언어, 기호, 몸짓)의 체계 그리고 다른 개인들에 대한 동시 발생적인 연구를 주창한다. 왜냐하면 이러한 형태들은 상호 규정하는 순간순간의 과정 속에 결합되어 있다고 보기 때문이다.

'상황학습 이론'은 행위 이론과 밀접하게 관련되어 있다. 이것은 주로 인류학과 사회학에서 발달한 것이고, 직접적으로는 비고츠키의 성과에 의해 개발된 것이기 때문이다. 상황 학습은 개인이 기존의 '실천 공동체 communities of practice'에 진입해 들어가는 과정에 초점을 맞춘다. 원리상으로 보면, 이 학습은 견습 제도와 같은 은유법이라는 테두리 안에서 집단성에 참여하고 재생산하는 집단적인 측면으로 이해된다. 이 이론의 창시자인 레이브Jean Lave 와 웽거Etienne Wenger 는 자신들의 이론이 엄밀히 말해 설명적인 것이라고 한다. 학교교육의 측면에서 아동이 사회적인 역할을 학습하는 방법에 관한 문제에 해당된다는 점을 분명히 하고 있기 때문이다. 이들의 논평에 따르면, 이 이론은 교육학적인 전략이나 교수법 기술은 차치하고서라도 전혀 교육적인 형태가 아니라고 말한다. 오히려 학습에 관하여 학습[14]을 이해하는 방법에 대해 분석하는 관점이라고 말한다. 그러나 많은 교육 분야 연구자들이 이러한 한계 설정을 무시해왔다. 예를 들어, 이들 중 몇몇은 학교에서 하는 과학과 문학 수업에 대해 아동들이 과학자나 기성 작가의 견습생이 되게 하는 측면에서 이 테두리를 만들어가는 것을 포함하고 있다고 보았기 때문이다.

교육에 적용된 '사회문화 이론'은 지식의 특별한 신체와 특정 사회 집단의 창발성에 관심을 두고 있다. 이 이론은 공통적으로 마르크스Karl Marx에 의해 영향을 받았고, 공동의 노동에 대한 비고츠키의 주요한 은유법을 따르고 있다. 핵심의 초점은 언어와 다른 문화적인 도구를 통해 해석적인 가능성의 한계를 설정하고, 나아가 해석적인 영역을 가능하게 한다는 것이다. 또한 그 자체의 상식 속에 통일된 사회적 신체의 창발성에 기여하기 위해 작동한다는 것이다. 이를 교실에 적용해보면, 이러한 해석의 흐름은 집단의 과정과 특정 학문 분야 안에서 진리에 대한 정당성을 인정하거나 인정하지 않는 수단으로 교육적인 관심을 집중시킨다.

'행위자 네트워크 이론'은 위에서 언급한 각각의 이론으로부터 구성요소와 이해관계를 체화하는 것으로 시작한다. 이 이론은 기본적으로 과학에 초점을 맞춘다. 이를 설명식으로 풀어보자면, 과학에 대한 사회적인 연구, 특히 논쟁을 해소하고, 이념을 포용하며, 방법론을 수용하는 절차와 수단에 관심을 두고 있다. 행위 이론과 같은 맥락에서 상징, 행위, 인위적 도구의 역할에도 관심을 집중한다. 예를 들어, 정기 간행물, 연차 총회, 기금 단체, 그리고 입자 가속기 등을 보면 이들 모두는 끊임없이 수정되는 것들이다. 이 이론은 과학적인 탐구의 내재적인 반성에 대한 인식을 중심으로 조직된다. 과학자는 지속적으로 자신의 연구를 가능하게 하면서 동시에 그 한계를 설정하는 사회문화적인 맥락을 구성 혹은 재구성해 간다. 그러므로 '행위-네트워크 이론'은 일정한 행위, 행위 대상의 그물 망, 행위에 감응을 주고 동시에 그에 의해 감응을 받는 관계 등에 대해 설명하기 어려울 정도로 복잡하게 뒤엉킨 것들을 지칭하고 있다.

다시 한 번 상기하자면, 이러한 담론들 전반에 걸쳐 가장 자주 인용되는 사상가는 비고츠키라는 점이다. 비록 그의 주요 연구 성과들이 복잡성 이론 안에서 어떻게 통합되는지 항상 명확하지 않을지라도, 비고츠키의 철학은 복잡성 철학과 그 맥락을 정확히 맞추어갈 수 있다. 특별히 비고츠키는 일정한 맥락 안에서 한 인간으로서의 개인의 학습과 발달을 설명하기 위해 진화론의 은유법에 의지하고 있다. 더 중요한 것은 비고츠키가 개인은 물론 문화적인 맥락과 종이 지닌 척도로부터 독립적인, 중층적으로 포개진 체계에서 자기 유사성의 특징을 간파한 최초의 인물들 가운데 하나라는 점이다.

명확히 말하자면, 비고츠키의 이론은 행동주의를 포함하여 당시 널리 확산되었던 심리학의 이론들과 결별한 것이었다. 그는 개인을 학습과 발달의 중심점으로 보지는 않았고, '개인과 환경'을 역동적인 통일체로 보았던 것이다. 환경에는 다른 사람이나 인위적인 도구 등이 포함된 것으로, 그의 연구와 이론 안에서는 개인이 환경과 상호작용하고 그 상황에서 맥락이 명백히 강조되었다.

비록 100여 년이 지났지만, 실제 비고츠키의 저작들은 그의 연구에 의해 이루어진 대부분의 사회적 구성주의 담론들보다 훨씬 더 복잡성의 철학을 잘 반영하고 있다고 평가된다. 적어도 교육 분야 연구에 기초한 해석은 그렇다. 이렇게 확신하는 중요한 이유는 비고츠키가 개인의 인지 체계와 동시에 인지가 창발하고 중층적으로 포개진 체계 양쪽 모두에 관심을 집중시키고 있다는 사실 때문이다. 실상 후자의 요소는 비고츠키의 영향을 주장하는 최근 이론 속에서 무시되거나 각주로 처리되는 경향이 있어왔다. 이러한 무시는 위에서 언급했던 주체 중심의 구성주의와 사회적 구성주의 사이의 긴장에 상당히 기여했던 부분이기도 하다. 실제 피아제든 비고츠키든 서로의 이론 사이에 존재하는 어떠한 불협화음을 지각했다는 흔적은 전혀 없다. 이는 학습과 인지에 대한 이들의 설명이 지닌 내재적인 복잡성의 특징을 생각해볼 때, 충분히 예상되는 지점이기도 하다.

반복해서 말하지만, 교육 안에서 설명 지향적인 복잡성 연구의 중요한 공헌은 이러한 종류의 담론들을 관통할 수 있는 수단을 제공하고 있다는 점이다. 우리가 분명히 믿는 바는 복잡성 연구자들이 이들의 이론적인 테두리 사이에 놓여 있는 차이점을 부각시키는 데 시간을 허비하지 말자는 것이다. 그러기보다는 적어도 구성주의, 사회적 구성주의, 그리고 관련 담론들의 상호 보완성을 깊이 있게 검토하여 이들 사이의 유사성에 큰 관심을 기울이도록 촉발시켜야 한다. 이런 과정에서 제시되는 핵심적인 질문은 "이러한 담론들이 어떻게 다른가?"도 아니고 "이들이 어떻게 비슷한가?"도 아니다. 오히려 "이 이론이 어떤 복잡성의 수준에서 설명하고 있는가?"일 것이다.

토론 상자 6.3
'학습 체계 이해하기'
집단적인 지식 수준에서 복잡성 교육 분야 연구의 사례

만약 교실 집단이 개인보다는 교사의 관심 대부분을 차지할 학습의 중심점, 즉 학습자로 이해된다면 과연 무슨 일이 발생할까? 데이비스와 심트[15]는 이러한 주제를 탐구하고자 하였다. 이 주제는 수학 교과가 있는 학급에서 자기 조직과 적응 체계로 해석될 수 있는 부분과 관련되어 있다. 정합적인 지식 생산 체계, 즉 '나'의 단순 총합이라기보다는 오히려 '우리we'라는 집단으로서 공통의 이해관계를 중심으로 일단의 학습자들과 함께했던 경험에 토대를 두고 있다. 연구자들은 수학교육을 연구하면서 구성주의와 사회적 구성주의 지향의 연구 속에 자신들의 해석을 위치시켰다. 이들의 주장에 의하면, 연구의 대부분은 개인이 인지에 대한 유일한 지점이고, 모든 교육학은 개인의 수월성 향상을 지향하고 있다. 단, 이것들은 검증되지 않은 가정에 의해 구성되어 있다.

데이비스와 심트의 연구가 시사하는 바는 이러한 가정이 겉으로 보기에는 화해 불가능해 보이는 교사 중심과 학생 중심 교수법에 대한 접근 방식 사이의 긴장을 보여주고 있다는 점이다. 이들 가운데 어떤 것도 생명력이 있거나 특별히 효율적인 것으로 간주되지는 않는다. 나아가 이들은 집단성이 지성적인 실체로 이해되는 보다 지식 중심의 교육학이 교실을 조직하는 데 보다 더 의미 있는 접근임을 주장한다. 이러한 접근 방식은 전통적인 강조점으로부터 확실한 결별을 수반하고 있다. 예를 들어, 개별 학생을 특성화시키는 것을 포함하여 다양한 해석의 가능성 안에서 보다 더 건강한 이해를 위한 의미 생성과 새로운 토대 마련의 가능성이 설정된다.

이들의 논의는 형식 수학 안에서 연구의 배경에 대해 대립되는 입장을 취하고 있다. 이들의 논의 안에서 지식 생산 공동체의 중요한 속성 가운데 특성화된 전문 지식, 다양한 개념의 병렬적인 배치, 추상적인 개념의 상징적인 토대 구축, 권위의 분산 등이 제시되고 있다.

다른 수많은 연구들은 특정 교육 체계의 집단적인 특징에 집중해왔다. 예를 들어, 오데이Jennifer O'Day[16]는 정보가 복잡성 체계 안에서 어떻게 이동하는지를 조사하기 위해 이를 활용하였다. 그녀의 주장에 따르면, 학교를 개선하는 핵심적인 열쇠는 학교 안에 있는 개인 단위보다는 오히려 학교 전체를 책무성의 단위로 설정하는 것이라고 말한다.

여전히 집단에 초점을 맞추고 있지만 전혀 다른 경로에서 많은 연구자들은 지난 5년여 동안 소위 '접속 교실connected classroom'을 연구하고 있다. '접속 교실'이라는 표현은 학생들의 기여도를 연결하기 위해 최근의 전자 기술을 활용하는 것을 가리킨다. 주된 연구의 초점은 이러한 기술이 어떻게 주제와 쟁점에 관해 집단적인 의미 생성을 가능하게 하는지이다. 카풋James Kaput과 위렌스키Uri Wilensky 등은 수학 교실 연구에 집중하고 있는 이들이다. 아마도 이들은 이 분야에서 가장 주도면밀하게 성과를 개발 중인 사람일 것이다.[17]

교육 분야 연구 안에서 문화적인 동역학에 대한 논의

대체로 구성주의와 사회적 구성주의 담론은 20세기 구조주의 이론에 뿌리를 두고 있다. 문화연구와 비판이론은 대개 후기구조주의와 맥이 닿아 있다. 구조주의 철학을 보강하는 차원에서, 후기구조주의는 차이의 체계 속에서도 권력 구조의 작동에 대해 더 많은 관심을 보였다. 이는 의도적이면서 동시에 우발적인 또는 분명하게 드러내면서도 동시에 은밀하게 이루어진 것이다. 이 점에 있어서 후기구조주의는 담론이라는 용어를 기치로 내세웠다. 앞서 언급했듯이, 담론이란 한 문화가 선호하는 습관적인 해석의 틀을 구성하는 복잡하게 얽힌 구조라고 할 수 있다. 이러한 사례로는 언어학, 기호학, 사회학 등이 있다. 즉, 담론을 통해 무엇을 의미 있게 말할 수 있는지, 생각할 수 있는지, 할 수 있는지 등을 조직하고 동시에 그 한계를 설정한다.

4장에서 말했듯이, 여기서 강조하고자 하는 지점은 언어에 있다. 하지만 후기구조주의는 특정한 어휘와 언어 활용의 유형에 의해 촉발되고 지탱되는 행위와 전통에도 관심을 두고 있다. 각각의 담론은 자체적으로 독특한 일련의 규칙과 절차가 존재한다. 이는 대체로 은밀하여 이를 검토하기에 용이한 것만은 아니다. 이것들이 바로 유의미 혹은 무의미, 진리 혹은 오류, 정상 혹은 비정상, 신성 혹은 세속 등으로 간주할 수 있는 것을 지배하기도 한다. 후기구조주의자들의 주장에 따르면, 담론은 역동적이면서 진화하는 문화에 몰입하는 자신의 의식 양태를 규정한다고 보고 있다.

방법론적으로 대부분의 후기구조주의 연구의 성향은 '해체 deconstruction'에 집중하고 있다. 이는 언어, 이미지, 실천 등을 통해 이루어지는 것으로, 대개는 알아차리지 못하는 측면의 효과를 검토하는 데 활용되는 해석적인 실천이다. 해체의 의도는 항상 그러한 측면을 지각하거나 지각하지 못하는 자기 능력에 의해 의미가 가능해지고 동시에 제약을 받는 방식이다. 바로 이러한 새로운 이해를 지지하는 것이다. 이와 같이 해체는 항상 정교한 과정이라 할 수 있다. 여기서 유념할 점은 이것이 반드시 분석적인 과학과 분석적인 철학의 환원론적인 강조점과 혼동해서는 안 된다는 점이다.

후기구조주의 담론에서 부재absences, 실언slips, 배치의 오류misalign-ments, 연기deferrals 등은 의미의 생산과 진화에 기여하는 방식을 보여주고자 하는 공통적인 노력이라 할 수 있다. 4장에서 지적했듯이, 역량power의 은유법은 전형적으로 이러한 주제들의 논의를 중심으로 상기된다. 이것의 의미는 지향하는 능력과 같은 '행위의 능력'이라는 보다 긍정적인 의미에서부터 억압하는 능력과 같은 '지배하는 권력'의 압제적인 의미에 이르기까지 다양한 의미를 내포하고 있다. 정의에 대한 다양함은 확실히 교육 분야 연구 문헌에서도 작동하고 있다. 여기서는 신뢰할 수 없겠지만, 이와 관련된 조야한 구분이 문화연구와 비판이론 사이에서도 가능할 수 있을 것이다. 문화연구는 텍스트, 사건 등 다른 문화 현상을 해석하는 다양한 교차 학문적인 노력에 적용할 수 있는 하나의 제목이다. 하나의 영역으로서 문화연구는 주로 대중적인 미디어와 일상의 사건과 관련해서 우리가 믿고 있는 것과 왜 믿는지를 이해하기 위한 풍부한 지점을 제공하려는 관점에 기울어져 있다. 따라서 문화연구 안에서 역량이라는 용어의 활용은 '행위의 능력' 쪽으로 기울어지는 경향이 있다.

비판이론은 1800년대 텍스트 해석에 대한 연구에 실제 뿌리를 두고 있는 유래 깊은 사조를 가리킨다.[18] 문화연구와 대조적으로, 비판이론 안에서 역량에 대한 언급은 지배를 추구하는 강제적인 권력에 근거하고 있는 의미에 더 기울어져 있다. 하지만 다시 한 번 말하지만, 이러한 구분은 거의 불분명하거나 일관된 것이 아니다. 사실 일부 교육 분야 연구 맥락 안에서 문화연구와 비판이론은 동의어로 취급되고 있기도 하다.

교육 분야 연구의 관점에서 보면, 후기구조주의 연구의 주요 초점은 '정상'과 '비정상'에 관해 구성하는 것이다. 이것들은 '능력(예 : 정상적인 지성, 학령 적정주의)', '성장(예 : 정상적인 발달)', '사회적인 배경(예 : 정상적인 가정)' 등과 같은 익숙한 맥락에서 전개되어왔다. 이러한 경우에 '정상'이란 산술적인 평균의 통계적인 개념과 연결되어 있고, '가장 공통적인' 것을 지칭하기도 한다. 문화 및 비판 이론가에 의해 강조되었던 이러한 활용에 있어 대두되는 주요 문제는 종종 '가장 공통적인' 것이 '자연적인' 것으로 해석된다는 점이다. 이는 수많은 복잡성 현상을 극단적으로 오도하는 것이 된다.

복잡성 철학은 이러한 비판을 지지한다. 그리고 복잡성 체계를 구성하는 구성인자에 대한 일련의 계산된 규범을 부과하는 그런 실천은 논리적인 오류가 있음을 말해주고 있다. 차이가 있는 존재들로 구성된 체계 안에서 그리고 이러한 차이가 문화와 같은 체계의 생명력이 필요한 곳에서는 진정으로 정상적인 구성인자가 비정상적인 것이 된다. 실제 어느 정도 이상의 측정 기준에 부합하여 정상이 된다는 것은 불가능하다. 복잡성 통일체 연구 안에서 통계학적인 방법은 문제의 소지가 있다. 이러한 방법은 역동적인 통일체에 대한 스냅 사진 정도의 그림만을 제공하는 것일 수도 있다. 이러한 표상은 언젠가는 부정확한 것일 뿐만 아니라 집단의 독특한 특징을 만들어내는 다양성까지 무시하거나 희석시키는 것으로 나타날 수 있다. 왜냐하면 이러한 체계는 항상 그 자체로 변형을 진행하고 있기 때문이다.

정확히 이러한 점이 비판이론과 문화연구에 의한 비판이다. 그리고 바로 여기가 앞서 언급한 대부분의 사회적 구성주의와 완전히 단절하는 지점이기도 하다. 후기구조주의의 영향을 받은 이러한 이론들은 도덕적이고 윤리적인 행위에 대해 훨씬 더 명백한 관심을 갖는 경향이 있다. 교육 분야에서 대표적인 주제는 성gender과 성sexuality, 인종, 계급, 능력, 정체성, 지식, 실재 등 사회적인 구성과 관련된 것들을 포함하고 있다. 대체로 이러한 주제에 높은 관심을 갖는 연구자들은 프레이리Paulo Freire[19]가 말하는 '의식화 교육conscientização'의 방향으로 기울어져 있다. 이는 가능한 한 세계와 수용 가능한 정체성을 제약하는 사회적인 습관을 명확히 노출시킨다. 여기서의 주요한 교육학적인 전략은 언어 그 자체를 전복시키는 것이다. 학습자로 하여금 자신의 경험을 만들어내는 관습에 대해 비판적으로 검토하게 하고, 이러한 관습 안에서 자신이 공조한 것에 대해서는 이와 유사한 비판적인 성찰 안으로 초대하는 것이다. 결과적으로 교육과 교육 분야 연구 모두를 해체하는 문제 틀 안에서 이해하게 된다.

물론 여기에는 역설이 존재한다. 후기구조주의 담론이 결코 학문 안에서 지배적인 목소리를 낼 수 없고, 비판적인 교육 태도는 결코 교육자들 사이에서 우세할 수 없다는 것이다. 그 이유는 현재 상태를 차단하고 동시에 지배 구조를 해체하려는 초점이 이동 중인 목표물을 정조준하고 있기 때문이다. 그뿐만 아니라 이 목표물의 움직임에 대해 연구하는 여러 노력에 의해 영향을 받고 있기 때문이다. 바꿔 말하면, 후기구조주의의 성향을 지닌 비판이론 등은 결코 자신의 목적에 있어서 성공했다는 순진한 믿음에 빠질 수 없다는 것이다.

토론 상자 6.4

'실천이 실천을 만든다.'

문화적인 동역학 수준에서 복잡성 교육 분야 연구의 사례

학습, '필수 지식'에 대한 지각, 공교육 역할에 관한 개념 등을 유행하는 이론 안에서 최근의 추세를 통해 함께 생각해보자. 이러한 종류의 쟁점들은 교사 연수 프로그램 안에서 일종의 중차대한 우려를 제기한다. 그리고 이를 함께 가다듬어야 한다고 주장하는 것은 그리 놀랄 일도 아니다. 교사가 된다는 것은 무엇을 의미하는가? 교사가 되려면 어떻게 준비해야 하는가? 어떤 종류의 이해가 진화하는 세계 안에서 효과적이고 동시에 적합한 교육학을 가능케 하는가?

브리즈만Deborah P. Britzman은 이러한 쟁점들에 대해 『실천이 실천을 만든다:가르치기 위한 학습, 이에 대한 비판 연구』라는 저서에서 집중적으로 다루고 있다.[20] 이 책은 다양한 개인들의 드라마를 중심으로 전개되고 있다. 이 가운데 여러 개인들은 교사라면 어떤 사람이어야 하는지에 대해 여러 맥락에서 각자 구성하는 긴장, 제약, 그리고 가능성을 만나고 타협해가고 있음을 보여준다.

브리즈만은 비판적인 민속학자로서 이를 집필하였다. 그녀는 관련된 모든 세부 사항을 제시한다거나 자신의 주인공 혹은 독자보다 일종의 도덕적 우월성을 가진 척하지 않는다. 그녀는 권위적인 목소리를 지니기보다는 오히려 독자를 일련의 논의 안으로 초대한다. 그린Maxine Greene은 이러한 논의에 대해 다음과 같이 설명한다. "'우리'가 함께 존재하기 위해 선택하는 방법과 우리의 새로운 소통을 표현하자면, 가르친다는 것이 무엇인지를 학습하는 과정은 수동적인 자세와 불의에 대해 저항하는 방법일 것이다."[21] 바꿔 말하면, 학습이란 중요한 쟁점들을 제기하고 동시에

정체성을 구성하는 과정 속에서 심오한 통찰을 제시하는 것이다. 그래서 이 책은 상황 종료를 허용하지 않는다. 만족스러운 답변, 정확한 질문, 간단한 해결책 등은 결코 존재하지 않는다.

교육 분야 연구에서 현상학과 생태학에 대한 논의

현대 교육 분야 연구에 있어서 흥미로운 측면 가운데 하나는 인간이 생물학적인 피조물이라는 사실에 그다지 관심을 기울이지 않는다는 점이다. 뇌 기능과 발달에 관한 연구는 예외이고, 이와 관련된 연구보고서 조차 기껏해야 교육 분야 연구 문헌 내에서 소수에 불과하다. 오히려 논의의 한쪽 극단은 학습자의 이해가 자리 잡고 있고, 다른 쪽 극단은 사회적인 욕구 안에서 이해관계에 의해 제약을 받는 경향이 자리하고 있다. 이양 극단은 대체로 생물학적인 것을 배제한다.

학습과 교수법을 논의하고자 할 때, 수많은 측면에서 나타나는 이러한 제약은 실상 역설적이다. 심지어 구조주의와 후기구조주의 담론들이 생물학에 근거하여 진화론적인 은유법을 수용했다 할지라도, 생물학의 영역은 무시당했을 뿐만 아니라 일부의 경우에는 의도적으로 배제되었다. 이러한 지점은 많은 면에서 인종 차별, 성 차별, 연령 차별을 보여주고 있고, 차별과 배제와 관련된 근거를 중심으로 가장 분명하게 드러나면서도 동시에 확실히 정당화되고 있다. 보다 미묘한 것은 생물학의 배제가 피아제 스스로의 연구 성과에 있어 근본 지점이었다는 점이다. 그 이유는 자신의 이론에 대해 엄밀히 말하자면, 생물학적인 과정에 관한 것이 아니라 개인적인 해석을 어떻게 하느냐와 관련된 창발성에 관한 것이었기 때문이다. 하지만 그 또한 생물학의 관련성을 부정하지는 않았다. 이것은 그에게 그저 흥미만을 주는 것에 그치지 않았다는 것을 말해준다.

이와 대조적으로, 생물학은 일부 후기구조주의 담론에서조차 배제되어 있다. 그리고 이렇게 거부하게 된 주요한 이유 가운데 하나는 유전자의 구성과 생물학의 존재에 대한 언급이 본질주의자 혹은 결정론자의 신념 표식으로서 해석하고자 하는 생명력 질긴 경향성과 관련되어 있기 때문이다. 예상했듯이, 인간 주체성의 문제를 두고 생물학의 역할을 부정하는 경향은 신체적인 차이와 유전적인 형질에 근거한 문화적 편견을 차단하는 그러한 논의 안에서 가장 명백하게 드러난다. 예를 들어, 이러한 지점은 사회적인 능력의 문제에 대해 여성이 남성보다 우월한 신경학적인 장점을 지니고 있음을 보여준다. 혹은 한 인종이 스포츠에 있어서 선천적인 이점을 갖추고 있으리라는 주장에 대한 오늘날의 금기가 강력하게 예증되고 있다. 주제가 일반적인 지성으로 전환될 때는 토론이 훨씬 더 격렬해진다.

물론 이러한 주장이 "노골적인 사실"이라는 표현에서 보이듯이, 이미 그 안에 심각한 오류가 있음을 밝히고 있다. 그 이유는 자신의 복잡한 신경생리학적인 구조가 결코 생물학이나 경험의 직접적인 문제가 아니거나 또는 두 가지 모두의 분리 가능한 결합이 아니라고 보기 때문이다. 그럼에도 불구하고, 본질주의자의 주장이 설령 금지된 것이 아니더라도 상당히 민감한 주제가 되어버렸다고 본다. 실로 은밀한 속박이 너무도 강력해서 지난 수십 년에 걸쳐 성, 인종, 그리고 그 외 신체에 근거한 차이의 영역으로 흘러들어 간 연구자를 인용하기 꺼려할 정도이다.

생물학적 구성에 뿌리를 둔 차별에 대한 특정 쟁점은 차치하고라도, 인식 행위와 지식의 생물학적인 토대에 대한 논의는 지난 세기 동안 줄기차게 이루어졌다. 특히, 주목할 만한 대목은 1950년대 중반 현상학자인 퐁티Maurice Merleau-Ponty[22]가 인간을 '이중적인 체화doubly-embodied'로 설명한 바 있다는 것이다. 이는 한편으로 신체적·생물학적인 실체로서 인간이 종의 역사를 체화함을 말해준다. 이 점에 있어서 유전학 수준에서 종의 구성원들 사이에 놀라울 정도로 변이가 거의 존재하지 않는다는 점은 더욱 흥미롭다. 반면, 사회적·문화적 존재로서 인간은 장구한 문화와 역사를 거쳐 왔고 셀 수 없는 사회적 상호작용을 통해서 전개된 경험을 체화하고 있다. 종의 생물학적 역사와 문화의 사회적 역사 모두 개인의 신체 구조 속에 개인 자신의 독자적인 경험을 통해 녹아들어 가면서 실행된다.

결과적으로 현상학적인 탐구는 신체의 하부 체계와 관련된 신경생리학이나 면역학에 초점을 맞춘 담론에 대한 통찰이 존재하고 있음을 알 수 있다. 또한 생태계를 구성하고 있는 복잡하게 얽힌 체계에 관심을 둔 담론을 수용하고 있다. 이는 동시 발생적으로 일어나면서 미시와 거시라는 방향 모두에 대해 관심을 촉발시킨다. 예를 들어, 자아와 사회 양 극단으로부터 인간을 뛰어넘는 공존이라는 주제가 교육이론, 연구, 그리고 실천에 이르기까지 아직은 폭넓은 영향을 주지는 못하고 있다. 그러나 몇 가지 주목할 만한 성과가 있다. 예를 들어 그루멧Madeleine Grumet 의 『쓴 우유Bitter milk:women and teaching』[23] 는, 현상학과 정신분석의 입장에서 교육과 관련한 페미니스트의 담론이 지닌 성과를 정교하게 다듬고 있다. 이 과정에서 그녀는 생물학에 초점을 맞춘 담론과 문화에 초점을 맞춘 담론이 서로 긴장 속에서 작동할 필요가 없다고 보았다. 하지만 서로에게 정보를 제공하고 이를 증폭시키는 방법에 대해 강하게 설득할 수 있다고 제시하였다.

양립 가능한 흐름이 점점 증가 추세에 있고, 연구자들은 학교교육을 중심으로 현상에 대한 자신들의 연구에 생태학적인 담론을 수용하고 있다. 이러한 담론 안에서 '생태ecological' 라는 용어는 자연의 세계를 포함하기도 한다. 하지만 필연적으로 여기에만 초점을 맞추는 것이 아니라 관계에 대한 연구를 지칭하면서 특정한 의미를 지닌 것으로 이해하고 있다. 이렇게 재정립된 정의는 대개 용어가 지닌 원래의 의미를 회복하는 차원에서 설명된다. 원래의 의미는 전형적인 그리스어인 '가계oikos, household'에서 유래한다. 비록 이러한 정의가 구체적이긴 하지만, 연구자들로 하여금 광범위한 범위의 교육적인 현상에 초점을 맞추도록 하고 있다. 나아가 학습, 환경 쟁점, 그리고 지구 전체 생태계라는 물리적인 맥락에 대한 언급에 더 익숙하게 활용된다. 이와 더불어 개인 생태, 교실 생태, 그리고 학교 생태에 대해 논의할 수 있도록 하고 있다. 바꿔 말하면, 이것이 적용된 현상의 측면에서 '생태'라는 용어는 '복잡성'이라는 용어만큼 매우 유사한 범위의 의미를 지닌다. 더군다나 생태학적인 사고방식에 의해 형성된 교육 쟁점과 관련된 새로운 논의는 복잡성 사고방식에 그리 어렵지 않게 부합하고 있다. 이 지점에서 인류는 은유적으로 생태계의 신체를 구성하는 기관, 즉 세포들 중의 하나로서 설명될 수 있으리라는 생태학자의 주장에 의해 예증된다고 볼 수 있다. 이는 중층적으로 포개진 척도로부터 자유로운 형상들의 이미지를 상기시키는 관점이기도 하다.

토론 상자 6.5
'교육, 문화적인 신화, 그리고 생태의 위기'
생태학 수준에서 복잡성 교육 분야 연구의 사례

많은 사람들은 인류가 종 전체에 파국적인 결말을 초래할 수 있는 생태계의 큰 변화를 촉발시킬 실제적인 위험에 노출되어 있다고들 믿는다. 설상가상으로 최근에는 새로운 문제에 대응하는 주요 도구였던 '분석과학'이 처음으로 이러한 변화를 재촉한 바로 그 사고방식인 것으로 간주되고 있다. 『교육, 문화적인 신화, 그리고

『생태의 위기』에서 보워스Chet Bowers[24]는 개인주의, 추상적인 합리적 사고, 해방, 진보, 그리고 현대의 최첨단 기술이 자랑하는 정교함과 확장과 같이 지금까지 너무나 당연하게 생각되었던 핵심적인 신념에 대해 비판한다. 이와 더불어 자유주의적 인도주의, 모더니즘, 그리고 진보주의 등 인류가 가장 소중하게 다루어왔던 가정에 대해서도 집중적으로 이의를 제기한다. 그는 문화, 언어, 행위, 사고 사이에 형성된 복합적인 층과 접속하면서 지식사회학, 문화인류학, 언어학 및 생태학 이론으로부터 복잡성 개념을 활용하고 있다. 특히, 자연으로부터 인간이 어떻게 근본적으로 분리되는지 그리고 이를 기획하고 유지하는 실재 구성의 과정으로서 학교가 어떻게 기능하는지 그 방법까지 포함시키고 있다.

특별히 보워스는 생태의 위기에 대한 대응과 문화적인 다양성의 도전 사이에 교실과의 접속이 존재한다고 보고, 이러한 접속에 있어서 정보과학의 활용에 관한 전통적인 사고에 이의를 제기한다. 이것은 전통적이면서 생태를 지향하는 문화 지식이 왜 주변화되는지 그 이유를 탐색하는 것이다. 그리고 이것은 도시에 근무하는 교사들이 근대 이전의 문화가 지녔던 지혜를 교실 안으로 녹여내려는 사려 깊고 실제적인 평가 방식이다.

복잡성 철학과 기술적인 교육 분야의 연구

이제 우리는 이 책의 첫 장에서 지적한 내용으로 돌아가고자 한다. 복잡성 철학은 총체적인 설명을 제공하려는 메타 담론이 아니다. 오히려 교사들로 하여금 현상의 다양성을 가로질러 더 깊은 유사성에 주목할 수 있도록 하는 포괄적인 관점이다. 현재까지 교육 분야 연구에 있어 복잡성 철학의 즉각적인 기여는 별개로 혹은 대립적으로 존재했던 이론과 연구의 초점이 지닌 깊이 있는 유사성을 밝혀내는 데 있었다. 동시에 이를 전면에 부각시키는 수단을 제공하는 데 있었다. 현재도 확인할 수 있듯이, 복잡성 철학은 이 사조가 안착되기 전에도 교육 분야 연구 문헌에 나타나 있었다.

하지만 이런 이유로 신경학, 구성주의, 사회적 구성주의, 비판이론, 현상학, 생태적 관점 등으로부터 도출된 통찰이 본질상 '설명적'이었다는 점은 의미심장하다. 대부분 이들은 기존의 철학과 근본적으로 결별했던 학습과 발달에 대한 설명을 제공하고 있다. 이들은 상대적으로 교육자와 교육 분야 연구자에 대한 '실천적인pragmatic' 조언의 측면에서 거의 아무 것도 제공하지 못했던 부분들이다. 바로 여기 이 지점에 복잡성 철학이야 말로 교육 분야 연구에 가장 의미 있는 성과를 제공해주고 있다고 우리는 믿고 있다. 이것이 7장과 8장에서 드러날 관심거리이다.

1. I. Prigogine, *The end of certainty: time, chaos, and the new laws of nature*(New York: The Free Press, 1997), p. 7.

2. F. Varela, E. Thompson, & E. Rosch, *The embodied mind: cognitive science and human experience*(Cambridge, MA: The MIT Press, 1991)을 보라.

3. 이런 수백 년 이상 된 신념의 신속한 회복은 종종 정체성이 바뀌는 환상과 과학의 허구적인 이야기 속에서 실행에 옮겨진다(예를 들면, 엄마-딸, 남자-여자, 어른-아이, 남자-개, 인간-기계 등). 이러한 구성의 줄거리는 그들의 역사 속에 체화되어 포개진 체계라는 복잡성에 의해 두뇌가 이해하게 될 때는 그 의미가 사라진다.

4. 이러한 숫자는 북미라는 조건에서 표현된 것이다. 영국의 조건에서 이것들은 1,000억 개의 뉴런과 10억 개의 관계로 구성되어 있다고 말하고 있다.

5. "Increasing Human Potential Project"의 정교화된 묘사를 위해서는 E. Goldberg와 산타페 연구소 컨소시엄의 회원들의 "Increasing human potential"을 보라. 이는 B. Davis(ed.), *Proceedings of the First Conference on Complexity Science and Educational Research*(Edmonton: AB: University of Alberta: 2003): 11-19; 〈http://www.complexityandeducation.ca〉을 이용할 수 있음.

6. J. Piaget, *The construction of reality in the child*(New York: Basic Books, 1954).

7. 이 책의 개관은 Davis & Sumara(2003)을 보라.

8. 피아제가 이 점을 명확히 발전시키지 않았다 하더라도, 동화(assimilation)와 조절(accommodation)은 거듭제곱 분포라는 관점에서 논의될 수 있다((그림 3.4) 비교). 거의 느낄 수 없는 지구의 진동과 비슷하게 광범위한 대다수의 학습 사건들은 소수에 불과하다. 피아제가 동화로 언급한 이러한 사건들은 너무 보잘것없어서 의식적인 지각 속에 기록되지 않는다. 하지만 피아제가 조절이라고 말한 어떤 것은 다수가 될 수 있다. 숫자상으로만 보면 이것도 광범위하게 존재하진 않지만, 그 무게만큼은 세계의 이해라는 의식적인 재공식화를 요구할 만큼 충분하다.

9. E. von Glasersfeld, *Radical constructivism: a way of knowing and learning*(London: The Falmer Press, 1995), p. 59.

10. L. P. Steffe, "The constructivist teaching experiment: illustration and implications," in E. von Glasersfeld(ed.), *Radical constructivism in mathematics education*(Dordrecht, the Netherlands: Kluwer, 1991): 177-194.

11. 여기에는 글자 그대로 인용할 수 있는 수많은 연구들이 있다. 실천 연구의 쟁점에 대해 합리적이고 균형 있게 접근한 책으로는 L. P. Steffe & P. Cobb(eds.), *Construction of arithmetical meanings and strategies*(New York: Springer, 1988)을 들 수 있다.

12. Lakoff & Johnson, 1999, p. 3.

13. '사회 재건주의자(Social constructionist)'의 이론은 '사회적 구성주의자(Social constructivist)' 이론으로 흔히 불리고 있다. 이러한 담론에 의해 방향을 맞추고 있는 다수의 연구자들은 자신의 이해관계를 (피아제주의식의) 주체 중심 구성주의 이론을 기반으로 한 연구와 구별하기 위해서 앞 문구를 선택하고 있다.

14. J. Lave & E. Wenger, *Situated learning: legitimate peripheral participation*(Cambirdge, UK: Cambridge University Press, 1991), p. 40.

15. Davis & Simmt, 2003

16. J.A. O'Day, "Complexity, accountability, and school improvement," in *Harvard Educational Review*, vol. 72(Fall 2002): 293-329.

17. 예를 들면, Jacobson 외(1998)를 보라.

18. 역사적인 기록에 대한 더 충분한 설명을 위해서는 Davis(2004)를 보라.

19. Freire, 1971, p. 54.

20. Britzman, 1991.

21. M. Greene, "Foreword", in Britzman, 1991, p. ix.

22. 특히, Merleau-Ponty(1962)를 보라.

23. Grumet, 1988.

24. C. A. Bowers, *Education, cultural myths, and the ecological crisis: toward deep changes*(Albany, NY: State University of New York Press, 1993).

제 7 장 │ 창발성의 조건

당신이 갈림길에 접어들 때, 이를 받아들여라.

_베라 Yogi Bera

교육 분야 연구자들이 다른 분야로부터 들여온 수많은 이론적인 틀을 들여다보면 오랫동안 지속되어온 문제가 하나 드러난다. 심리학, 사회학, 문학 비평 등의 영역으로부터 빈번하게 채택하고 적용하였던 담론들이 실제 교육자들의 실천적인 관심에는 안성맞춤이라고 보기 어렵다는 점이다. 대체로 이 이론들은 엄밀성을 강조하는 설명의 경향이 짙었으며, 나아가 특정 현상에 영향을 주는 방식보다는 현상에 대한 특징을 설명하는 데 더 초점을 맞추었던 것이 사실이다.

앞서 오늘날 교육학과 학교교육에 대한 논의 과정 속에 구성주의 이론을 통합시키려는 사례들이 지니고 있는 문제를 이미 언급한 바 있다. 이와 동일한 비판이 문화연구와 비판이론에서도 발생된다. 또한 이러한 점을 포함하여 많은 새로운 담론으로까지 확대할 수 있다. 이러한 이론적인 틀을 주창한 사람들과 저명한 해설가들이 반복해서 확인하고 있듯이, 이 이론들은 사실상 교육이론으로 해석될 수 없다. 적어도 교육학에 대해 학습자들로 하여금 미리 규정된 일련의 능력을 지향하도록 촉발시키는 기획의 측면에서 이해되는 한 그러할 것이다. 실제 해당 이론이 이루어지는 과정의 동역학을 이해한다면 확실히 유익하다. 이와 동일하게 복잡성 철학은 개별 학습자, 교실, 교과 영역, 문화 등 질적으로 상이한 체계 가운데 이 네 가지를 인정할 것을 강력히 요구하고 있다. 실상 이 가운데 하나의 격리된 지식에 근거한 교육학을 위한 지침을 도출해내는 것은 그저 범주의 오류를 저지르는 것에 불과하다. 매우 빈번하게 그리고 명확하게 경고했음에도 불구하고, 교육에 근거하지 않은 이론이 지닌 실천적인 유용성을 지나치게 해석함으로써 일부 교육 관련 집필가들이 학습과 지식에 대한 설명을 교육학에 대한 지침으로 확대 및 왜곡하게끔 한다. 이는 오늘날 '구성주의 교육학'과 '비판적 교육학'에서 흔하게 제시되는 여러 언급에서도 분명히 드러나고 있다.[1]

두 번째 문제는, 이미 언급했듯이, 신경학, 심리학, 사회학, 인류학 등이 교육 분야에 너무 산만하게 흩어져 있다는 점이다. 이들 모두는 상대적으로 경계가 뚜렷한 이해관계가 있고 그 안에서 발전해온 것들이다. 어떤 의미에서 교육 분야는 동시 발생적으로 일어나는 수많은 조직의 수준을 가로지르는 쟁점과 현상에 집중해야 한다. 단순히 말하자면, 교육자나 교육 분야 연구자는 오로지 뇌 기능, 개인적인 의미 생성, 집단 과정 혹은 문화적인 맥락에만 초점을 맞출 수는 없다. 반대로 이 모든 관심은 실존적인 측면과 더불어 반드시 효율적인 교육이론과 실천 속으로 녹아들어가야 함을 말해주고 있다. 바꿔 말하면, 교육 분야는 수학, 영어 등과 같은 다양한 교과나 철학, 사회학, 역사 등을 포함한 다른 많은 탐구 영역의 교차 지점에 자리 잡고 있어야 일정한 영역으로서 특징지을 수 있다는 것이다. 물론 이 점은 규모가 큰 정기 학술대회에서 제시되는 하위 학문 분과의 범위에 반영되고 있다. 거기에서 보면 '교육' 혹은 '교육적'이라는 수식어가 심리학, 사회학, 리더십, 물리학, 예술 등 논쟁의 여지가 많다고 인식되는 분야들과 결합되어 있다.

설명적인 특징과 대비되는 교육적인 기획의 실천적인 특징이라는 점과 학문의 경계를 가로지르는 교육의 본질이라는 점, 이 두 가지 이유 때문에 복잡성 철학에 의해 제공되는 포괄적인 관점이 다양한 학문과 담론을 결집시킨다고 본다. 동시에 연구자들과 현장 교사들에게 공교육의 기획이 지닌 실천적인 측면을 다룰 수 있도록 강력한 수단을 제공하고 있다고 본다. 앞에서는 전자의 측면을 상세하게 다루었다. 이 장에서는 지난 수십 년간 복잡성 지향의 연구로부터 도출된 일련의 실천적인 권고에 집중하고자 한다. 우리의 기획을 분명히 하기 위해서, 먼저 복잡성 철학이 '변혁의 실천론pragmatics of transformation'으로 진화해왔음을 강력히 주장한다. 즉, 복잡성 통일체를 가능하게 하고 작동시키며 영향을 미치는 명백한 권고로서 제공되는 틀 말이다. 물론 복잡성 철학이 이러한 쟁점에 권고를 제공하는 유일한 담론임을 주장하고자 함은 아니다. 최근 수십 년에 걸쳐 교육 분야 연구자들이 제시하였던 담론으로는 정신분석[2]이나 그보다 훨씬 더 작은 규모지만 진정성을 갖춘 동양의 전통들[3]이 여기에 포함된다. 복잡성 철학은 이러한 담론들과 함께 학습 체계의 변혁이 선형적이거나 기계적인 측면에서 이해될 수 있는 것이 아니라는 점을 공유한다. 동시에 이러한 변혁에 대한 어떠한 시도라도 필연적으로 신중, 겸손, 배려 등과 함께 이루어져야 한다는 매우 윤리적인 문제임을 확신한다.

물론 수십 년간 비판적인 이론가들에 의해 전면에 부각되었듯이, 변화를 모색하려는 기획은 분명히 순수한 것도 긍정적인 것도 아니었다. 여기서 반드시 정리되어야 할 질문에는 "변화의 관점이 누구에 의한 것인가?", "권위는 어디에 존재하는가?", "누가 이익을 갖는가?" 등이 포함된다. 우리는 이런 질문을 계속 던질 것이지만, 이러한 쟁점에 대한 논의는 8장으로 미룬다. 다만 5장과 6장에서 언급된 담론의 일부가 비판적인 성찰과 관련되어 있는 이러한 주제들을 무시하거나 망각한 것처럼 보인다는 점을 지적하고자 한다. 특히, 개별적인 의미 생성에 대해 배타적인 관점에 초점을 맞추는 담론들이 더욱 그러하다. 예를 들어, 주체 중심의 구성주의 이론으로 경도되어 있던 교육 분야 연구는 "무언가를 개선하기 doing things better"에 맞춰 목표를 추구하는 경향이 있었다. 구체적으로 말하자면, 교과 주제에 대한 이해력을 향상시키거나 평가 전략의 효율성을 제고하는 것 등이다. 이로 인해 가르치고 평가할 주제들이 사회적인 반향과 문화적인 관련성에 대한 문제점을 회피하게 된다. 실제 교육적인 기획은 중층적으로 포개져 있어 상호 함축하는 측면에 대한 깊은 관심을 촉구한다. 그러면서 누가, 어디서, 무엇을, 왜와 관련된 질문과는 별개로, 가르치는 법how to teach에 대한 질문이 때로 검토되어온 게 사실이다. 비록 본 장이 방법과 관련된 쟁점에 초점이 맞춰진다 할지라도, 이에 대한 논의는 모든 것을 완비한 상태가 결코 아니다. 아마 이 책에서 본 장만 따로 떼어 읽는다면, 복잡성 철학이 말해주는 교훈에 대한 오해하거나 평가 절하할 가능성이 어느 부분보다 가장 심각하게 나타날 것이다.

복잡성 안에서 창발성 촉발하기

오늘날 사회는 제반 배경을 둘러싸고 다양한 변화를 모색하고 있다. 이러한 노력에 대해 복잡성 철학은 그 잠재적인 성과를 말하기 전에 반드시 확인할 쟁점이 있는데, 그 가운데 하나가 분업specialization의 역할이다.

18세기 경제학자인 스미스Adam Smith는 지대한 영향을 미친 저서 『국부론』에서 다음과 같이 설명했다. 분업이 생산성 차원에서 극적인 개선을 가능하게 할 수 있다고 본 것이다. 근대 공장의 조직에 특별한 관심을 가졌던 스미스는 서로 다른 제조 공장들이 조직되는 방식을 관찰하였다. 그리고 적절하게 분업화된 하부 작업 공정을 통한 노동과 숙련공에 의해 총체적으로 이루어지는 작업 간에 수백 배 혹은 심지어 수천 배의 생산성 차이가 났는데, 스미스는 바로 이런 방식에 주목했던 것이다. 그가 인용한 사례는 머리핀의 제작이었지만, 노동 분업의 원리는 거의 모든 제조업 공정에 똑같이 적용 가능하였다.

생산성을 개선해야 하는 이유는 간단하고 명확하다. 우선 세밀하게 전문화된 분업노동자는 그리 많지 않은 노동 목록 중에서 몇 가지 기술을 습득하면 된다. 이로 인해 작업 숙달 시간이 단축되고 효율적인 기술 습득을 위한 기회가 늘어난다. 게다가 세밀하게 전문화된 분업노동자는 작업 공정 사이에서 이행 시간이 거의 필요 없다. 근대에 만들어진 공장은 신체적이고 정신적인 조율을 요구하는 과정으로서, 한 작업 공정에서 다른 작업 공정으로 이동하기보다는 반복적인 작업 공정을 수행하는 방향으노 인식이 이루어졌다. 이뿐만 아니라 충분히 생산적인 작업 공정의 흐름을 고도로 전문화된 장비를 사용함으로써 경비를 절감할 수 있다. 이로 인해 생산성을 훨씬 더 가속화할 수 있는 수단을 제공하게 된다.

실제 근대 공장의 모델을 중심으로 공교육의 구조화 방식에 관해서는 많은 기록들이 남아 있다. 특히, 스미스에 의해 개발된 노동 분업에 관한 개념들은 주목할 만하다. 노동자로서의 교사와 미숙한 생산물로서의 학습자 그리고 완수해야 할 연속적인 작업 공정에서 학습 주제가 분할되어 있다. 교육받은 대중의 효율적인 생산 전망 등이 수세기에 걸쳐 연령에 따른 학생, 교과 주제, 그리고 사회 계급 등의 분리를 합리화했던 것이다. 이에 따르면, 교사들은 미리 설정된 교육과정의 협소한 부분을 제시하기 위한 방법에 주로 초점을 맞춘다. 이미 교사들은 중등의 과학 전문가나 초등의 읽기 및 쓰기 교육 전문가들이 되어버렸다. 그리고 예상했듯이, 이 전체적인 기획은 다양한 종류의 질적인 통제를 유도하는 평가에 의해 종속되어왔다.

한 명의 경제학자가 만든 분업 모델을 공교육의 기획에 적용한 것에 대해 비판하기는 쉽다. 하지만 현재도 분명히 나타나고 있듯이, 이것이 제조업에 적용되었을 때에도 이러한 모델에 대한 강력한 비판은 존재했었다. 더군다나 노동의 조직에 관한 사고의 차원에서 강력한 대안이 존재하였고, 이는 지난 수십 년에 걸쳐 집중적으로 연구되었다. 이러한 연구의 탐구 대상에는 부족함이 전혀 없다. 그 이유는 1970년대까지 서구 문화에서 제조업 분야를 지배해왔던 하향식의 파편화된 구조들이 빠른 속도로 새로운 조직 방식에 양보를 해왔기 때문이다. 도요타, 혼다, 휴렛패커드 등은 보다 하향적이며 분산형인 집단 지향의 구조들을 받아들였다. 스스로 빠른 시간 안에 재정비할 수밖에 없었던 거대 기업도 있었는데, 포드, 제너럴 모터스, IBM 등이 대표적이다. 이렇게 급속도로 전면적인 변혁이 이루어진 주요한 이유는 예측 불가능한 유동적인 맥락이 등장했기 때문이다. 이 맥락에서 연료 가격과 최첨단 기술의 가능성 같은 요소들이 하루가 다르게 극적으로 변동하였다. 수세기 전만 하더라도 보다 사회적으로 통합되고 문화적으로 안정된 배경 안에서 중공업 분야의 공장들은 전개되는 상황에 보조를 맞출 수 있었다. 그러나 오늘날 문화적인 진화의 속도로 인해 기업들은 급속한 변동에 적응해야 하고, 상상을 초월하는 짧은 시간 안에 아이디어를 실제 상품으로 바꾸어내야 한다.[4]

이러한 능력들은 제조업의 모든 분야에 걸쳐서 보다 통합적인 반응을 필요로 한다. 느린 속도로 발전했던 시대의 기업 경영진은 생산 조립 라인의 노동자에게 도달하기 이전에 여러 단계의 관리직, 일단의 디자이너와 엔지니어 및 여러 팀의 기계 제작 노동자를 거치면서 수직적으로 흘러내려가는 결정을 내렸다. 하지만 더 빠르게 반응하기 위해서는 더욱 수평적인 구조를 요구한다. 이런 구조 안에서 여러 분야의 대표들이 각각의 영역에 있는 전문 기술을 결합시킬 수 있다. 바꾸어 말하면, 좀 더 유연하게 적응할 수 있는 더욱 지성적인 체계가 요구된다는 것이다. 앞 장에서 거론했듯이, 탈중심의 구조가 중앙집중적인 조직보다 이러한 상황에 훨씬 더 적합하다.

이러한 종류의 구조적 변동은 직접적이고 명백하게도 복잡성 철학에 의해 알려진 것들이다. 그리고 흥미롭게도, 기업과 제조업은 복잡성 연구의 중요성을 재빠르게 인식하여 그 방법에 주목하고 있다. 이와 대조적으로 교육은 한참 뒤처져 있는 실정이다.

그렇다면 왜 이런 불일치가 존재하는가? 여기에 대해서는 수많은 이유들이 거론되었다. 의식적이고 의도적인 것, 무의식적이고 우연적인 것까지 무척 다양한 이유들이 있다. 전자는 특권을 향유하는 집단이 문화적인 진화와 보조를 맞추지 못하면서도 교육 체계 안에서 자신의 이익을 확보할 수 있다고 보는 사례를 들 수 있다. 후자는 관례적인 실천이 너무나도 습관적이고 의례화되어서 그저 요지부동이라는 사례를 들 수 있다. 불행하게도 지난 30여 년간 제조업 분야에서 목도했던 것과 유사한 변혁이 교육 분야에는 아직까지 등장하지 않았다.

쟁점에 대한 비판적인 논의 가운데 핵심적인 것은 학교교육의 목적을 중심으로 널리 퍼져 있는 상식적인 신념이다. 이러한 신념은 성인들의 세계를 위한 젊은이들의 준비라는 측면에서 구성되는 경향이 크다. 하지만 이러한 개념적인 구성물과 선형적인 발달에 대한 가정은 '성인 세계'의 본질이 안정적이지 않다는 분명한 문제를 안고 있다. 이는 가장 강제성이 강한 교육과정과 명백한 대조를 이룬다. 공장 조립 라인과 서비스 산업에 종사할 노동력을 준비하기 위해 설계되어 있는 수학과 교육과정, 의미의 생성과 표상의 절차에 관한 합리주의 가정을 중심으로 개발된 언어과 교육과정, 복잡한 세계 안에서 제한적으로만 활용되는 탈맥락적인 의사사실factoids이나 낡은 모델들, 그리고 분석적인 방법을 중심으로 조직된 과학과 교육과정으로 학교는 점철되어 있다. 물론 전통적인 학교의 주요 목적은 비전을 제한하고 학습자가 의문의 여지없이 권위를 수용하도록 훈련시킴으로써 현상을 유지하는 것과 관련된다고 주장할 수 있다. 하지만 이러한 종류의 교활한 목적은 100년 전 노동 세계에 맞춰진 것이다. 생각 없이 이루어지는 노동 고용의 현장에서는 그 숫자가 날이 갈수록 점점 줄어들고 있다.

그렇다면 복잡성 철학자는 교육 목적을 중심으로 한 질문에 어떻게 반응할 것인가? 이러한 질문에 대해 먼저 모린Edgar Morin에게 주목하고자 한다.

> 미래를 위한 교육은 인류의 흩어진 지식을 다시 모으기 위한 통합적인 노력을 기반으로 해야 한다. 자연과학으로부터는 인간의 조건을 세계 안에 설정하고, 사회과학으로부터는 다차원성과 복잡성을 밝혀내야 한다. 철학과 역사뿐만 아니라 문학, 시, 예술 등에서 도출된 소중한 성과를 이러한 과학적인 지식 안으로 통합해야 한다. 이러한 성과는 가치를 평가하기가 사실상 어렵다.[5]

모린의 이러한 확신은 인간의 조건에 대한 탐구가 세계 내 인류의 상황에 대한 질문으로 시작한다는 복잡성 철학의 태도가 뿌리 깊게 박혀 있음을 보여주고 있다. 이러한 테두리 안에서 인류라는 존재에 대한 이해는 생체해부학의 과정이나 문화적인 틀의 형성이라는 측면에서 이해되는 것이지, 뿔뿔이 흩어진 각 학문의 측면에서 고려될 수는 없다. 또한 이러한 존재가 해석 체계의 융합으로 환원될 수 있는 것도 아니다. 모린의 주장에 의하면, 오히려 복잡한 세계를 위한 교육은 자아와 사회, 개인과 집단,

예술과 과학, 생물학과 문화, 인간과 자연 등을 구분하는 것이 아니라 일 정한 학문 사이의 경계를 가로지르기 마련이다. 즉, 인류는 반드시 근본 적으로 맥락적이어야 한다는 것이다.

이러한 확신은 인류를 생물학적인 과정이나 일정한 범주로 환원시키려는 의도가 아니다. 이와는 반대로, 비록 생물학에 대한 기억이 수반된다 할지라도, 인간과 다른 종들 사이에서 서로 같지 않음dissimilarities을 인식 하라는 요청과 같은 것이다. 예를 들어, 인류는 '가르치는 종teaching species'인데, 이를 복잡성의 측면에서 보면, 인류는 세대를 이어오면서 지식을 유지하기 위해서뿐만 아니라 역량을 지속적으로 정교하게 만들기위해 효율적인 수단을 발전시켜 왔다. 이와 같은 유지와 정교성을 가능케하기 위해서 개발된 다양한 수단 중에는 연상 언어associative language와 문자화된 어휘들이 있고, 이것은 인류라는 종이 가진 고유한 것들이다.[6]

복잡성 철학자들에게 참으로 중요한 것은, 이러한 지식을 매 순간 정교하게 만들 수 있다고 해서 우주가 완전하고 동시에 총체적인 것이라고 바로 이해해서는 안 된다는 점이다. 이와는 정반대로 지식이란 끊임없이 정교해질 수 있다. 지식의 '생산' 과정은 그저 현재에 가능한 공간을 탐색하는 것이다. 즉, 개방과 동시에 확대시켜 나가고 항상적으로 공간을 확장 가능하도록 하는 것이다. 이러한 의미에서 인류에게 항상적으로 진화하는 가능성의 지평으로 제시되고 있는 것이다. 문제는 그 지평선이 종종 안정적이고 인식 가능한 경계를 설정하는 것으로 오인된다는 점이다.

이렇게 지각된 경계는 현재 상상 가능한 경계라고 이해하는 것이 좀 더 적절할 것이다. 이는 지난 수세기에 걸쳐 공상과학 책을 통해 제시되었다. 1960년대 후반 「스타 트렉」 시리즈에서 사용된 통신기술을 생각해보라. 오늘날 문자 메시지, 화상 이미지, 녹음 기능 등을 가진 핸드폰과 비교해보면 당시 승무원들이 들고 다니던 통신장비는 참으로 투박하고 단순하였다. 한때 최첨단 기술이 투영되었던 상상물이 몇 년 지나지 않아 이렇게 낡고 진부한 것으로 받아들여질 수 있을까? 이를 입증하기 위한 사례는 어렵지 않게 찾을 수 있다. 반대로 오늘날 사용되는 수많은 최첨단 기술은 몇 세대 전 사람들이 고도의 상상력으로 구상한 것들을 훨씬 더 초월해버렸다.

결국, 복잡한 세계 안에서 하향식의 목적 지향적인 구조로 교육을 구상하는 것은 참으로 터무니없는 일이다. 이는 공교육이 공적인 조직이나 명확한 교육과정 없이도 이루어질 수 있음을 말하고자 함이 아니다. 오히려 모린이 말한 "미래를 위한 교육"이란 "여태까지 상상하지 못한 것"을 지향하는 것이라고 이해하는 것이 적절하다고 본다. 이는 현재까지도 상상할 수 없는 것들이다. 이것의 목표는 오로지 현재 일어나는 가능성의 공간을 탐색하는 측면에서 이해할 수 있다.

창발성을 위한 필수 조건

교육, 함축적으로는 교육 분야 연구는 기존의 뿌리 깊은 해석의 습관을 영속화하기보다는 오히려 가능성의 공간을 확장할 수 있도록 구상되어야 한다. 따라서 원리상으로 여태까지 상상하지 못한 창발성의 조건을 확보하는 데 관심을 두어야 한다.

최근 몇 년간, 실제로 확장 가능성이 있는 창발성을 위해 반드시 갖추어야 할 일련의 조건을 이해하는 데 급속한 성장이 있었다. 예를 들어, 조건에 관한 지식이 황폐화된 생태학[7]을 재설정하기 위한 노력으로 이어졌다. 이미 언급했듯이, 이것은 다양한 산업의 생명력과 생산성을 개선하기 위해 기업 분야에서 적용되어왔다.[8] 또한 이러한 지식은 일단의 교육 분야 연구자에 의해서 교실과 연구 집단을 구조화하기 위해 채택되고 정교하게 다듬어졌다.

이러한 점은 창발성의 실현과 복잡성 집단이 갖는 행위의 감수성을 지향하는 복잡성 과학 안에서 발전되었다. 이것은 복잡성 집단과 협력적인 배경 안에서 변화를 모색하고 기록하고자 하는 명백하고 의도적인 연구 방법론과 적합한 것으로 간주된다. 아마도 가장 두드러지게 알려진 것은 탐구 행위 연구와 이와 관련된 참여 접근법 등일 것이다. 이러한 확신을 마음에 새기면서, 복잡성 안에서 이루어지는 창발성을 위한 조건을 다음과 같이 논의하고자 한다. 이러한 기획은 동료 연구자인 심트와 여러 학년에 걸쳐 있는 현장 교사들이 함께한 것으로, 효율적인 교수법에 필요한 교과 지식에 대한 이해를 개선하고자 연구를 수행하였다. 이들 논의에 적용한 연구의 상세 내용은 본 장 전체에 걸쳐 대화 상자에 제시되고 있다. 특히, 이러한 설명은 다음과 같은 조건에 감응을 줌으로써 연구자들의 역할과 그 관련성을 강조하기 위해 활용되고 있다.

- 내적 다양성 internal diversity
- 내적 잉여성 internal redundancy
- 근거리 상호작용 neighbor interactions
- 분산된 통제 distributed control
- 무작위성 randomness
- 정합성 coherence

이어지는 논의에서는 다음과 같은 제목으로 일련의 상호 보완적인 한 쌍의 차원에서 이러한 조건을 고려하고자 한다.

분업화 specialization : 내적인 다양성과 잉여성의 긴장을 활성화하기

수준 간 경계를 가로지르는 학습trans-level learning : 탈중심의 통제를 통한 근거리

　　상호작용하기

역량 부여의 한계 설정enabling constraints : 무작위성과 정합성의 균형 맞추기

이렇게 2개 군이 한 쌍이 되어 논의를 조직하는 이유는 복잡성 안에서 창발성의 항상적인 불균형이 발생함을 전면에 부각시키려는 것이다. 발드로프의 설명에 따르면, 창발성은 복잡성이 이루어지는 "혼돈의 가장자리"에서 발생한다.

> 이 가장자리에서는 새로운 아이디어와 혁신적인 유전자형이 영원히 현상 유지하려는 그 가장자리를 조금씩 갉아먹는다. 이렇게 되면 심지어 가장 오랫동안 자리 잡고 있었던 낡은 방책도 궁극적으로 전복되고 만다. …… 항상적인 변동 속에서 …… 정체stagnation 와 무정부anarchy 사이의 지대 …… 그곳에서는 복잡성 체계가 자발적이고 적응 가능하며 활력이 넘친다.[9]

여기서 개인적인 열망보다 더 큰 규모의 집단적인 가능성을 확인하였다. 그래서 다음에는 일단 개인이 하나의 통일체 속으로 연합했지만, 독자적으로 행동하는 구성인자의 변형에 더 집중적으로 관심을 두고자 한다. 성공적인 집단은 구성원 가운데 가장 현명한 이보다 더 큰 지성이 있을 뿐만 아니라, 모든 참여자들이 더 현명해질 수 있는 가능성을 제시한다. 이러한 가정에 기울어져 있으면, 집단의 행위, 해석, 그리고 어느 누구도 자신의 힘만으로는 달성할 수 없다는 결론을 알게 된다. 바꾸어 말하면, 아래에서 논의되는 상호 의존적인 조건이란 게 동시 발생적으로 일어나며, 체계의 총체적인 속성과 구성인자들의 국부적인 행위를 통해 이

루어진다는 것이다. 이러한 조건은 쉽게 떨어뜨려 놓을 수도 없다. 우리도 심사숙고 하면서 접근하듯이, 집단의 행위 안에서 상이한 계기들이 얽히고설켜 있는 교차 준거, 반복, 그리고 특질 부여 속에 우리 자신을 가두는 것이다.

여기서 한 가지 다른 경향성에 주목하고자 한다. 여기서의 초점은 구조와 동역학과 같은 복잡성의 공동 행위co-activity와는 대립된 집단 작업collective work의 조건에 관한 것이다. 물론 연구를 하는 사람이면 누구든지 이에 대한 관심은 크다고 할 수 있다. 여기서는 소규모 집단에 대한 과거 백여 년에 걸친 연구의 전체적인 조망을 제공할 수 있는 참고할 만한 주제를 추천하고자 한다.[10]

토론 상자 7.1

지식의 발달

이 장에서 활용할 사례는 데이비스와 심트 그리고 수마라 등에 의해 진행된 것이다. 특히, 현장의 수학 교사들이 생각하는 지식에 대해 확대 진행한 연구에 그 토대를 두고 있다. 본 책을 집필할 당시, 이 기획은 6년의 기간 중 4년차에 접어들고 있었다.

최근까지 수학 교사들이 어떤 지식에 관심을 갖는지에 대한 대부분의 연구들은 개인적인 이해라는 '고정된' 모델에 집중되어 있었다. 이 모델을 따르다 보면 교사들은 미리 설정된 수행 능력에 따라 평가를 받게 된다. 여기 보고된 연구에서는 이와는 다른 접근 방법을 채택했다. 이는 경험 있는 수학 교사들이 자신들의 학습이나 관련 문제에 있어서 그들 자신의 교수법으로 수학 지식을 활성화시킨다는 가정을 하고 있다. 대부분 이러한 지식은 특별히 공식적인 교과라는 지식체 일부로 인정받지 않을 수도 있다. 이 기획에는 24명의 교사들이 참여했는데, 교사들은 수학 교수법을 재현하는 데 목표를 두었다. 즉, 교수법이 이루어지는 실제 맥락에서 발생하는 여러 종류의 수학을 재현한 것이다.

교사 집단은 유치원에서부터 고등학교에 이르기까지 다양한 구성인자들로 구성되어 있다. 교직 경력으로 보면, 참여자의 일부는 초임 교사들이거나 일부는 수십 년의 경력자도 있었다. 나머지는 그 사이에 속하는 이들이었다. 대부분의 교사들은 일반 교직 이수자들이었지만, 이들 가운데 두 명은 수학교육 전공자들이었다. 지역으로 보면 일부는 작은 도시 중심가에서 가르치고 있었고, 나머지 일부는 농촌 지역에서 가르치고 있었다. 이 모임은 수개월 단위로 정기적으로 모이면서 하루 종일 세미나를 진행하였다. 이 장 전체에 걸쳐 제시된 논의의 실마리는 이러한 모임들 가운데 하나를 중심으로 전개되었으며, 여기서 논의의 주제는 "곱셈이란 무엇인가?"였다.

분업화 : 다양성과 잉여성의 긴장을 활성화시키기

'내적인 다양성'의 조건은 다음과 같은 중요성을 논의하는 데 활용된다. 즉, 인간의 게놈 안에서 확인되지 않은 엄청난 양의 '잡동사니'와 같은 DNA, 대도시에서 직업 수행 능력의 범위, 지구라는 행성의 생태 다양성, 상이한 뇌의 부분들이 보여주는 특성화된 기능들 말이다. 각각의 경우에 단위, 부분, 구성인자들 사이에 재현된 다양성은 창발적인 조건이 가능한 반응의 원천으로 간주된다. 예를 들어, 만약에 전염병이 창궐하여 인류 전체에 타격이 가해진다면, 현재까지 확인되지 않은 DNA 계열이 일부 사람들에게 면역력을 부여할 수도 있고, 그래서 종의 생존을 보장해줄 수도 있다. 이는 환경에서 나타나는 예측 불가능한 변동에 대한 지성적인 반응이기도 하다. 즉, 동일한 환경에 대한 다른 차원에서의 지성적인 반응이고, 종의 구성원의 관점에서 보면 이는 '보다 더' 지성적인 반응이라 할 수 있다. 이는 바이러스학, 면역학, 사회학, 곤충학, 기후학 등과 같은 다양한 분야에서의 전문 지식을 갖춘 네트워크로 연결된 연구자들 사이의 상호작용으로 이루어진다. 여기서 결정적인 지점은 어느 누구도 어떤 종류의 변이들이 지성적인 행위에 적합한지 그리고 현재의 체계 안에서 다양성을 확보하고 동시에 유지하고자 하는 욕구에 필요한지 미리 규정할 수 없다는 것이다.

앞 단락에서 체계적인 지성과 내적인 다양성을 연결하려고 한 것은 다분히 의도적인 것이다. 내적인 다양성은 가능한 다양한 반응의 범위와 윤곽을 정의하고 있다. 집단적인 인간 행위의 수준에서 이것이 얼마나 동질적으로 생각되든지 간에 말이다. 실제 어떠한 사회 집단이라도 중요하고도 폭넓은 다양성이 존재하기 마련이다. 하지만 이런저런 방식으로 더 큰 규모의 체계로부터 엄격하게 통제를 받는게 현실이다. 혹은 고립된 일정한 종교 집단, 교실 등 다른 구조에 의해 입증되고 있듯이, 다양성을 표현하기 위한 가능성은 쉽게 억제될 수 있다. 이로 인하여 혁신적인 집단 행위를 위한 기회도 최소화된다.

특정한 교실 배경과 관련해서 보면, 이것은 공식적이고 도구적인 모습일 뿐이다. 여기서 출구가 봉쇄된 과제를 중심으로 조직된 '협동학습' 과 협력적인 집단에 근거한 전략에 대해 비판하고자 한다. 협동학습을 보면 특정한 사람을 도우미로, 또 다른 사람을 기록자로, 그리고 그 외의 역할들을 지명함으로써 위에서부터 하향식으로 전개하고 있다. 이를 보면 다양성은 억지로 부과할 수 없다는 것을 알 수 있다. 다양성이란 할당하거나 법으로 강제할 수 있는 성질의 것이 아니다. 다양성은 반드시 존재해야 하고, 이런 의미로부터 출발해야 한다. 만약 집단성을 위해 설정된 과제가 진부한 것이라면, 다양성의 가치가 제대로 인정받기 어려울 것이다.

우리는 '역량 부여의 한계 설정'에 대한 논의에서 이 점을 다시 다루고자 한다.

체계의 내적인 다양성을 보완한 것이 내적인 잉여성internal redundancy이 다. 이는 복잡성의 공동 행위에 필요한 여러 측면의 복제와 초과를 지칭 하는 용어에 해당한다. 예를 들어, 역사학자들이 이집트의 과거 일정 부분을 재구성한다고 해서 모든 사람이 상형문자를 해독할 필요는 없다. 하지만 이러한 종류의 잉여성은 상당히 유용한 부분이 있어 보인다.

대중적인 어법으로 보면, 잉여성이라는 단어는 불행하게도 불필요하거 나 과잉되어 있으며 나아가 비능률에 이바지하는 경향도 있다. 이는 기계 적인 복합 체계에 대한 설명으로는 적합한 용법일지 몰라도 복잡성 통일 체에 대한 설명으로는 타당하지 않다. 참으로 구성인자들 사이의 잉여성 은 복합 체계와 복잡성 체계를 구분하는 핵심 특성들 가운데 하나일 수밖 에 없다. 중요한 차이는 '최적성'이라는 효율성의 측면에서 기계적인 작 동에 관해 생각해보는 것은 모종의 의미가 있는 반면, 복잡성 체계는 이 와 다른 '적합성'의 논리에 따른다는 것이다. 실제로 항상 변동하는 체계 를 위해서 '최선책'을 생각한다는 것은 거의 의미가 없는 일이다. 그리고 자신의 맥락에서 항상적으로 변동하는 체계를 위해서도 이는 마찬가지 이다.

일정한 사회 집단 안에서 잉여성은 공동의 언어, 구성원의 유사한 사회 적 지위, 공동의 책무성, 배경의 항상성 등을 포함하고 있다. 이러한 잉여 성은 사회적인 행위의 배경 속으로 사라지는 경향이 있다. 또한 이와 동 시에 이들 가운데 한두 가지 안에서 일종의 파열구가 존재할 때, 그때서 야 비로소 초점의 대상이 되기도 한다. 적어도 인간들 사이에서 보면, 다 양성보다는 막대한 잉여성이 존재한다. 정합성을 유지하고자 하는 복잡 성 체계의 역량이 구성인자들의 깊이 있는 공통성에 묶여 있는 것이다.

일부 사람들의 뇌가 충격으로부터 회복되는 것을 보면 알 수 있듯이, 일부 회사들은 피고용인의 태업에도 적절하게 대응할 수 있다. 일부 생태계는 종의 소멸이나 발생에 새롭게 적응해간다. 이렇게 구성인자들 사이의 잉여성은 체계로 하여금 스트레스나 급작스런 부상 등 다른 손상에 의해서도 대응할 수 있다.

잉여성은 두 가지 핵심적인 역할을 한다. 첫째, 구성인자들 사이의 상호작용을 활성화시킨다. 둘째, 필요시 구성인자들이 다른 인자들의 실패를 보상할 수 있다. 바로 이러한 의미에서 잉여성은 다양성을 보완하게 된다. 즉, '내적인 다양성'은 맥락의 동역학에 대한 반응 가운데 새로운 행위와 가능성을 활성화시킨다는 점에서 외부 지향적이다. 이와는 달리, 내적인 잉여성은 체계를 구성하는 구성인자들의 습관적인 혹은 순간과 순간으로 이어지는 상호작용을 가능케 한다는 점에서 보다 더 내부 지향적이다.

분명한 결론은 복잡성 집단 안에서 이루어지는 상호작용에 관심을 갖는 교육자와 교육 분야 연구자들이 참여자들을 위한 공통적인 토대를 마련하는 데 집중해야 한다는 점이다. 다시 말해 대부분의 필수적인 잉여성은 대체로 존재할 것이라고 추정된다. 하지만 일부 측면에서 보면 조정할 필요가 있을지 모르겠다. 이뿐만 아니라 일부 측면은 관심을 집중시키기 위해서 공동의 텍스트나 그 외의 다른 인공적인 도구를 도입함으로써 조절해낼 수 있다. 이는 경험 많은 교사들이 잘 알고 있는 지점이기도 하다.

하지만 이들 가운데 어떤 것도 복잡성 통일체의 모든 구성원들이 목적, 기대, 그리고 그 외의 측면에서 "동일한 페이지 위에 있어야 한다."는 것을 말하고자 함은 아니다. 사실, 복잡성 통일체의 진동은 잉여성과 다양한 구성인자들의 혼용 속에 발생하기 마련이다. 체계의 측면에서 보면, 이들은 진동의 안정성과 창의성의 원천이라 할 수 있다. 이러한 요소들과 이들의 균형은 체계 자체에 의해서 엄격히 단정 지어지는 것은 아니지만, 맥락 안에서 이루어지는 체계의 기능이라는 측면에서 보면 더 잘 이해될 것이다. 예를 들어, 구성인자들 사이에서 일어나는 고도의 분업화를 보면, 최소한의 잉여성은 상대적으로 안정적인 배경에서 가장 가치 있는 것이다. 하지만 이것은 건강성을 상실하는 방향으로 연결될 수도 있다. 만약 이러한 맥락의 불안정이 심각해지면 적응력 약화라는 위기를 초래할 수도 있다. 예를 들어, 전면적인 소멸은 종종 정도가 지나친 분업화, 더욱 정확히 말하자면, 지나친 종의 분화와 이로 인한 새로운 조건에 적응하지 못하는 것으로 연결되기도 한다. 마찬가지로 상당히 미세하게 분업화된 작업 공정을 중심으로 조직된 공장은 매우 효율적일 수 있지만, 수시로 변화하는 소비자의 요구에 직면해서는 개량 혹은 갱신이 매우 어려워진다. 상당히 수월하게 상호 교환이 가능한 구성인자들이 낮은 수준의 분업화를 이루고, 이로 인해 최대한의 잉여성이 발생하면 이는 불안정한 상황에 대해 더 적합한 것이 된다. 하지만 잉여성의 증대는 적응 가능성의 약화를 초래할 수 있다. 극단적으로 말하면, 내적인 다양성의 감소는 신속하고 치밀하게 반응할 수 있는 체계의 역량을 약화시키는 것이다. 단지 그 이유는 여유 있는 범위에서 이루어진 다양한 반응들이 결핍되기 때문이다. 이러한 경우에 미미한 섭동조차 체계의 붕괴를 촉발할 수도 있다.

다양성과 잉여성의 역동적인 조합과 같은 분업화의 중요성을 평가하기 위해서 개별적인 구성인자들과 집단적인 체계를 동시 발생적으로 고려하는 것이 중요하다. 다소 역설적으로, '전체 안에서 부분'이라는 사고 양식은 교육적인 논의 안에서 정의하기 어렵다고 입증되어 있다. 그래서 종종 '개인의 이해관계 대 전체 사회의 이해관계' 혹은 '학습자 중심 대 교사 중심'과 같은 화해할 수 없는 긴장의 측면에서 토론이 이루어지곤 한다. 복잡성 철학은 구성인자들과 이들이 구성하는 체계에 대한 인위적인 분리에 근거한 이분법에 내재적인 문제가 존재한다는 답변을 제시할 뿐이다. 이들이 서로 의존한다고 가정할 때, 필연적으로 상호 긴장 관계 속에 있음을 추정하는 것만으로는 의미가 없다. 물론 이것은 긴장이 전혀 존재하지 않음을 말하고자 하는 것은 아니다. 오히려 핵심은 이러한 문제를 생각할 때, 이러저러한 정신이 종종 부적합하고 동시에 반생산적이라는 점을 부각하기 위함이다.

그러므로 분업화를 주목하고 동시에 이를 지지하는 것은 교육자들이 부분과 전체라는 이분법적인 분할 경향성을 피하도록 도와줄 수 있음을 말해준다. 사실 분업화는 개인적인 집착과 집단적인 필연성의 균형을 수반한다. 즉, 이는 '내적인 다양성과 내적인 잉여성의 균형'이라 할 수 있다. 이러한 방식의 논리는 복잡성의 사회적 통일체 안에서 평등을 중심으로 이루어지고 있다는 관심이고, 더불어 유익한 면모라고 할 수 있다. 실제 복잡성의 측면에서 보면, 평등은 기회, 영향 혹은 표현의 동일성에 관한 것은 아니다. 이것은 실상 집단적인 가능성을 서비스한다는 차원에서 특정한 이해관계를 추구하는 자유에 관한 것이다. 우리 자신의 경험에 비추어보면, 이 지점은 현장 교사들과의 연구 작업에서 가장 명백하게 입증된다. 이러한 맥락은 대개 공교육의 일정한 측면, 즉 연구와 관련해 출판하고 기금을 확보하는 등 부수적인 요구와 더불어 이해를 향상시킨다는 점과 모종의 관련성을 형성한다. 반면에 공동 기획에 참여한 교사들은 대개 자신의 참여를 전혀 다르게 구성해간다. 그 이유를 들자면, 여기에는 직업상의 발전, 호기심, 교실로부터 벗어난 휴식, 승진 기회의 제고 등을 위한 기회가 포함되어 있다. 바꿔 말하면, 복잡성 집단에서는 자신의 이해관계를 폭넓은 여지 속에 두어야 함을 말해주고 있다. 물론 이러한 총체적인 기획은 결코 개인적인 이해관계로 환원되어서는 안 되는 것이지만 말이다.

수학 교과 지식에 대한 교사들의 연구에서 교사들과의 연구 모임은 다양한 참여자들에 의해 상이한 방식으로 이루어지기 마련이다. 대부분의 교사들은 이 모임을 '연수 모임'으로 생각한다. 이들이 참여한 중요한 이유는 좀 더 효율적인 수학 교사가 되고자 하는 직업적인 소망이 그 중심에 있다. 교사들과 달리 데이비드, 심트, 수마라와 같은 연구자들에게 이러한 사건은 하나의 '연구 모임'이면서 교사의 지식에 관한 자료를 수집하는 지점이 된다. 연구자들은 수학 교사들이 얼마나 이해하고 있고, 어떻게 지식이 교수법에서 활용되는지 알기 위해 이곳에 와 있는 것이다. 논의 상자 전체를 통해 드러나고 있듯이, 이에 대한 공통의 근거는 수학과 교수법에 대한 새로운 통찰이 공동 생산에 의해 그 안에서 발생하고 있다는 점이다. 주제의 범위는 일반적인 쟁점, 예를 들어, 문제 해결로부터 시작해서 특정한 교육과정과 관련된 주제에 이르고 있다. 여기서 설명하고 있는 곱셈의 경우에서처럼 말이다.

수학 교사들의 교과에 대한 지식을 평가하고자 하는 연구 의제의 측면에서, 연구팀은 "곱셈이란 무엇인가?"와 같은 질문에 대해 다음과 같은 반응을 때때로 발견한다. 즉, 이러한 질문은 대체로 적절하다는 것이다. 그렇지만 이는 여러 가능성 가운데 한 가지에 불과하다. 보통 이러한 체계 안의 모든 구성원에게는 잉여적인 가능성이 있으며, 이는 자동적이면서 동시에 거의 생각을 요구하지 않는다. 예를 들어, "곱셈이란 무엇인가?"라는 빠른 질문에 대한 반응으로 거의 모든 이들이 "덧셈의 반복" 혹은 "일정한 수의 집단화"라고 대답하였다. 그리고 "그 외는?"이라는 다음 단계의 질문을 받게 되면 다들 당황하였다. 그러나 동일한 집단이 자신의 반응을 공유하거나 다른 사람을 위해 설명해 보라고 요구받으면, 일반적으로는 다양한 반응이 나타난다.

집단성의 잉여적인 요소와 관련해서 이 논의의 초점이 된 모임은 두 번째 되는 해의 전반기에 전개되었던 협력 작업에 관한 것이다. 여기서 일상적으로 전개될 정기적인 것과 앞으로 전개될 예상을 설정할 수 있는 폭넓은 기회가 있었다. 곱셈과 관련된 주제는 전년도 교사들에 의해 선정되었던 것이었다. 그래서 이 주제는 공통의 이해관계와 관심사가 될 수 있는 문제를 제시해주었다. "곱셈이란 무엇인가?"라는 질문으로 시작하자는 연구자들의 결정은, 참여자들로 하여금 이 주제에 관한 공통적인 지식을 나타내도록 하는 수단으로 기획되었던 것이었다. 다시 말해 친근한 쟁점을 중심으로 한 공통적인 혹은 잉여적인 요소를 명확하게 밝혀보자는 것이었다. 참여자들은 이러한 점에 대해 확실히 이해하고 있었다. 이들이 예상하지 못했던 것은 "그 외는?"이라는 다음 단계의 질문이었다. 이어지는 논의 상자들 안에서 상세하게 정리되겠지만, 이는 다양한 이미지를 나타내보는 기회이자, 여러 등급 수준에서 곱셈이라는 주제를 형성하는 데 활용된 다른 연상들인 것으로 판명되었다. 바로 이러한 다양한 반응으로 인해 개념적인 해석을 위한 새로운 창발적인 가능성이 발생하기 시작한 것이다.

수준 간 경계를 가로지르는 학습 :
탈중심의 통제를 통한 근거리 상호작용 가능하게 하기

복잡성 측면에서 학습이란 수준 간 경계를 가로지르는 현상이라 할 수 있다. 예를 들어, 사회 집단이 가능성의 목록을 확장하기 위해서는 이를 구성하는 개인들이 반드시 스스로 학습하고 동시에 적응해야 한다.

이는 전혀 새로운 것이 아니다. 복잡성 철학이 제시하는 것은 개인적인 이해관계와 사회적인 이해관계가 서로 경쟁 관계에 놓일 필요가 없다는 것이다. 오히려 이를 확보하기 위해서 일정한 조건이 조정되는 방식을 꿰뚫어보는 통찰이 요구된다. 집단적인 잠재력을 명확히 하면서 동시에 개인적인 기능과 가능성을 촉진시키는 것이 가능하기 때문이다. 여기서의 핵심은 체계의 구조이고, 우선적으로 고려해야 할 점은 근거리에서 구성인자들이 상호작용할 수 있도록 만들어주는 방식이다.

복잡성 체계 안에서 구성인자들은 서로의 행위에 대해 반드시 감응을 줄 수 있어야 한다는 점은 두말할 필요가 없다. 보다 더 큰 통일체 속에서 결집된 근거리의 구성인자들은 반드시 소통을 해야 한다. 하지만 분명치 않은 점은 연구 집단, 교실 배치 혹은 심지어 개인 심리 등과 같은 지식을 생산해내기 위해 공동체의 맥락에서 무엇이 근거리인지 그리고 어떻게 구성하는지이다. 교육적인 주제를 중심으로 복잡성 행위를 해석하고 동시에 촉발하고자 하는 노력을 통해 우리가 깨달은 것은 지식을 지향하는 공동체 안에서의 근거리 구성인자들이 물리적인 신체도 아니고 사회적인 집단도 아니라는 점이다. 이는 부정할 수 없을 정도로 중요하지만, 개인과 집단의 상호작용이 공통적으로 추정되는 만큼 핵심적이거나 유용하지 않을 수도 있다. 오히려 이것은 서로 상호작용해야 할 근거리 구성인자들의 이념, 예감, 의문, 그리고 표상에 대한 서로 다른 방식이라 할 수 있다.

여기서 우리가 인지하는 것은 앞의 문장으로 쓰인 구절 속에 위험한 요소들이 포함되어 있다는 것이다. 개념이 '상호작용'할 수 있다는 주장은 객체로서의 지식이라는 은유법을 상기시키는 것으로, 혹은 '지향성'을 이념으로 귀속시키는 것으로 해석될 수 있다. 앞서 전개한 바 있듯이, 우리는 행위에 대한 잠재력 측면에서 지식을 이해하고자 한다. 인식하고 있는 행위자가 새로운 경험을 해석하고 동시에 체현할 때마다 필연적으로 역동적이고 심지어는 변덕스럽고 항상적인 수정에 종속되게 된다. 여기서 우리가 전개하고자 하는 원리는 이러한 잠재력이 다른 잠재력을 촉발시킬 수 있도록 하자는 것이다. 그리고 이 과정에서 더 세련되게 여러 가능성 안으로 녹아들어 갈 수 있도록 하자는 것이다. 이것은 희망 속에서 이들을 활성화시킨다는 그런 차원에 중요성이 더 기울어져 있다는 것을 말해준다. 이와 관련하여 몇 가지 언급하자면, 정기 학술대회, 세미나, 정기 간행물, 비공식적인 논의, 그리고 객원교수의 활동 등이 있을 수 있다. 이러한 종류의 사례가 전개되는 학계를 살펴볼 필요가 있다. 이러한 상호작용의 구조를 지적하기 위해서 활용되는 주요한 은유법에는 '대화'가 있을 것이다. 이것은 현상에서 우발적으로 연동되는 본질을 전면에 부각시킨다.[11] 불행하게도 이러한 이념적인 상호작용의 방식을 더 잘 설명할 수 있는 영어 단어가 아직까지 나타나지 않고 있다. 그래서 다소간 문제는 있지만, 생산적인 이념의 충돌, 상충, 병렬 등에 의존하고 있는 것이다.

이념들 사이의 상호작용에는 신체적인 요소가 종종 존재한다. 이념들이 서로 부딪히기 위해서는 반드시 일정한 방식으로 나타나야 한다. 예를 들어, 정기 학술대회에서는 구술과 관련된 표현으로 나타나고, 출판물 텍스트에서는 문자로 표시된 진술로 나타나기 마련이다. 따라서 다양한 표상들의 병렬은 서로 다른 해석을 촉발시킬 수도 있다. 실제로 표상이 될 때는 전혀 다른 것을 촉발시킬 수도 있다. 바꿔 말하면, 지식 생산 체계에서 구성인자들이 개념적인 특징을 강조하면서 사회적인 상호작용의 역할을 무시하거나 혹은 최소화하려는 의도는 아니라는 말이다. 이념적인 네트워크는 사회적인 네트워크 위에 편승하기 마련이다. 핵심은 이들이 붕괴되어서는 안 된다는 것이다. 이것은 의미의 개인적인 그물망이 신경학적인 네트워크로 환원될 수 없다거나 혹은 지식의 신체가 현장 실천가들에게 환원될 수 없다는 측면과 동일하다. 여기서 이념적인 네트워크인 수학, 사회적인 네트워크인 수학자, 그리고 매개적인 표상 사이의 관계에 대해 로트만Brian Rotman 의 설명은 설득력이 있다.

수학은 하나의 행위이며 하나의 실천이다. 만약 참여한 사람들을 관찰한다면, 오랜 시간 동안 자신과 서로 간에 소통하는 과정에 이들이 연동되어 있음을 추론하지 않는다는 것은 고약한 일이 될 것이다. 여기에는 읽고 쓰고 교환되는 표준적으로 제시된 공식적인 교재들이 항상 존재한다. 예를 들면, 노트, 교과서, 칠판 강의, 기사, 요약판, 평론 등이 그것이다. 그리고 이것들이 말하고 몸짓하고 설명하고 추측하고 반대하고 그림으로 표현하는 등의 일을 하게 될 때, 발생하는 모든 비공식적인 의미를 나타내는 행위에 의해 촉발되는 추론을 가리킨다.[12]

여기에는 반드시 근거리의 상호작용이 존재할 뿐만 아니라 상호작용하는 근거리 구성인자들의 충분한 밀집 상태가 보장되어야 한다. 익숙한 예를 들어보면, 전통적인 지시에 의해 추동되거나 과중한 행정 업무가 부과되는 일을 생각해보자. 겉으로 보기에 이런 배경 안에서는 개념적인 가능성이 풍부한 해석의 계기를 가지고 창발성이 많이 나타날 것으로 보이지 않는다. 우리가 말하고자 하는 핵심은 이러한 개념적인 다양성이 존재하지 않는다는 것이 아님을 주목해주었으면 한다. 오히려 쟁점은 현재의 통찰을 표상하고 혼합하는 수단이 활용되지 못할 수도 있다는 데 있다.

결정적으로 함축된 놀라운 의미는 사회 집단 안에 특별한 종류의 조직적인 구조가 반드시 존재할 필요는 없다는 것이다. 오히려 이념들이 서로 부딪치도록 보장해주는 기제들이 자기 자리를 잘 차지하고 있어야 한다. 소규모 집단의 모임, 원탁토론, 면대면 상호작용 등은 대규모 집회, 일렬로 늘어선 대열, 텍스트를 통한 상호 교환만큼이나 효율적이지 못할 수도 있다. 참으로 일부의 사례지만 후자는 상당히 효율적일 수 있다. 그러므로 핵심 지점을 재서술하기 위한 복잡성 철학은 근거리 상호작용의 중요성을 설명하는 데 초점을 맞출 수밖에 없다. 하지만 이념들의 구성과 혼합을 달성하고자 하는 수단에 관해서는 일반화된 충고가 거의 제공되지 못하고 있다. 교사와 교육 분야 연구자들은 반드시 이념의 표상과 상호작용을 제공해야 하지만, 한편으로 그런 수단들은 특정 쟁점, 맥락, 그리고 관련된 참여자에 따라 반드시 우발적인 개별 사례에 근거하여 고려되어야 한다.

우리의 경험에 비추어 근거리 상호작용을 가능케 하는 첫 번째 교훈은 반드시 집단의 구조와 결과를 통제하고자 하는 어떤 바람도 버려야 한다는 것이다. 뇌, 개미집, 도시, 그리고 생태계 등과 같은 맥락에서 보면, 지식 생산 집단에서의 통제는 반드시 국지적인 행위 속에서 발생하는 탈중심적인 것으로 이해되어야 한다.

지식 생산 체계에 대한 이러한 논의에 주목하면서, '근거리 구성인자'라는 용어가 이념을 지칭하기 위해 사용되는 것처럼, '통제' 또한 창발적인 개념의 가능성과 관계가 있다. 우리의 주장은 어떤 경우든 간에 교사 혹은 교육 분야 연구자들이 물리적인 구조와 공간을 조직하기 위해 자신들의 책임을 포기해야 함을 말하는 것이 결코 아니다. 오히려 우리는 해석의 범위 확대 그리고 물리적인 체계에 대해 상당히 엄격한 한계 설정을 수반할 수 있어야 한다고 말하는 것이다. 다음 부분에서 논의하겠지만, 간단히 말해 핵심은 물리적인 조건과 반대로 해석의 가능성이 관리될 수 없다는 것이다. 단 하나의 혹은 중앙집중적인 권위를 부과하는 것은 지식 생산자로서 집단의 잠재력을 소멸시키는 것이 된다.

오늘날 이러한 쟁점과 관련된 한 가지 사례는 '인공지능 연구'에 의해 제공되고 있다. 여기에서는 빠른 속도의 중앙처리 장치와 막대한 데이터베이스를 통해 산출물을 관리한다. 이러한 노력이 상호 간의 학습과 감응을 가능하게 하는, 즉 상호 적응과 자기 조직화를 통해 작은 규모의 분업화된 하부 체계의 평행적인 연결을 중심으로 전개되는 그런 기획으로 대체되어버렸다. 결과적으로 자신들의 분업화를 조정함으로써 스스로 해야 할 일이 무엇인지 밝혀내는 체계를 창조하게 된 것이다. 비록 1950년대에 연구자들은 여전히 과학자와 공상과학 작가에 의해서 기획된 일종의 초지성super intelligence 을 이룩하지는 못했다. 하지만 앞선 반세기에 걸친 슈퍼컴퓨터의 접근 방식에서 이루어진 것보다 지난 10년에 걸친 탈중심적이고 자기 조직적인 접근 방식에서 훨씬 더 많은 진보가 이루어졌다. 또다른 많은 사례들이 복잡성 통일체의 생명력을 위한 탈중심적인 통제의 중요성과 관련해서 인용될 수 있다.[13] 만약 복잡성이 일어나려면 반드시 통제를 포기해야 한다는 인식이 점차 확산되고 있고, 켈리Kevin Kelly[14] 는 이를 중심으로 는 복잡성 과학에 대해 설명하고 있다.

교육에 대한 이러한 맥락은 겉으로 보기에 복잡성에서 나타나는 창발성의 조건이 즉각적으로 함축된 의미를 지니는 것으로 보인다. 즉, 교사 중심의 교실과 연구자 주도의 연구 등이 내재적으로 문제가 있는 것처럼 보인다는 것이다. 적어도 미리 설정된 목표를 달성하고자 하는 점에서 그럴 수도 있겠지만, 그렇다고 결론이 완전히 정당화될 수는 없다. 사실 탈중심적인 통제의 조건은 학생 중심의 교실과 참여자를 추동하는 연구의 개념적인 구성에 대해 문제를 제기한다. 복잡성에서 나타나는 창발성의 조건은 교사/연구자 중심과 학생/참여자 중심의 주장 모두를 강조하는 가정에 서 있다. 즉, 학습이 이루어지는 지점이 개인이라는 가정 말이다. 이런 이유 때문에, 우리로 하여금 이의를 제기하도록 강력히 요구하는 것이다. 게다가 학습은 다른 여러 수준에서 발생하는 것이고, 이 점을 제대로 평가하기 위해서는 반드시 교육 집단 안에서 바라고 있는 복잡성 통일체의 본질에 관해 명확히 해야 한다. 우리에게 있어서 이러한 복잡성 통일체는 공유된 이념, 통찰, 기획, 개념, 그리고 지식의 신체를 집단적으로 구성하고 있는 이해들이다. 이런 점을 강조하기 위해서는 이와 관련된 목표가 개인 상호 간의 집단성이 아니라 집단적인 인식 행위collective knowing

이며, 지식 생산 체계는 이 체계에 의해서 생산된 지식과 동일한 것이 아님을 주목해야 한다.

여기서는 '공유한다는 것shared'이 핵심적인 관점이다. 우리는 이것을 의도적으로 '탈중심적인 것decentralized'과 동의어로 사용하고 있다. 공통적으로 '지식의 공유' 혹은 '이해의 공유' 등과 같은 표현도 그 해석에 있어서는 동일성을 암시하는 것으로 간주된다. 그러나 여기서 의도하는 의미는 책임, 기회, 그리고 다른 객체와의 동일화라는 관계 속에서 이루어지는 용법과 일맥상통한다. 이러한 현상이 공유되고 분산되는 것과 같이 집단의 기획과 지식도 마찬가지이다. 그러나 이러한 제안은 오로지 관찰자가 집단의 맥락에서 지식과 인식 행위가 구성인자들을 가로질러 확산되도록 할 경우에만 의미가 있다.

공유 혹은 탈중심적인 통제에 대한 이러한 생각은 우리의 관심을 지도자의 행위에 대한 문제로부터 권위에 대한 합의 영역으로 이끌도록 촉발시킨다. 구조를 결정하는 데 복잡성 체계 안에서 외부적인 권위가 부과될 수 있는 것은 아니다. 하지만 그저 단순하게 가능성을 조건 지우거나 실현시키도록 한다. 체계 그 자체가 수용 가능한 것과 수용 불가능한 것을 "결정하는" 것이다. 공유 혹은 탈중심적인 일이나 이해와 관련해서, 실용적으로 말하자면, 그 핵심은 어느 누구도 적합하거나 정확한 행위의 문제에 관해 최종적인 권위로서 자기 자신을 혹은 텍스트나 다른 지도자를 설정하려고 노력해서는 안 된다는 점이다. 구조는 학생들이 이러한 결정에 참여할 수 있도록 하는 방향과 위치를 잡는 데 있다. 동시에 잡을 수 있도록 해주어야 한다. 따라서 효율적인 교육과 연구 실행을 하는 데에서 중요한 요소는 지향성, 해석, 그리고 적합성의 문제를 중심으로 통제 권한을 분산시키는 능력이다.

이러한 쟁점은 교육 혹은 교육 분야 연구에서 새로운 것은 아니다. 6장에서 설명했듯이, 비판적이고 해방적인 자세를 취했던 수많은 이론가와 연구자들에 의해서 철저하게 전개되었던 것이다. 여기에는 너무 유명한 학자들이 포함되어 있다. 프레이리Paulo Freire, 피나William Pinar, 그루멧 Madeleine Grumet, 애플Michael Apple, 엘즈워스Elizabeth Ellsworth 등이 그들이 다. 아동 대 사회, 교사 대 학습자, 지식 대 인식 주체 등과 같은 이분법을 거부하면서 이들 이론가들은 권위에 대한 대안적인 해석을 제공하였다. 예를 들어, 권위를 외적이고 독백의 형태로 부과하는 대신 널리 확산되어 있는 담론을 상기시키는 측면으로 설명하였다. 복잡성의 측면에서 보면, 합의 영역 안에서 행위하는 것으로 설명한 것이다. 다시 한 번 이들 이론 가들의 지난한 몸부림 속에 웅변하고자 했던 의도를 분명히 하자면, 학습 이 이루어지는 지점은 결국 개인이라는 가정 하에 문제를 제기한다는 것 이다. 복잡성 철학 안에서 학습은 구성인자들 사이에서 동시에 여러 수준 을 가로질러 분산되어 있듯이 권위 또한 마찬가지인 것이다.

위와 같은 모습을 좀 더 도발적으로 말하자면, 학습이 분산되어 있듯이 권위의 근원 또한 그러하다고 볼 수 있다. 복잡성 사회 체계 안에 중심에 있는 '대상'은 결코 개인이 아니다. 오히려 하나의 이념, 공통적인 헌신, 공동의 목표, 집단의 지향성, 창발적인 가능성 등이라 할 수 있다. 이것이 의미하는 바는 거의 모든 사회 집단이 일정한 수준의 의미 있는 상호작용 을 가능하게 하면서, 이에 적합한 잉여성을 담보하고, 이를 통해 항상적 인 복잡성 통일체를 유지하는 것이다. 예를 들어, 어떤 교사를 보더라도 이를 입증해낼 수 있다. 연구 기간 중에 처음 며칠부터 각각 새로운 교실 집단의 구성원들이 모였는데, 교사들은 사회적인 위치 선정하기, 집단의 규범 설정하기, 집단의 정체성 확립하기 등을 조정하면서 복잡성 행위에 적극적으로 참여하였다. 이러한 종류의 사회 행위는 어떤 방식으로 고무 되든 혹은 그렇지 않든 관계없이 전개되기 마련이다. 하지만 전통적인 교실을 생각해보면 이러한 모습들은 잘 보이지 않고 방해받는 경향이 있다. 생산된 지식에 대한 탈중심적인 통제보다는 오히려 교실 관리에 대한 집착, 즉 지식 생산 체계에 대한 통제가 주가 되어 있기 때문이다. 그러므로 쟁점은 탈중심적인 통제의 조건이 사회 집단 안에 존재하느냐가 아니다. 왜냐하면 이는 항상 존재하기 때문이다. 오히려 문제는 이러한 조건이 개념과 해석의 가능성을 얼마만큼 의미 있게 발달시켜 연결할 수 있는가 혹은 그렇지 않은가에 달려 있다.

토론 상자 7.3
수준 간 경계를 가로지르는 지식의 발달

앞서 논의 상자에서 지적했듯이, "곱셈이란 무엇인가?"라는 질문에 대해 교사들의 최초 반응은 그 한계가 분명했다. 논의를 위한 정교함은 말할 것도 없고, 어떤 전망도 제공하지 못하는 것처럼 보였다. 그러나 참여자들에게 서로 의견을 나누고 다른 해석을 탐색해보라고 요청했을 때에는, 아주 짧은 시간에 몇 가지 서로 다른 가능성을 생성시켰다.

서로의 생각에 대해 상호작용이 가능하게 하기 위해서 연구자들은 분임별로 포스터 위에 자신의 해석 목록을 준비해보라고 요구하였다. 자신의 포스터를 준비하는 충분한 시간을 가진 후, 그 결과물은 회의실 전면에 게시되었다. 일련의 설명, 논의, 질문 제기 등을 통해 핵심 지점이 단 하나의 요약 포스터 안에 종합, 정리하도록 하였다. 그 내용은 다음과 같다.

곱셈은 다음과 같이 관련되어 있다.

· 덧셈의 반복 : (예) $2 \times 3 = 3+3$ 혹은 $2+2+2$
· 동일한 숫자의 모음 : (예) 2×3은 "3이 2번 모음"이라고 의미할 수 있다.

· 좌표에서 건너뛰기 : (예) 2×3은 "3의 길이를 2번 뛰기"라고 의미할 수 있다.

· 연속적인 종이 접기 : (예) 2×3은 한 면을 먼저 2부분으로 접은 다음 연속적으로 3번 접는 것을 가리킬 수 있다.

· 다층 구조 : (예) 2×3은 "2개의 층이 있고, 각각의 층이 다시 3개의 층을 포함한다."고 의미할 수 있다.

· 비율적인 계산의 기초 : (예) 1L당 2$라면 3L는 6$의 비용이 든다.

· 나눗셈의 역산 : 반복된 뺄셈, 동일한 분할, 좌표상의 분절 등에 관해 나눗셈을 하는 것이다.

· 일종의 덧셈과 거듭제곱의 매개 : 곱셈은 반복된 덧셈이고, 거듭제곱은 반복된 곱셈이다.

· 대열 – 생성 : (예) 2×3은 3에 대한 2개의 가로줄 혹은 3에 대한 2개의 세로줄이다.

· 면적 – 계산 : (예) 3의 면적을 가진 직사각형 2개는 6의 면적을 가진다.

· 차원 결정하기

· 좌표상의 확장과 압축하기 : (예) 2×3은 "하나의 좌표가 2의 요소에 의해서 확장될 때 3은 6과 대응한다."고 의미할 수 있다.

긴 논의 끝에 곱셈이란 개념은 결코 투명한 것이 아니라는 점에 대해 합의가 이루어졌다. 특히, 곱셈은 이러한 해석들의 단순 총합이 아니라는 점이 서로 의견을 교환하는 과정에서 강조되었다. 곱셈은 일종의 복잡한 개념의 혼융이었다. 학교교육에서 모든 급별 수준의 교사들이 이러한 이념의 발달과 정교함에 참여하게 된 것이다.

더욱 중요한 점은, 연구의 전 과정을 통해서 개별 참여자들의 수학적인 지식이 집단 자체의 창발적인 수학적인 이해와 구별될 수 없다는 것이 점점 더 분명해졌다는 점이다. 특정하게 이해하는 권위의 근원을 특정 개인에게 귀속시키는 것이 불가능해졌다는 말이다. 더군다나 최종적인 산출물은 참여했던 어떤 개인이든 그 지식을 초월하는 것이었다. 이런 권위의 근원은 탈중심이었던 것이다.

비록 그 결과물이 분명히 집단적인 것이었다 하더라도, 모든 참여자들은 이 주제에 관해 많은 것을 학습한 것으로 입증되었다. 몇몇 논평은 자신들이 과거 어떤 시기에 학습했었던 것보다 이 연구 과정을 통해 곱셈에 관해 더 많은 것들을 학습했다고 하였다. 즉, 학습이 적어도 조직의 두 가지 상이한 수준을 가로질러 발생한 것이다.

역량 부여의 한계 설정 : 무작위성(혼돈)과 정합성의 균형 맞추기

처음 들어본 사람이라면, '역량 부여의 한계 설정'이라는 말이 모순어법처럼 들릴 수 있다. 그러나 바로 이것이 복잡성에서 나타나는 창발성을 위한 잠재력에는 결정적인 것이다. 이는 집단으로 하여금 목적과 정체성에 초점을 유지하면서, 정합성의 원천과 이 집단으로 하여금 항상적으로 조절하고 적응하도록 강제하는 파열구와 무작위성(혼돈)의 원천 사이의 균형을 결정하도록 도와주는 구조적인 조건을 지칭한다.

복잡성 체계는 규칙의 지배를 받는다. 하위 세포이건 혹은 종을 초월하는 수준이건 간에 이러한 통일체는 부과된 한계 설정에 종속될 수밖에 없다. 일부의 한계 설정은 맥락에 의해, 일부의 다른 한계 설정은 통일체의 구조에 의해, 또 다른 일부의 한계 설정은 구성인자들과 배경의 상호 전제를 밑바탕에 둔 행위를 통해 결정된다. 그러나 원천에 관계없이 이러한 한계 설정의 공통적인 특징은 이것들이 미리 규정되어 있는 것이 아니라 금지되어 있다는 점이다. 이는 생존하기 위해 반드시 준수해야 할 부과된 규칙이 아니라 생명력을 유지하기 위해서 반드시 피해야 할 조건이다. 예

255

를 들어, 정합성을 유지하기 위해서 인간은 높은 빌딩에서 뛰어내려서는 안 되고, 다른 사람을 공격해서도 안 되며, 독을 먹어서도 안 된다. 존슨 Johnson 은 이런 내용을 정리해서 말하고 있다. 복잡성에서 나타나는 창발성도 다음과 같은 내용 안에서 발생한다.

> 복잡성에서 나타나는 창발성은 규칙이 지배하는 체계 안에서 발생한다. 학습, 성장, 그리고 실험을 위한 이들의 능력은 낮은 수준의 규칙을 스스로 지킴으로써 도출되는 것이다. …… 복잡성의 행태는 게임과 같이 규칙에 의해서 정의되는 경계 안에 살아 있는 모든 것들에 관한 것이다. 하지만 부분들의 단순 총합보다 더 큰 어떤 것을 창조하기 위해 그 공간을 활용하는 것이기도 하다.[15]

사회 체계 안에는 금지를 규칙의 구조로 가진 사례들이 너무 많이 존재한다. 아마도 유대 및 기독교 전통 안에서 성장한 이들에게 가장 유명한 사례는 십계명일 것이다. 이는 '무엇을 해야 한다' 고 미리 규정하는 것이 아니라 '무엇을 하지 말아야 한다' 고 금지하는 목록을 제시하고 있다. 수용 가능한 행위보다는 오히려 수용 불가능한 행위를 금지함으로써, 집단의 정체성 형성을 위한 조건이 설정될 뿐만 아니라 가능성에 대한 미탐색의 공간, 즉 무작위성 혹은 혼돈이 비로소 개방되는 것이다.

이 점에 관해서 좀 더 세련되게 정리하자면, 연구 목적에 대해 다음과 같은 명제를 제시해볼 수 있다.

(1) 이 연구를 통해서, 우리는 나이 어린 학습자들의 독서 능력 향상에 기여하는 핵심 요소의 상대적인 중요성을 결정하는 슬리만의 규약 Sleeman's protocol 을 활용할 것이다. 여기에서 독서는 연령에 적합하게 맞춘 텍스트를 해독하는 능력 측면에서 이

해된다.

(2) 이 연구에서 우리는 초등학교 수준의 읽고 쓰는 능력을 조사할 것이다.

복잡성 측면에서 두 가지 명제는 모두 오류가 있다. 첫 번째는 확실히 정합적이지만 반대로 지나치게 제약을 받고 있으면서 동시에 한계를 설정하고 있다는 점이다. 이것의 결론은 사실상 보장된 것이고, 많은 측면에서 추정되고 있으며, 이러한 방식으로 목적이 명료해지면서 해석적인 틀은 이미 규정되어버린다. 이러한 연구를 추구하기 위해서 연구자들이 관찰하고 측정하는 '요소'에 대해 이미 공식화된 목록으로 시작해야 할 것으로 보인다. 그러므로 기껏해야 현재 상태를 확인해주거나 상식을 검증하는 정도밖에 할 수 없다. 이와 대조적으로, 후자는 많은 것이 규정되어 있지 않고 동시에 불명확한 상태에 있다. 신경생리학, 심리학, 사회학 등 너무 다양해서 연구 행위에 의미 있는 형태를 제공하지 못하고 있다. 다만 비판적인 논의에 대한 연구 가능성을 열어준다.

이와 대조적으로 복잡성 사회 체계를 정의하는 구조는 구성인자들의 행위 방향을 설정하는 충분한 정합성과 유연하고 다양한 반응을 가능케 하는 충분한 무작위성(혼돈) 사이의 섬세한 균형을 유지하는 것으로부터 이루어진다. 이러한 상황은 "모두 동일한 일을 한다" 혹은 "모두 각자 자신만의 일을 한다" 등의 문제가 아니라, "모두가 공동으로 기획한 것 안에서 참여한다"의 문제인 것이다. 우리의 경험으로 보면, 연구 목적의 명제 안에서 이루어지는 미세한 조정은 가끔은 지나치게 협소하거나 혹은 지나치게 개방적인 과제들이다. 그리고 이는 역량 부여의 한계 설정으로 변형시키기 위해 모두 필요한 것들이다. 예를 들어 다음과 같은 명제가 있을 수 있다.

본 연구에서는 '읽고 쓰는 능력' 의 개념과 오늘날 학습에 대한 두 가지 대표 이론인 인지주의와 사회적 구성주의 안에서 명확하면서도 함축적인 독서 능력을 평가하는 수단을 검토하고 비교할 것이다.

사실상 우리는 글자 그대로 10여 가지의 가능성을 제시할 수 있다. 결정적으로 제시될 수 있는 특징을 보면, (1) 충분히 한계가 설정된 영역, 즉 이런 경우에는 '읽고 쓰는 능력' 을 중심으로 한 담론에 근거한 충분한 정합성이고, (2) 예상하지 못한 가능성, 예를 들면 학습에 관한 분명한 담론들의 병행과 같은 창발성을 가능케 하기 위한 무작위성(혼돈)에 대한 개방성이 그것이다.

여기서 우리가 논의하는 무작위성(혼돈)이란 체계 그 자체보다는 체계의 맥락에 대한 조건이다. 앞서 밝힌 내용을 반복해서 말하자면, 복잡성 통일체의 행태는 고정된 것도 아니고 혼돈의 것도 아니다. 오히려 이러한 체계는 무작위적인 맥락에서 발생한 소음에 의해 영향을 받고 동시에 이를 이용한다. 이러한 소음은 발생하지 않았을 것으로 예상된 다양한 가능성을 촉발할 수 있다. 사실 무작위적인 소음을 최소화하려는 널리 만연해 있는 소망은 일부 교실이 지성적인 집단으로 작동하지 않는 이유 가운데 하나이다. 바로 무작위적인 소음의 필연적인 존재 때문에 연구에 대한 문제 제기가 엄격하게 설정되지 않고 있다. 하지만 반드시 새로운 통찰이 일어나고 동시에 새로운 의문이 발생하는 연구 과정을 통해서 항상적인 수정을 받아들여야 할 것으로 보인다.

이 점과 관련해서 자연과학 연구자들과 인문·사회과학 연구자들 사이에서 질문을 정의하는 접근 방식에 대해 대조해봄으로써 그 밀접한 관련성을 알 수 있다. 후자의 주제는 상당히 역동적인 경향성이 있다. 다시 말해 이동하는 목표물, 즉 일반적으로 질문의 제기와 방법론의 설정 두 가지 모두에 대해 좀 더 유연한 자세를 요구한다. 이러한 유연성은 약점도 아니고 한계도 아니다. 이것은 복잡성 통일체의 일부이기 때문에 필연적인 특징을 보여준다. 그러나 이러한 내용으로 인해 연구를 금지하고자 하는 태도는 미리 규정된 채로 지향하면서 교육적인 맥락 속에 수용될 때 발생할 수 있는 긴장을 강조한 것이라 할 수 있다. 실제로 보면 꼭 적합하다고 한 것이 항상 바람직한 것만은 아니다. 특히, 측정 가능한 결과와 방법론적인 엄격성에 대한 검증에 대해 일정한 기대가 존재할 때는 더욱 그럴 수 있다. 하지만 사실은 백 년 이상 이러한 요구에 의해 영향을 받았던 교육 분야 연구의 문화는 논박할 수 없는 증거에 의해 뒷받침되어왔다. 안정적이고 일반화가 가능한 결론에 의해서 거의 어떠한 성과도 생성시키지 못했던 것이다. 복잡성 철학은 결코 일어나지 않을 것 같은 부분을 제안한다.

토론 상자 7.4
지식 발달을 위한 역량 부여의 한계 설정

연구 기간 동안, 교사들은 공동의 해석과 문제 해결 과제에 참여할 수 있도록 초대받았다. 이러한 과제는 교사들이 직접 선택한 수학 주제를 중심으로 전개되었다. 그리고 이들은 연구자들로 하여금 자신들의 수학 지식의 윤곽 일부를 상세하게 그릴 수 있도록 설계되었다.

처음에 이러한 과제의 일부는 상당히 협소한 것처럼 보일 수 있다. 이들 중 많은 부분들은 즉각적이고 동시에 치밀하게 설정된 반응처럼 보인다. 일련의 논의의 초점으로 작용했던 "곱셈이란 무엇인가?"의 사례를 보자. 이는 참으로 대부분의 수학 평가의 맥락에서 단 하나의 정확한 정답만을 가진, 출구가 봉쇄된 질문으로 보일지도 모른다.

이러한 특징은 실제로 중요하다. 참여자들은 과제와 관련이 있고 동시에 해낼 수 있는, 즉 정합적인 것으로 지각할 필요가 있다. 마찬가지로 보다 폭넓은 논의를 위해 공간을 개방할 수 있는 질문들 속에 흥미로운 것들이 충분히 들어가 있어야 한다. 곱셈의 사례에서 보면, 이것은 교사들의 즉각적인 반응으로 표상되면서 실제적인 개념의 복잡성을 반영하지 않는다는 점을 교사들이 깨달은 사례였다. 바꿔 말하면, 다음 질문이었던 "그래서 그 외의 것은?"이라는 일정한 개방성 혹은 불명확성, 즉 일종의 내재적인 무작위성을 기치로 내세우는 데 이바지한 것이다.

게다가 이 지점에서 새로운 해석이 제안되고 다른 것들이 혼합되면서, "곱셈이란 무엇인가?"라는 질문에 정해진 반응이 존재하지 않았다. 이뿐만 아니라 새로운 적용, 이미지, 은유법이 혼합 속으로 던져질 때마다 그 해답이 끊임없이 반복되고 정교화되어 항상 움직이는 목표물이 되었다는 점이 점차 분명해졌다.

이렇게 구성되면서 연구자들의 주요 역할은 참여자들에게 의미 있고 적합하게 구조화하는 것이었다. 이러한 과제의 측면에서 참여자들 스스로 이념을 통해 해석하는 방식으로 그 배경을 조직해나갔다. 이러한 논의의 맥락에서, 연구자들은 교사들이 가르치는, 가르칠 수 있는, 그리고 가르쳐야 할 방법에 관해 교사들 스스로의 논평을 청취하였다. 이렇게 명료화해 가는 과정 속에서 수학의 개념뿐만 아니라 개념이 전개되고 학습되는 방식에 대한 심오한 이해가 이식되었다. 바꿔 말하면, 기존에 설정된 수학에 대한 교사들의 지식과 수학이 설정되는 방식에 대한 이들의 지식은 설명할 수 없을 정도로 뒤엉켜 있었다는 말이다. 다른 용어로 말하자면, '교수법을 위한 수학'이라는 표현은 내용에 대한 숙달만을 말하는 것이 아니다. 이는 개별적이면서 집단적인 수준 양쪽 모두에서 진정한 복잡성 현상에 대한 지식 발달을 통해 교사들을 이해하는 것으로 지칭하는 것이다.

다른 조건들

우리가 이 장에서 제시한 여섯 가지 조건들, 즉 다양성, 잉여성, 근거리 상호작용, 탈중심적인 통제, 정합성, 무작위성 등은 이보다 훨씬 긴 목록의 일부에 지나지 않는다. 복잡성 연구자는 이외의 많은 것들을 규명해왔다. 여기에는 다음과 같은 것들이 포함되어 있다.

· 부정적인 피드백 고리 : 체계를 제어하는 기제로서 여러 측면이 통제로부터 벗어나서 나선형을 그리지 않는다.

· 긍정적인 피드백 고리 : 체계에 유익할 수 있는 특정 속성이나 동역학을 증폭시키는 수단이 된다.

· 사멸의 가능성 : 구성인자의 상호 의존성을 가정할 때, 이들의 상호작용 안에서 의미심장한 파열구는 체계의 연쇄적인 실패와 파국적인 붕괴 가능성을 만들어낸다. 이는 하나의 구성인자가 실패하거나 이탈하는 것으로부터 발생하는 관계의 그물망 안에서 이루어지는 변동과 같다.

· 정보 보존의 수단 : 복잡성 통일체는 자신의 역사와 정체성을 체화하여 관련 정보를 보존하지 못하면, 무능력으로 인해 체계 붕괴를 가속화시킬 수 있다.

· 섭동 속의 안정성 : 비록 균형을 이루는 상태가 매우 멀리 존재한다 할지라도, 체계를 구성하는 행위와 상호작용의 유형은 반드시 일정한 안정성을 지녀야 한다.

· 불안정성의 재생산 : 만약 하나의 체계가 적응하려면, 반드시 '실수'의 여지를 남겨두어야 한다. 이것은 상대적으로 안정적인 유형 위에서 변화의 창발성을 위한 여지라고 할 수 있다.

물론 이외에 다른 것도 계속 열거할 수 있다.[16] 하지만 본 장에서 논의한 조건들을 선택할 수 있는 근거는 교육자나 교육 분야 연구자가 감응을 줄 수 있거나 부분적으로 수정할 수 있는 정도임을 말하는 것으로 충분해 보인다. 예를 들어, 확대해서 본 사례들이 예증하고 있듯이, 우리는 기꺼이 연구 집단이나 교실 안에서 다양한 이해를 표현할 수 있다. 하지만 이와 대조적으로, 우리가 부정과 긍정의 피드백 고리들로 부분 수정하는 방법들이 아직까지는 명확한 것은 아니다. 이들을 위해서 그리고 위에서 열거한 다른 이들을 위해서, 우리는 인간 사회의 체계 내에 이미 존재하고 있고, 상당히 정밀하게 전개되고 있다. 이것들은 생물학적인 수준이나 은밀한 수준에서 작동하는 경향이 있고 이들 조건에 의존하고 있음을 말해 준다.

마무리 언급 : 재구조화의 필요성에 대해

이 장에서 설명한 바와 같이, 복잡성과 관련된 정보 연구에 대한 설명은 어떤 사건이라도 결코 복제가 가능하지 않고 심지어 모델도 될 수 없다. 기껏해야 이것들은 전형이 아니라 예시로서 이용될 뿐이다. 진실로 우리 자신은 서로 다른 배경 속에서 연구를 "복제하고자 하는" 노력 가운데 실패하였다고 볼 수 있다. 그 이유는 주로 다양한 맥락이 갖는 특수성에 대하여 제대로 적응하지 못하는 무능함 때문이다. 풍부하게 펼쳐진 특정한 기획들에 힘입어 배경 사이에 발생하는 모호함을 지각하는 데 잘못 해석하거나 실패한 것이다. 그리고 이 과정에서 그저 이곳에 존재하지 않는 정합성을 추정하기도 하였다.

돌이켜보면, 이러한 사례들은 본 장에서 논의된 여섯 가지 조건과 세 가지 역동적인 균형에 관심을 두지 못했다. 하지만 우리가 그러했다 하더라도, 풍요로움이 곧장 이루어졌으리라는 보장도 없다. 복잡성은 대본을

써서 관리하고 만들어낼 수 있는 것이 아니기 때문이다.

하지만 이것이 가끔 가능하기도 하다. 본 장에서 전개한 결정적인 쟁점을 보면, 다음과 같은 것에 의해 좌우되었다. 즉, 어떤 가능성이 적합한 조건에 위치하는가, 그리고 복잡성 행위는 어떤 수준이 적합한 지향인가. 우리는 전개된 사례 속에서 분임별 집단성과 개별적인 이해보다 더 폭넓은 사회적인 맥락에서 이루어지는 결과에 초점을 맞추었다. 복잡성과 관련된 몇 가지 공동 행위의 서로 다른 수준은 여전히 밝혀내야 할 과제로 남아 있다. 그리고 바로 마지막 장의 주제로 이어진다.

1. '비판 교육학'의 공통적인 처방에 대한 비판을 보려면, E. Ellsworth, "Why doesn't this feel empowering? Working through the repressive myths of critical pedagogy," in *Harvard Educational Review*, vol. 59, no. 3(1986): 297-324를 보라. "구성주의 교수"에 대한 우리 자신의 비판 가운데 하나는 엘스워스의 연구 이후에 구조화되고 있다(즉, Davis & Sumara, "Why aren't they getting this? Working through the repressive myths of constructivist pedagogy").

2. 예를 들면, D. Britzman, *Lost subjects, contested objects: toward a psychoanalytic inquiry of learning*(Albany, NY: State University of New York Press, 1998); Grumet(1988)을 보라.

3. 예를 들면, T. T. Aoki, *Curriculum in a new key: the collected works of Ted T. Aoki*. Edited by W.F. Pinar & R. L. Irwin(Mahwah, NJ: Lawrence Erlbaum, 2004).

4. 예를 들면, Lewin & Regine(2000), Watts(2003)을 보라.

5. E. Morin, *Seven complex lessons in education for the future*(Paris: UNESCO, 1999), p. 21.

6. D. R. Olson, *The world on paper: the conceptual and cognitive implications of writing and reading*(Cambridge, MA: Cambridge University Press, 1996)과 비교해보라.

7. Kelly(1994)를 보라.

8. Lewin & Regine(2000)을 보라.

9. Waldrop, 1992, p. 12.

10. 예를 들면, H. Arrow, J. E. McGrath, & J.L. Berdhahl, *Small groups as complex systems: formation, coordination, development, and adaptation*(Thousand Oaks, CA: Sage, 2000). 의미심장하게도 이들은 집단의 규모, 규칙의 명확화, 프로젝트에 대한 정의, 사회 집단의 전개와 같은 실천적인 쟁점을 제기하고 있다.

11. 지식의 생산과 결합된 수단과 맥락으로서의 대화의 은유는 특별하게도 해석학적인 문헌 속에서 훌륭하게 발전해오고 있다. 예를 들면 R. E. Palmer, *Hermeneutics: interpretation theory in Schleiermacher, Dilthey, Heidegger, and Gadamer*(Evanston, IL: Northwestern University Press, 1969).

12. B. Rotman, *Mathematics as sign: writing, imaging, counting*(Stanford, CA: Stanford University Press, 2000), pp. 7-8.

13. R. Brooks, *Flesh and machines: how robots will change us*(New York: Pantheon Books, 2002); A. Clark, *Being there: putting brain, body, and world together again*(Cambridge, MA: The MIT Press, 1997).

14. Kelly, 1994.

15. Johnson, 2001, p. 181.

16. 확장된 목록과 논의를 위해서는 Kelly(1994)와 Johnson(2001)을 보라.

제 8 장 | 생동하는 동시 발생성

> 역사와 기억은 사건을 공유한다. 즉, 사건은 시간과 공간을 공유한다.
> 모든 순간에는 두 개의 순간이 존재한다.
>
> _미첼스Anne Michaels[1]

마지막 장에서는 7장 초반부에서 강조한 확신을 더 발전시키게 된다. 즉, 복잡성 철학이 교육 담론으로 적절하게 구성될 수 있다는 확신이다.

우리는 복잡성 철학에 의해 제공된 몇 가지 핵심적인 동시 발생성simul-taneity을 중심으로 본 장의 내용을 구성하고자 한다. 우리의 신념은 이것이 교육자는 물론 교육 분야 연구자들의 기획과 관심에 매우 적합하다고 본다. '동시 발생성'이란 단어는 동시에 존재하면서 동시엔 작동하는 사건이나 현상을 지칭한다. 이는 이론과 실천, 인식의 주체와 객체(지식), 자아와 타자, 정신과 육체, 예술과 과학, 아동과 교육과정 등과 같은 문제를 중심으로 한 '불연속성discontinuities'의 측면을 강조하는 현대 및 서양의 사고와 대조되는 것으로 사용한다. 비록 어떤 것들이 항시 동시에 발생하는 것처럼 보이더라도, 대중적인 논의의 맥락에서 보면, 이러한 종류의 이분법적인 용어들은 필연적으로 별개이자 대립되고 단절된 것으로 이해되는 경향이 있다. 바꿔 말하면, 이러한 동시 발생성은 상호 전제가 아닌 동시에 발생하는 것으로 간주되는 성향이 있다고 보아야 할 것이다. 복잡성 철학은 이러한 해석에 이의를 제기한다. 그리고 이러한 과정은 교육과 교육 분야 연구의 기획에 중요한 조언을 제공한다.

첫 번째 동시 발생성은, 앞 장들에서 제시되었듯이, 관찰적이고 설명적인 작업의 방향을 설정함과 동시에 실천적인 관심에 정보를 제공하는 복잡성 철학의 역량을 말해준다. 이러한 특징이야말로 복잡성 철학과 다른 학문 분야로부터 교육 안으로 수입되었던 대부분의 담론과 구분 짓는 지점이다. 이 장에서는 이 책의 나머지 부분에 대한 요약과 정교화한 내용 모두를 아래와 같이 담고자 한다. 우리는 이와는 다른 동시 발생성을 전개할 것이고, 이 모두는 앞선 논의들 속에서 일정한 방식으로 소개되었다.

· 인식의 주체와 객체(지식) Knower & Knowledge

· 현상들 간의 경계 가로지르기 Transphenomenality

· 학문들 간의 경계 가로지르기 Transdisplinarity

· 상호 간 담론 Interdiscursivity

· 표상과 표현 Representation & Presentation

· 감응과 효과 Affect & Effect

· 교육과 연구 Education & Research

동시 발생성 1_ 인식의 주체와 객체(지식)

서양 철학의 역사 전반에 걸쳐 인식의 주체와 객체(지식) 문제는 불연속적인 것으로 간주되어왔다. 이들 대부분의 경우 반드시 어떤 방법으로든 연결되어야 할 두 개의 분리된 영역의 측면에서 간주된 것이다. 그림 2.1은 이러한 관점에서 상징적인 토대를 재현하고자 시도한 것이다. 이러한 간극에 대한 가정은 두 개의 영역에 양다리를 걸치고 있는 교육자들에게는 특히나 풀기 어려운 난제에 속한다. 그러므로 교육자들의 역할은 전형적으로 객관적인 지식을 표상하고 동시에 주관적인 지식을 육성해야 하는 이중의 책임을 갖는 것으로 설명된다. 하지만 이러한 역할은 대체로 긴장 속에 존재하는 것으로 이해되고 있다. 인식의 주체와 객체라는 이분법은 교육과정과 교수법 사이의 흔히 이루어지는 구분 안에서 제도화되어 있는 것이다. 이 가운데 교육과정은 대체로 기존의 설정된 지식을 지향하는 교육자의 책임과 관련하여 사용되고 있고, 교수법은 인식의 주체에게 감응을 주는 교사의 과제와 관련하여 사용되고 있다.

그리 놀랄 일도 아닌 것이 이에 대응하고자 하는 노력 속에서 연구자와 교사는 종종 지식이나 인식 주체의 특수성을 평가 절하하거나 무시해왔다. 인식의 주체와 객체(지식)는 가끔씩 번갈아가면서 혼용되거나 희석되거나 혹은 어느 한쪽에 우선권을 부여하기도 하였다. 이와는 대조적으로 복잡성 철학은 이러한 동시 발생성에 대해 대안적인 틀을 제공하고 있다. 5장에서 설명했듯이, '지식 – 생산 체계knowledge-producing systems'와 '생산된 지식의 체계systems of knowledge produced'와 같이 두 가지 상이한 현상의 범주에 속하는 것에 대해 주목하고 있다.

복잡성 철학의 주요 공헌 중 하나로서, 지식 – 생산 체계는 인식 주체가 체계 이론system theory 속에서 흥미를 가진 이들에 의해 연구되어온 현상을 말한다. 여기서 체계 이론가들은 주로 생명 체계에 초점을 맞추고 있고, 나아가 체계를 자기 조직화하고 동시에 진화하는 방식으로 이해한다. 이러한 체계는 뇌, 개인, 사회 집단, 문화 등을 포함한다. 이들 가운데에는 꿀벌과 점균류 등의 체계가 포함되어 있다. 5장과 6장에서 지적했듯이, 이러한 탐구 영역 안에는 교육 분야 연구자들 사이의 일정 정도 이름이 잘 알려진 연구자들이 자리 잡고 있다. 이들은 특히나 교실 집단 안에서 학생들의 상대적인 동역학을 조사하면서 더욱 주목받고 있다.

불행하게도, 지식사회학의 폭넓은 논의 안에는 지식 - 생산 체계와 이것들이 생산하는 지식 체계 사이의 관계를 중심으로 일정한 혼동이 존재해왔다. 예를 들어, 도구, 상징, 과학자들 사이의 상호작용 전략에 대한 연구는 과학의 본질에 대한 비판적인 성찰과 더불어 진행된 경우가 드물었다. 만약 이들이 동시 발생적으로 다루어졌다면, 과학자들에 의한 지식 - 생산 체계는 종종 과학이라는 생산된 지식의 체계와 혼용되었을 것이다. 후자의 체계는 사이버공학 안에서 핵심적인 관심사에 속한다. 체계 이론과 마찬가지로, 사이버공학은 복잡성 철학에 크게 공헌을 한 분야이다. 체계 이론과 대조적으로, 사이버공학은 물리적인 체계보다는 관념적인 체계에 보다 더 많은 관심을 기울인다. 어떤 의미에서 지식 - 생산 체계를 "관통하는" 이념 및 개념에 대해 네트워크화된 구조에 특별히 관심을 집중하고 있다. 예를 들면, 비록 개별적인 지식을 지지해주는 신체 체계가 전형적인 생명주기 전체에 걸쳐 여러 번 재생된다 할지라도, 여전히 개별적인 지식은 상당한 안정성을 유지하게 된다. 마찬가지로, 분과로 나누어진 학문적인 지식은 철학자와 연구자를 통해 많은 세대를 거치면서도 그 정합성을 유지할 수 있는 것이다.

　우리는 그림 8.1에서 인식 주체의 체계와 객체(지식) 체계 사이의 역동적이고 반성적인 관계를 일정한 측면에서 묘사해보고자 하였다. 동시 발생성을 반복하기 위한 인식의 주체를 질료matter의 흐름 속에서 일정한 유형으로 설명할 수 있는 신체적인 체계라고 말할 수 있다. 즉, 지식체는 관념적인 체계이고 인식의 주체에 의해서 나타나는 안정적이지만 변화 가능한 행위 유형의 측면으로 이해될 수 있다. 이렇게 설명하면서도 우리는 결코 고대 서양, 특히 고대 그리스의 형이상학이 강조한 신체와 정신 혹은 질료와 이상이라는 이분법을 지향하려는 것은 아니다. 이와 정반대로, 관념적인 것은 물질적인 것과 분리가 불가능함을 말하고자 한다. 물론 이런 분리 불가능성은 이것들이 동일함을 의미하는 것이 아니다. 단지 고대인들의 직관에 대해 복잡성 철학자의 독해를 제공하는 데 있다. 이념의 체계는 물질적인 체계를 초월한다. 따라서 인식 주체와 객체(지식)는 분리될 수 있는 것으로 고려될 수 없다손 치더라도, 별개로 고려될 수는 있다. 전자는 후자 없이 존재할 수는 없는 것이다. 이들은 서로 간에 주름 접혀 있고 동시에 주름을 펼치는 관계인 것이다.

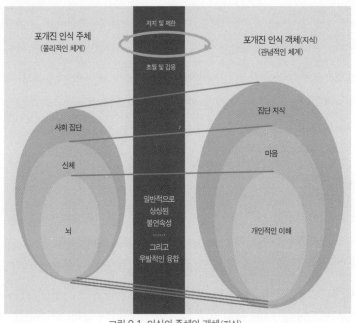

그림 8.1 인식의 주체와 객체(지식)
지식 – 생산 체계(인식의 주체)와 이것들이 산출하는 지식의 체계는 모두 복잡성 현상으로 이해될 수 있다.

이 책 전체에 걸쳐 우리는 지식 – 생산 체계와 생산된 지식 체계 모두 매 순간에 걸쳐 이루어진 변형을 지칭하기 위해 '학습'이라는 단어를 사용하고 있다. 인식의 주체와 객체(지식)라는 양자 모두를 통해서 일상적으로 이루어지는 과정은 서로 간의 관계 속에서 동시 발생적으로 재규정되기 마련이다. 그런 측면에서 학습에 대해 보다 명확하게 이해할 수 있고, 이에 주목하면서 학습이라는 단어의 용법을 세련되게 정리할 수 있다. 교육이란 게 본래 학습이라는 문제 안에서 근본적인 이해관계와 더불어 항상 그리고 이미 동시 발생적으로 인식의 주체와 객체(지식)를 다루게 된다. 일찍이 듀이John Dewey 가 지적했듯이, 이것은 새로운 것이 아니라 하나의 통찰력이라 할 수 있다.

> 아동의 경험 밖에 있는 그 자체로 고정되어 있고 기성품화되어 있는 제재를 활용하려는 관점을 포기하라. …… 유연하면서 발달하지 않았고 생동감 있는 것으로 아동의 경험을 간주하라. 아동과 교육과정은 단순하게 보면 하나의 과정을 규정하는 두 가지의 한계인데, 이에 대해 우리는 실감하고 있다.[2]

동시 발생성 2, 3, 4_
현상들 간의 경계 가로지르기, 학문들 간의 경계 가로지르기, 상호 간 담론

우리가 좋아하는 연구 방식 가운데 하나는 학교 운영진을 우리가 방문했을 때, '그들'이라는 단어를 사용하는 현장 교사들의 방법을 주의 깊게 들어보는 것이다. 이 용어는 개별적인 학생, 뉴런의 클러스터, 교실, 혹은 청소년들의 세계, 사회, 혹은 교육 기획과 연결된 정합성을 갖춘 수많은 집단과 관련되어 있다. 교육 과제에 대응하기 위해서는 반드시 여러 수준에서 정합성을 갖추어야 하고, 수준들 사이와 경계를 가로질러 도약할 수 있어야 한다.

표 8.1 일군의 수학 교사들에 의해 이해된 곱셈에 대한 개인 이해의 기원

곱셈에 대한 개인 이해의 근원	구체적인 기여
타고난 능력	· 구분 능력 · 유형 파악 능력 · 기초적인 질적 감각
비선형적인 반복 (취학 전)	· 수집, 정렬, 공유의 경험 · 대상 및 양에 대한 영속적인 세련화 · 셈 체계에 대한 학습 · 숫자 감각에 대한 예비적인 발달 · 이항 연산의 예비적인 발달(특히, 덧셈)
비선형적인 반복 (초등)	· 이항 연산을 위한 신체 행위에 근거한 은유법 · 숫자와 연산을 위한 상징체계의 숙달 · 배치, 반복 덧셈, 그리고 셈 건너뛰기
비선형적인 반복 (중등)	· 이미지와 적용의 범위에 대한 소개 · 불연속성에서 연속적인 맥락으로의 이동 · 배치 과정, 연속 접기, 다층, 비율과 비례, 격자 만들기, 차원 변경, 수-선-펼치기 혹은 압축, 순환 등을 포함한 신구의 은유법에 대한 개념적인 혼용
비선형적인 반복 (고등)	· 보다 폭넓은 적용의 범위 · 대수학과 그래프 표시 · 산술, 기하학, 기하급수적인 증가의 구분 · 구체적인 영역과 고리 단절하기

이러한 현상들 사이의 경계 가로지르기를 통해 도약을 연구하는 공식적인 시도가 있었다. 우리는 앞서 7장의 논의 상자에서 소개했던 수학 교사들의 연구 집단 모임에서 "곱셈에 대한 학습자의 이해는 어디에서 오는 것인가?"라는 질문을 제기한 바 있다. 한 시간에 걸친 논의의 과정에서 이들의 집단적인 반응은 표 8.1에 제시되어 있다. 이 표에 있는 제목이 보여주듯이, 교사들은 곱셈 혹은 어떤 다른 개념이든지 개인적인 이해는 오로지 다음과 같은 현상들 사이의 경계를 가로지르는 측면에서 고려될 때 의미가 있다고 말하고 있다.

· 생물학적인 구조에 뿌리를 둠(유전적인 성향)

· 신체적인 행위에 의해 틀을 갖춤(개인적인 경험)

· 사회적인 상호작용 안에서 다듬어짐(상징적인 도구)

· 문화적인 도구에 의해 활성화됨(사회적인 용법)

· 인간과 생태계 사이의 영구히 전개되는 소통의 일부임

　불행하게도, 대부분의 교육 문헌들은 이러한 방식으로 주제들을 간단하게 다루지 않는다. 오히려 곱셈에 대한 개인적인 이해와 같은 쟁점을 조사하는 것은 분석의 한 가지 수준이 문제의 의미를 이해하는 데 충분하다고 가정할 때 기울어지는 경향을 말해준다. 예를 들어, 신경학적인 수준이나 상징적 – 언어학적인 수준에서 말이다.

　이 지점을 예증하기 위해 사용하는 연구의 흥미로운 측면은 참여한 교사들이 곱셈에 대한 자신들의 이해의 근원에 대해 논의한다는 점이다. 그런데 논의를 통해 보았을 때, 자신들이 현상의 상이한 수준들 사이에서 도약하고 있음을 의식하지 못한 것처럼 보인다. 추측하자면, 무의식적으로 유연하게 수준 도약을 했던 이유는 관련된 현상들이 근본적으로 상이한 속도로 진화했기 때문이라고 볼 수 있다. 이는 그림 2.3을 보면 알 수 있다. 만약 모든 현상의 전반적인 면을 상세하게 연구한다면, 많은 범주의 전문기술과 다양한 방법론이 요구될 것이다. 바꿔 말하면, 곱셈에 대한 개인적인 이해와 같이 이런 '간단한' 현상은 여러 학문 분야 사이의 경계를 가로지르는 접근 방식을 요구한다고 볼 수 있다.

　현상들 간의 경계를 가로지르기는 것은 일종의 수준 도약을 수반하듯이, 학문 분야들 간의 경계 가로지르기는 일종의 경계 교차border-crossing를 요구한다. 이는 현상과 관련된 구체적인 학문 분과의 제한을 가하는 틀과 방법론이 외부로 나와야 할 필요가 있음을 말해주는 것이다. 이 점은 표 8.2에서 세로 두 번째 칸에 기술되어 있다. 여기서는 곱셈에 대한 개인적인 이해라는 쟁점과 즉각적으로 관련 있는 몇 가지 학문 분과를 나열하고 있다. 이러한 목록은 교육이란 게 하나의 '응용 심리학'이라는 19

세기 초기의 확신이나 교수법은 '뇌에 대한 응용과학'[3]으로서 설명되어
야 한다는 최근의 주장에 대해 강력하게 논박하는 것이다.

표 8.2 교육 쟁점에 관한 연구에서 발생하는 현상,
학문들 간의 교차 지점,얽혀 있는 담론의 수준에 대한 예시

현상들 간의 경계 가로지르기	학문들 간의 경계 가로지르기	상호 간 담론
곱셈에 대한 개인적인 이해	관련 학문	관련 담론
유전자의 구조에 근원을 둠 (생물학적인 성향)	신경학	분석과학
신체적인 상호작용 안에서 정교해짐 (개인적인 경험)	심리학	현상학
사회적인 상호작용 안에서 정교해짐	사회학	후기구조주의
문화적인 도구에 의해 가능해짐	인류학	문화연구
인간과 생태계 공존이 끊임없이 전개됨	생태학	생태철학

사실 표 8.2의 세 번째 칸에 대해 대부분의 연구자들은 혼란을 일으킬
수 있다. 다양한 학문 분과들을 지지하고 동시에 이들에 의해 지지되어온
담론들이 정확하게 말해 모순은 아니라 하더라도 공통적으로 양립 불가
능한 것처럼 보이기 때문이다. 실상 복잡성 철학은 표면적으로 교착 상태
에 빠져 있는 현상에 대해 하나의 수단을 제공하는 데 있다. 그리고 창발
성의 수준에서 이 현상들을 연구할 필요성을 강조하는 것이다. 그렇게 하
면 새롭고도 안정적인 행위의 유형이 발생하게 된다. 이와 동시에 이러한
유형이 체계에 대해 본질적으로 창발적인 규칙과 법칙을 체화하게 된다
는 점을 깨닫게 된다.

이러한 충고가 요구하는 것은 연구자들이 바로 가까이에서 진화의 속
도에 대해 특별히 집중해야 한다는 점을 담고 있다. 예를 들면, 생물학적
인 구조는 수천 년에 걸쳐 변화해온 것이고, 분석과학에서 말하는 가정에

맡겨도 될 정도로 충분히 안정적이다. 이와는 대조적으로, 문화와 관련된 상징적인 도구들은 다른 현상들보다 더 빨리 진화할 뿐만 아니라 매우 상이한 종류의 영향에 의해 종속된다. 그래서 이러한 분석 방법으로는 산만하면서도 빠른 속도로 변화하며 복잡하게 얽혀 있는 일련의 현상들을 이해하는 데에는 적합하지 않다.

그래서 우리는 복잡성 철학을 일종의 '상호 간 담론interdiscourse'으로 설명하고자 한다. 다시 한 번 상기하자면, 담론이란 구조적으로 무엇을 말할 수 있고 생각할 수 있는지 조직하고 동시에 제약하는 언어 용법과 이 언어 용법에 연결된 행위에 정합적인 영역이라 할 수 있다. 모든 담론은 자신만의 독자적인 일련의 규칙을 지니고 있어서 대체로 함축적으로 작동하기 마련이다. 그래서 담론은 의미 있는 것 혹은 진리로 간주될 수 있는 것을 산출하기 위해 통제하기도 한다. 또한 담론은 항상 다른 담론과의 우호적인 관계 속에서 혹은 대립적인 관계 속에서 기능하기도 한다. 비록 근본주의 종교, 과학 지상주의, 혹은 모더니즘과 같은 일부 담론들이 우주에 대해 총체적이며 배타적인 이해를 주장한다 할지라도, 어떤 담론도 홀로 존재할 수는 없다.

후기구조주의 이론은 상호 간 담론의 이해에 대해 나름대로 기여를 해왔다. 특히, 담론들이 상호 교차하고 중첩되고 서로 얽히게 되는 방법에 대해서 말이다. 하지만 후기구조주의는 담론들이 서로 교차하고 중첩되며 현상과 교차하는 방법에 대한 통찰을 제공하는 데 그리 효율적이지는 못했다. 부분적으로 보면, 그 이유는 인간의 이해관계와 해석의 영역에 대한 논의를 제약하는 후기구조주의 철학 안에 스며 있는 습관 때문이었다. 표 8.2의 내용 측면에서도 나타나 있듯이, 후기구조주의는 학문 분과와 담론, 특히 두 번째와 세 번째 칸의 상호 감응을 해석하는 데 매우 유용하다. 하지만 첫 번째 칸의 현상에 관한 학문 분과와 담론의 영향을 풀어가는 데는 그리 유용하지도 않고 효과적이지도 않다. 현상이 현상에 대한 지식으로 무너지는 것을 거부하듯이, 복잡성 철학은 간주관적으로 구성하는 경계를 넘어 압박하도록 함으로써 일정한 도움을 주고자 한다. 이는 설명할 수 없을 정도로 복잡하게 얽혀 있지만 공통의 경계는 아님을 말해준다.

이처럼 복잡성 철학은 후기구조주의와 분석과학과 같은 별개의 담론에 대해 통찰하면서도 동시 발생적인 평가를 가능케 하고 있다. 주목할 점은 집단으로서 교육 분야 연구자들이 이 지점을 인정하고 있다는 것이다. 다른 수많은 것들 중에서 표 8.2의 세 번째 칸에서 언급된 담론들은 오늘날 연구 문헌에 두드러지게 나타나고 있다. 지금까지 이렇게 유효적절하게 나타내지 못한 것은 유일한 몇몇 출판물에서만 상호 간 담론의 필연성이 제시되었기 때문이다. 오늘날 대부분의 문헌에서처럼, 담론은 상호 보완적인 것이라기보다는 오히려 대립적인 것으로 제시되고 있다. 만약 교육적으로 보아서 소위 '대상'과 관련된 현상들 간의 경계를 가로지르는 특성이 고려되지 않는다면, 이러한 종류의 결론은 불가피하다 하겠다.

동시 발생성 5_표상과 표현

만약 현상들 사이의 경계를 가로지르는 관심, 학문 분과들 사이의 경계를 가로지르는 본질, 그리고 상호 간 담론과 관련된 교육의 매우 진지하게 고려한다면, 소중한 통찰을 통한 실천을 어렵지 않게 발견하게 될 것이다.

복잡성 철학은 교사나 연구자로 하여금 세부적인 것에 관해 관심과 무관심 사이에서 균형을 추구할 것을 요구한다. 앞서 살펴본 3개의 장들 모두 지각과 해석의 행위라는 게 종합적인 것이라기보다 가능성이 배제된 함축적인 가정을 중심으로 조직된 것이었다. 하지만 확실히 이러한 배제는 문제를 일으킬 소지가 다분하다.

그러나 여기서 제기되는 근본적인 쟁점은 배제에 관한 것이 아니라 출판물의 역할에 관한 것이다. 우리는 이러한 점에 대해 특별한 책임을 이해하고자 매 순간의 노력하였다. 그런 와중에 보그만Albert Borgmann의 논평은 매우 유익하다는 것을 알게 되었다. 그는 다음과 같이 지적하였다.

검증되지 않은 채 남아 있는 것은 …… 우리의 행위를 깊이 있게 형성시키기 위한 생산물이 보여주는 물질적인 결과의 역량이라고 할 수 있다. 중립적인 무대로서 사회의 물질적인 배경을 생각하는 도덕 이론이라면 어떤 것이든 심각한 오류가 있고, 이는 동시에 별로 도움이 되지 못한다. 사실 대부분 근대와 현대에서 윤리학의 경우도 마찬가지이다.[4]

그러므로 활자화된 생산물은 최종적인 것이 아니라 특별한 종류의 참여라고 볼 수 있다. 이는 계속적으로 이어지는 존재에 의해서 생산된 것으로 실제적인 행위보다 생명에 더 심오한 영향을 줄 수 있다.

우리는 이러한 이해가 반드시 학문적인 논의와 연관되어 있어야 한다고 확신한다. 즉, 사물이 존재하는 방식의 측면에서 학문적인 참여를 생각하기보다는 오히려 연구보고서와 이론적인 설명을 통한 가능성을 만드는 데 이바지하는 형태로 고려되어야 한다. 이것들은 종합적이기보다는 오히려 편향적이고, 관성적인 것보다는 오히려 능동적이며, 겉으로 드러나기 보다는 오히려 함축적인 것이다. 물론 복잡성 측면에서 사물을 있는 그대로 표상할 수는 없다. 그 이유는 표상이라는 것이 항상 진화하는 현실 속에 있고, 그 변형에 관여하기 때문이다. 이렇게 변화하는 도덕적인 지층에 대해 어떻게 진정성 어린 방식으로 자신의 표상을 구조화할 수 있을까?

여기서 우리는 이에 대한 해답이 거의 없음을 고백하고자 한다. 본 책에서 입증하듯이, 우리는 분명 3장의 예처럼, 학문적인 직업이 갖는 수많은 표준적인 그리고 정상적인 도구에 익숙해져 있다.[5] 하지만 우리는 몇 가지 다른 표현 혹은 표상의 전략을 개척하고자 하였다. 이러한 전략의 여러 형태들은 교육과 교육 분야 연구의 기획 속에서 우리 자신의 복잡성에 집중하도록 한다. 여기서 이들에 관한 몇 가지 생각을 제시하고자 한다.

특히, 해체의 관점에서 후기구조주의를 받아들이고 나아가 이로부터 차용함으로써 진행해가고자 한다. 주로 데리다Jacques Derrida[6]에 의해 개발된 해체는 텍스트의 표상에 대한 해석적인 접근을 지칭한다. 이를 통해서 하나의 텍스트에서 말하고 있는 다양하면서도 종종 갈등을 일으키는 '목소리'의 다양함을 전면에 내세우고 있다. 즉, 이는 상호 간 담론성을 말하는 것이다. 이러한 종류의 사례는 3장에서 제시하였는데, 이 안에서 우리는 학문적인 문헌에서 유클리드에 근거한 이미지의 주도권을 전면에 부각시킨 바 있다.

데리다와 다른 이들은 꾸준히 해체를 위한 공식적인 정의나 고정된 전략을 회피해왔다. 그래서 이와 같은 태도나 방법으로 해체에 대해 정의를 내리는 것은 불가능할 뿐만 아니라 바람직하지도 않다. 이들은 텍스트의 형이상학적인 가정과 내적인 모순에 대해 일정한 의혹을 제기하고 있다. 특히, 데리다는 이분법과 위계 구조를 서양 철학의 상징으로 간주하면서 글쓰기 안에서 이를 노출시키려고 하였다. 이와 동시에 새로운 것의 창조를 피하고자 하였다. 따라서 해체의 관점이 지닌 유연성에 대한 필요성, 그리고 이것을 고정시키는 것만으로도 완전하다거나 충분하다는 것을 말해준다. 따라서 다른 접근법과 태도보다 더 우월하다는 것도 암시하고 있다. 위계 구조나 이분법 구성을 거부하는 것과 유연한 가능성에 대해 관심을 집중하는 것 등은 해체와 복잡성 철학이 양립 가능할 수 있는 확실한 지점들이다. 차이는 복잡성에서 말하는 사회적인 것뿐만 아니라 생물학적인 것에 대해 관심을 강제하지만, 해체는 압도적으로 인간이 만든 텍스트에 초점을 맞춘다.

후기구조주의의 또 하나의 공헌은 들뢰즈Gilles Deleuze와 가타리Felix Guattari[7] 등에 의해 전개된 리좀rhizomes의 관점이다. 이들은 실제로 자신들의 연구에서 복잡성의 언어와 이미지를 광범위하게 차용하였다. 이들은 복합적인 상호작용의 흐름에 주목할 필요가 있음을 지적한 것이다. 비록 구조의 상호 연결성과 공통적인 의존이 감추어진 채 보이지 않는다 할지라도, 일부 식물의 감추어진 뿌리 구조처럼, 이러한 흐름은 다양한 영역에서 유사한 구조를 생성시킨다. 들뢰즈와 가타리 등의 주장에 따르면, 정신의 구조는 프랙탈과 비슷하고 나아가 정합성의 표면 아래에는 추측과 억측의 복잡한 유형이 감추어져 있다.

해체, 리좀, 연상 등의 개념이 보여주는 교훈은 본 책에서 설명하려는 텍스트가 그저 여러 가능한 형태들 가운데 하나라는 것이다. 우리는 흔히 환원적인 설명과 확실한 결론의 덫에 빠지는 경향이 있다. 만약 이들이 동일한 종류의 해체가 이루어진다면, 다른 양식이 장려될 것이다. 모름지기 후자의 유혹을 받는다면 전자를 비판하고 싶지 않을 것이다.

이러한 유혹 혹은 환원을 비껴가는 한 가지 수단은 가다머Hans-Georg Gadamer[8]가 자신의 예술 작품에 대해 설명하는 과정에서 명확하게 나타난다. 그에게 있어서 예술이란 두 가지 이중적인 기능을 가지고 있다. 예술은 '표상'과 동시에 '표현'이 이루어진다. 표상은 정확하거나 고정된 묘사가 아니라 무엇인가를 상기시킨다는 의미이다. 이와 달리 표현은 예술로서 새로운 해석의 가능성을 개방한다는 의미가 있다. 우리의 확신은 바로 표상과 표현의 이중적인 기능이 핵심적으로 동시 발생성을 가지고 있다는 것이다. 그래서 학문의 표준적인 문헌 안에서 활자화된 텍스트를 위한 가능성이 될 수 있고 동시에 되어야 한다는 것이다.

사실 이 텍스트를 통한 우리의 의도와 바람도 이와 같은 것이다. 그래서 이 책 전체를 통해 우리는 주로 설명적인 양태를 유지해왔던 것이다. 다른 책에서 우리는 독자나 청중이 보다 더 적극적으로 그리고 명백하게 관련되는 방식으로서 해체적인 읽기, 리좀학, 그리고 수준 도약하기 등을 보다 시적으로 제기하고자 하였다. 이와 관련하여 한 가지 사례를 들자면 '복합적인 줄거리 전개'[9]라는 문학적이고 극적인 기술을 활용한 독자들에 의한 연극 수행이다. 예를 들어, 복합적인 줄거리 전개는 장면과 장면 사이에 하나의 배경에서 또 다른 배경으로 이동하는 것이다. 그러면서 몇 개의 줄거리 실마리를 제시하게 된다. 학문과 관련된 표준적인 문건에 대해 흔히 독자는 그림 8.2와 같은 전형적인 단 하나의 사고의 실마리만을 찾는다. 하지만 그림 8.3과 같이 보면, 아마도 관련 문헌, 방법론적인 고려, 자료 보고 등을 포함할 수 있는 몇 가지 실마리에 관심을 가질 것이 예상된다. 많은 실마리가 포함된 복합적인 실마리를 담은 문건을 보면, 일부는 그저 간단한 구절이나 텍스트에 표시된 단 하나의 이미지일 수도 있다. 하지만 그 실마리는 때로 중첩되거나 상호 연결될 수 있다. 이러한 종류의 전략에 대한 예시는 그림 8.4에서 제시되고 있다. 그림에서는 앞서 언급된 독자의 연극에 대한 상세한 지도를 제시하고 있다.

그림 8.2 표준화된 학문적인 논증 관련 표상

수평축은 독자의 경험이 이루어진 시간이다. 수직축은 작가에 의해 제시된 논의의 흐름을 가리킨다. 검은 색 부분인 각각의 수평 막대기는 개별적인 논의의 흐름을 나타낸다.

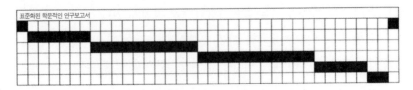

그림 8.3 표준화된 학문적인 연구보고서 관련 표상

일반적으로 표준화된 연구보고서는 각각 분리되어 연동되는 몇 가지 흐름으로 구성된다. 예를 들면, 문제 진술, 문학 평론, 방법론 등이 그것이다.

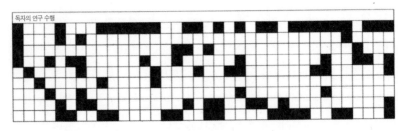

그림 8.4 독자의 연극 수행 관련 표상

그림 8.2와 그림 8.3과 마찬가지로, 검은색 부분 각각은 일관된 논의의 흐름을 보여주고 있다. 그림에 표시된 종류의 텍스트와 달리, 복잡적인 줄거리 텍스트의 흐름은 중첩된 상호작용이 이루어지고 있다. 이러한 종류의 동시 발생적인 화법을 통한 줄거리 구성의 목적은 연구자의 공조와 독자의 해석적인 참여를 보다 분명하게 하기 위한 것이다.

　　이러한 종류의 표현 전략 의도는 존슨Johnson이 설명하는 대로, "복합적인 줄거리 구조를 복잡성 주제와 결합시키고자 하는 것"이다.[10] 복합적인 줄거리로 전개되는 보다 더 익숙한 사례는 '사인필드Seinfeld', '6피트 아래Six Feet Under', '소프라노The Soprano' 등과 같은 인기 있는 TV 시리즈물이다. 이 텍스트들 안에서는 지배적인 주제나 구성 그리고 동시에 발생하는 줄거리 사이에 분명한 구분이 존재하지 않는다. 단 하나의 '장면'이 동시에 두 개 혹은 그 이상의 실마리로 연결될 수 있고, 나아가 서로 서로 이들을 겹치게 할 수도 있다. 이것을 추동하는 생각은 필연적으로 복잡성 철학이다. 새로운 해석의 가능성이 이미 정합적인 사고의 줄거리와 이들 사이의 상호작용 안에서 발생하고 있다.

　　모든 복잡성 현상은 어떤 면에서 복합적인 줄거리 전개로 특징지어질 수 있다. 도발적이지만 그림 8.5에서 제시한 것처럼, 거슨은 처음 12초 동안 교실 상황에서 동시 발생적이고 중첩적으로 이루어지는 상호작용에 대해 순간순간의 기록으로 예증하고 있다.[11] 거슨의 사례는 복잡성 존재로서 우리가 항상 이미 복합적인 줄거리 전개의 실존 속에 포획되어 있고 동시에 관여하고 있음을 설득력 있게 자료를 통해 제시하고 있다.

이러한 방식의 표현은 작가나 청중과는 독립적으로, 즉 스스로 서고자 하는 현실의 일정 측면에서 완전하면서도 동시에 명확한 주장이나 서술을 제공하지는 않는다. 오히려 제출자의 편향성이 청중이나 독자에게 텍스트나 일정한 수행 안에서 관련되고 동시에 전면에 부각된다. 이것은 제출자가 정합성이나 해석을 위한 책임이 있다고 전가하는 것이 아니다. 오히려 표현 혹은 표상의 양식이 복잡성 쟁점의 단순 환원을 허용하지 않는다는 것이다.

단순하게 보면, 우리는 이러한 구조를 여러 가능성 가운데 하나로 제공하고자 한다. 그리고 학문적인 문헌의 표준적인 형태가 복잡성 현상을 다루는 데 적합하지 않음을 주장하는 것이 아님을 재차 강조하는 바이다. 특히, 보고서의 핵심적인 측면이 수준 도약인데, 이것이 모든 보고서에 적합한 사례라고 보지 않는다. 우리는 복합적인 줄거리 전개의 텍스트보다 더 전통적인 학문 연구보고서 전략을 위한 대체물이 아니라 보완물로서 이를 보고자 한다.

오늘날 최첨단 기술과 더불어 표상의 다른 양식을 상상해보는 것은 어렵지 않다. 예를 들면, 여기에는 하이퍼 텍스트나 상호작용 웹 페이지가 포함될 수 있다. 실제 수많은 강력한 기술에 의해 드라마와 시각 예술 분야가 발전해왔다. 이들 가운데 많은 부분들이 학문과 교육의 맥락에서 활용하기 적합할 것이다. 우리가 모색하였던 다른 구조들은 명백히 프랙탈 기하학으로부터 도출된 것이다.[12]

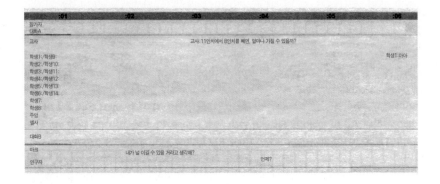

간단히 말해 저자의 의도와 관계없이, 엄밀하게 말하자면, 우리는 표상의 측면에서 다른 어느 누구의 연구도 염두에 두지는 않는다. 오히려 현재 존재하는 가능성을 서술하거나 복제하고자 하는 희망에 기울이진 연구 산출물에도 가능성의 공간을 확장하는 데 관여하기도 한다. 즉, 표상뿐만 아니라 표현으로서 복잡성 철학은 교육 분야에 너무나도 훌륭할 정도로 안성맞춤이다. 결국, 교육은 동시 발생적인 표상과 표현이다.

동시 발생성 6_감응과 효과

개념이 주는 영향 측면에서 보면, 교육은 이론과 연구의 순수한 수입자라고 할 수 있다. 교육의 영역은 놀라울 정도로 일방적인 무역 적자 상태에 허덕이고 있다. 실제 교육 분야를 넘어 학문적인 문헌에서 기존의 교육자나 교육 분야 연구자들이 보여준 통찰과 조우하기는 거의 드물다.

이렇게 교육 안으로 들어오는 일방적인 이론의 수입 상황은 조만간 변할 것 같지 않다. 이에 대한 부분적인 이유는 설명 지향적이고 특정 현상에 국한하는 학문 분과들이 결국 교육 탐구가 지닌 현상들 사이의 경계를 가로지르는 실천적인 특징을 수용할 수단이 없기 때문이다. 그럼에도 불

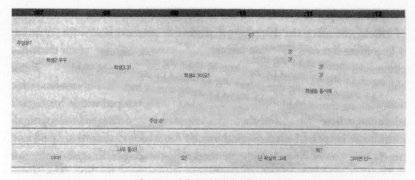

그림 8.5 교실에서의 복합적인 줄거리 전개

동시 발생적이며 중첩적인 상호작용의 표상은 거숀Walter Gershon이 개발한 것이다. 그는 복잡성이 갖는 사회적이고 문화적인 공간에 거주하는 복잡성 존재로서 우리와 같은 실존들이 어떻게 복합적으로 전개되는지 잘 예시해 주고 있다.

구하고, 복잡성 철학은 다른 학문 분야에서 개발된 방법과 담론을 일방적으로 수용하고자 하는 교육자들의 의지에 깔려 있는 사고방식에 도전장을 던지고 있다. 여기에는 이러한 방법과 담론에 영향을 주고자 하는 의도된 시도는 없다.

우리는 이것을 윤리적인 쟁점으로 보고자 한다. 실제 교육자와 교육 분야 연구자들은 여러 측면에서 복잡성 철학에 관여할 수 있는 고유한 위치에 있다. 이는 교육 현상들 사이의 경계를 가로지르는 본질, 교육 분야 연구에 대해 학문 분과들 사이의 경계를 가로지르는 특징, 그리고 교육철학의 필연적인 상호 간 담론의 본질 속에 명백하게 발생하고 있다. 따라서 교육 분야 연구는 이것에 의지하는 방법과 담론을 복잡성으로 만들 수 있는 기회를 제공하고 있다고 볼 수 있다. 그리고 이것이 경청할만한 영역에 일정한 방식으로 '응답하는' 동시 발생적인 책임을 지니고 있다고 주장하고자 한다.

중요한 점은 실제 교육이 교육과정을 위한 원천적인 영역으로서, 학문 분과를 포함하여 여기에 관여하는 사실상 모든 탐구 영역의 교차 지점에 위치하고 있다는 점이다. 이러한 학문 분과를 가르치기 위해 필요한 지식은 교육공학, 의학교육 등의 정기 간행물에 의해 입증되듯이, 학문 분과 안에서 이루어진 연구의 합법적인 한 분야로 이해될 수도 있다. 이 점은 점점 분명해지고 있다. 아마도 이 지점은 수학교육 안에서 가장 잘 발달해 있을 것이다. 수학 교사들의 지식은 수학 연구[13]의 합법적인 한 분야로 인식되고 있다. 가르치는 순간, 속에서 표면으로 드러나는, 주로는 은밀한 종류의 지식에 관심이 집중되어 있다. 여기에는 은유, 유비, 이미지, 응용, 몸짓 등이 포함된다. 교육적인 통찰이 결과적으로 수학과 같은 영역으로 역수출되고 있다는 사실은 시사하는 바가 크다. 교육과 다른 영역들 간의 관계는 엄밀하게 말하자면, 일방적인 감응의 측면에서 이해될 필요는 없다. 교육자와 교육 분야 연구자들은 다른 영역에서도 일정한 영향을 줄 수 있고 줄 수 있어야 한다.

복잡성 철학은 현상이 어떻게 되어야 한다는 사례일 뿐만 아니라, 필연적으로 그렇게 될 수밖에 없다는 정교한 주장을 제공한다. 이러한 확신은 주도권을 쥔 사람들이 지식의 영역 안에서 심대한 영향력을 행사하는 최근의 인식에 의해 자극받은 것이다. 예를 들어, 성인이 아닌 아동이 언어의 매 순간 진화하는 가장 잠재력 있는 역량을 보여주고 있다. 왜냐하면 아동은 문법에 있어서 불일치를 조절해내고, 새로운 연상을 창조해내며, 구두상으로 이루어진 언어소통을 보다 더 친근하게 만들어가는 어법으로 수정해나가기 때문이다.[14] 마찬가지로 특정 학문 분과와 관련하여 주제를 선택하는 교육 행위 실천, 교실 경험 구조화, 학문적인 수행의 수용 가능한 표준 정의 등은 지식 영역의 형성에 심대하게 영향을 미친다. 특히, 이러한 영역은 학교 교육과정에 포함되기도 한다. 공교육은 학문 분과의 지식으로부터 끌어내기보다 훨씬 더 많은 것을 이루어낼 수 있다. 공교육은 학문 분과적인 지식 형성에 보탬이 될 수 있다. 여기서 강조할 점은 다른 영역과 비교하여 교육연구의 효과가 보다 더 의식적이고 신중해야 한다는 점이다. 즉, 교육자는 학문 세계에서 스스로 공조하면서 더 많이 조율을 해야 한다.

이렇게 확신하면서 함축되어가는 의미들은 복잡성 철학 자체의 영역까지 확대되어간다. 교육자는 반드시 다른 영역의 통찰에 대해 단순 수입을 넘어 통찰의 정교화, 즉 표현의 측면에서 생각할 수 있도록 노력해야 한다. 이것은 정확하게 나타난 표상에 대한 연대 책임이라고 할 수 있다. 여기서 우리는 생물적이고 사회적인 과정 사이에서 관계 인식을 중심으로 조직되는 몇 가지 창발적인 가능성을 지적해볼 수 있다. 예를 들자면, 평생 주기나 24시간 신체 리듬 측면에서 교실 동역학의 해석은 집단 안의 개인들의 일시적으로 통일된 사회 행위를 이해하는 것이다. 이뿐만 아니라 사회적인 공동 행위가 중심이 되는 다른 영역을 알리는 데 도움이 된다. 이러한 목적에서 스탠리Darren Stanley 는 소위 '비교 동역학'의 관점을 제공하였다. 이는 일종의 역동적인 유형 수준에서 유사성과 차이성에 대한 상호 체계적인 검증을 가리킨다. 예를 들어, 건강한 심장의 작동에 대한 설명이 학교에서의 활동과 비교되기도 한다.[15]

5장에서 밝힌 복잡성 통일체의 여러 특징들과 7장에서 밝힌 복잡성 안에서의 창발성 조건들 모두 같은 주장을 할 수 있다. 복잡성 철학에 대한 교육자와 교육 분야 연구자들의 주요 공헌은 바로 이 지점에 있다. 다른 어떤 이들도 이렇게 집중적으로 인간 집단의 작동에 관심을 갖고 긴밀하게 관여할 수는 없다. 이런 모습은 일부 교육자들이 인위적이고 기계적으로 구성된 조건 하에서 인간의 공동 행위를 촉진시키는 데 매우 효율적일 수 있다. 이런 사실은 다른 이들을 위해서 유용하게 이용할 수 있는 지식의 깊이를 암시해준다.

여러 공헌 가운데 또 하나의 측면으로 복잡성 통일체에서 나타나는 잠정적인 특징을 기대할 수 있다. 사회 집단의 수준에서 생명의 속도는 얼마인가? 교육자들은 이러한 종류의 문제를 유일하게 해결할 수 있는 위치에 있다.

동시 발생성 7_교육과 연구

지난 10년 동안 우리는 복잡성 철학과 해석학 연구 사이에서 매우 큰 양립 가능성을 경험하였다. 해석학을 보면, "우리가 믿고 있는 것이 과연 무엇인가?", "도대체 우리는 어떻게 이런 식으로 생각하게 되었는가?", 그리고 "현실, 진리, 실존 등의 본질에 관해 당연하게 생각하고 있는 것은 무엇인가?" 등 복잡하게 얽혀 있는 질문들에 기울어져 있다.[16] 복잡성 철학은 이러한 각각의 문제들을 해결하고자 한다. 여기서 중요한 점은 이에 대해 결론적인 해답에 머무르지 않는다는 것이다. 따라서 핵심은 모두가 동의해야 한다는 점이 아니라 새로운 가능성을 향한 개방된 자세가 반드시 존재해야 한다는 점이다.

최근 몇 년에 걸쳐, 수많은 교육자와 교육 분야 연구자들이 점점 증가 추세에 있는 이러한 개방성을 입증해내고 있다.[17] 우리 자신만 하더라도, 이론에 집중하고자 하는 요구가 있고, 해당 분야에서 나온 최근 문헌과 보조를 맞추는 노력을 하고 있다. 이뿐만 아니라 어휘를 부분적으로 수정할 책임이 있음을 느끼고 있다. 이러한 점에서 우리는 로티Richard Rorty가 말한 '아이러니스트ironist'에 대한 설명을 지지한다.

아이러니스트는 …… 설득의 단위로서 명제보다는 오히려 어휘를 내세운다. 그녀의 방식은 추론이라기보다는 오히려 재설명이다. 아이러니스트는 부분적으로 신조어 안에서 대상이나 사건의 범위를 재설명하는 데 전문성을 가지고 있다. 새로운 단어를 소개하는 것은 말할 것도 없고, 새로운 의미로 낡은 단어를 사용하는 것을 그만둘 때까지 말이다. 사람들은 이제 더 이상 낡은 단어로 표현되는 질문을 던지지 않을 것이다.[18]

로티의 권고에 대해 어떻게 받아들일지는 다음과 같은 간단한 사례를 통해 살펴볼 수 있다. 잠시 동안 개인으로서 개별적이면서 동시에 사회적인 집단에 의존하는 인간의 의식을 생각해보자. 도널드Merlin Donald[19]가 설명하듯이, 인간의 인지 체계 혹은 정신은 혼합hybrid되어 있다. 개인의 두뇌와 집단이라는 다양한 수준 모두에 의존하고 있는 것이다. 그렇다면 인간의 의식을 이해하기 위해 반드시 현상들 사이의 경계를 가로지르는 측면에서 기꺼이 생각해야 하고 생각할 수 있어야 한다. 그리고 학문들 사이의 경계를 가로지르는 방식으로 전념할 수 있어야 한다. 하지만 최근에 이르러서야 이런 의식에 대한 연구가 하나의 영역으로 발전하였다. 예를 들면, 신경학자들은 최첨단 전자 기술을 통해 인간 의식의 핵심적인 본질을 변형시키는 방법을 정기적으로 연구하고 있다. 이에 대한 이해를 향상시키기 위해서 심리학자 및 인류학자들과 공동 연구도 진행하고 있다.[20]

이러한 관점에 대해 역설적으로 비틀려는 노력이 필요하다. 즉, 교육이란 게 의식이 하는 것과 같은 동일한 종류의 현상 속으로 들어가서 현장 전문가나 연구자와 유사한 태도를 요구한다고 확신하고 있다. 사실 "문화적인 의식으로서 공교육"이라는 은유법을 주장하고 싶은 유혹을 받고 있다. 자신의 의식이 개인적인 경험의 일정한 측면을 자각하는 데 관여하듯이, 공교육은 집단적인 경험의 일정한 측면을 정치적인 신체 안에서 전면에 부각시키는 수단이 되기도 하기 때문이다. 좀 더 비유해서 표현하자면, 자신의 의식이 비록 중요한 방향 설정의 역할을 한다고 할지라도, 자신의 경험을 완전히 통제하지 못한다. 사실 이를 지적하는 것은 매우 흥미로운 일이다.[21] 다르게 표현하면, 지각, 해석, 정체성 등은 의식에 의해 결정되는 것이 아니라 의식에 의존한다고 볼 수 있다. 유사한 의미로 공교육은 사회가 전개되는 그 안에서 결정적인 역할을 하는 것이 아니라 심대하게 문화에 감응을 주는 중요한 방향을 설정하는 역할을 한다는 것이다.

물론 이러한 비유법이 지닌 명백한 문제는 공교육의 의도적인 본질 위에 놓여 있다. 결과적으로, 개별적인 의식을 조직하여 반복적으로 이루어지는 의식적인 노력의 측면에서 이해될 수 있는 것이다. 하지만 여기서 이를 대비한다는 것은 아마도 기대한 것보다 명확하지 않을 것이다. 예를 들어, 교육과정이 세계관, 지식, 첨단기술, 사회 쟁점 등을 이 정도 수준에서 반영한다는 것이 공교육이 진화하는 환경에 상당히 의존하고 있음을 예증해주고 있다. 개별적인 의식이 개인적인 경험에 한참 뒤처져 있는 것처럼 보이듯이,[22] 강력한 의미에서 공교육은 세계에서 진행되는 사건에 한참 뒤처져 있다. 의식과 마찬가지로, 교육은 논평을 제공하고 방향을 설정하며 사건을 의미 있게 만드는 데 도움을 준다. 또한 체계의 자원에 대해 매 순간 재조직하는 데 기여하고, 보다 더 큰 통일체의 다른 측면을 조정하는 데 보조를 함께한다. 이와 동시에 더 큰 지식체라는 막대한 자료에 비해 지극히 작은 일부로 취급당하기도 한다.

이 단어를 로티의 관점에서 보자면, 역설의 사례를 제시하고 있는 우리의 목적이 교육연구와 실천이라는 동일한 기획의 측면으로 고려될 수 있어야 한다는 주장에 가깝다고 할 수 있다. 즉, 현존하는 가능성의 공간을 탐색함으로써 인간 스스로의 가능성의 공간을 확대하는 것이다.

고전 연구의 가장 큰 실수 가운데 하나는 이론, 설명, 실험의 결과를 무조건 안전하고 확실한 지식으로 오인했다는 것이다. 복잡성 철학은 이러한 실수를 용납하지 않는다. 이것은 학습과 관련된 현상이 명백하게 고정될 수 없는 것이라고 보기 때문만은 아니다. 여기서 드러나는 주요 쟁점은 이론가, 관찰자, 실험자 등이 자기 스스로에 대해 연구 결과를 외부에 기록하는 경향과 관련되어 있다. 물론 복잡성 연구자 또한 책임이 있다. 어떻게 자신이 연구되는 현상에 연루되는지 늘 관심을 집중시켜야 한다는 것이다.[23] 이는 우리가 주장하는 윤리적인 의무이기도 하다.

이 책은 특별히 교육 분야 연구에 해당하는 사례이기에 반드시 자신의 결과에 대해 더욱 자각해야 한다. 앞 장들에서 전개했듯이, 연구 수준에서 제시된 강력한 해석의 틀은 교사를 위한 교재와 다른 자원 속에서 왜곡될 수 있다. 나아가 가벼운 수준에서 방어할 수 없는 요구와 실천을 발생시킬 수 있다. 하지만 골치 아픈 결과에 대해 망각하거나 어떤 책임도 수용하지 않으려 하는 모습과 관련하여 빠른 속도로 문헌을 출판하는 이론가와 연구자로부터 어떤 소리도 듣지 못하고 있다.

복잡성 철학은 연구 공동체나 교사 집단과 같은 사회 체계들이 중첩되어 있고 상호 연결되어 있다는 특징을 전면에 부각시키면서, 위와 같은 무지와 무책임한 포기를 용납하지 않는다. 가능하다면, 복잡성 연구자는 반드시 자신의 노력에 의한 결과와 함축적인 의미에 대해 관심을 집중시켜야 한다. 이와 같이, 우리 자신들은 어떤 연구 기획에 대해서건 다음과 같이 복잡하게 얽힌 질문들을 던지고 있다.

· 연구하는 현상에 대해 나 스스로는 어떻게 공조하고 있는가?

(즉, 감응을 주거나 감응 주기를 희망하는가?)

· 이 연구는 어떻게 교육적인가?

(즉, 이것은 어떻게 교육하는가?)

· 그의 연구에 대해서는 어떻게 받아들여지고 있는가?

· 나는 이러한 해석에 대해 어떻게 표상 혹은 표현하고 있는가?

간단히 말해서, 이러한 쟁점은 도덕적인 것이다. 그리고 우리는 복잡성의 의미에서 "배려, 성실한 응대, 그리고 책임 윤리"를 도덕의 단어로 사용하고 있다.[24] 레빈David Michael Levin이 설명하듯이, 도덕적인 문제에 대해 두 가지 상이한 사고방식이 존재한다.

(1) 경쟁적인 모델은 개인에게 우선권을 부여하고, 협동과 합의를 이루기 위해서 형식적이고 추상적인 규칙에 딸린 부수적인 것에 의존한다. 이와 달리 (2) 협동적인 모델은 관계에 우선권을 부여하고, 소통이라는 맥락적인 이야기와 대화에 의존한다.[25]

공조라는 관점은 도덕에 있어서 후자의 개념을 상기시킨다. 그리고 이것이 바로 우리가 출발지점으로 삼고 있는 논의의 지점이기도 하다. 결론이나 최종적인 목적지로서의 의미가 아니라 교육이 가지는 심오한 도덕적 · 윤리적인 영역에서 우리는 반드시 관계에 우선권을 부여하고 소통에 의존해야 한다는 것을 인정하는 바이다.

1. A. Michaels, *Fugitive pieces*(Toronto: McCelland & Stewart, 1996), p. 138.
2. J. Dewey, "The child and the curriculum," in J. Dewey, *The child and the curriculum and The school and society*(Chicago: University of Chicago Press, 1956; originally copyrighted in 1902), p. 11.
3. J. E. Zull, *The art of changing the brain: enriching the practice of teaching by exploring the biology of learning*(Sterling, VA: Stylus: 2002)을 보라.
4. Borgmann, 1989, p. 110.
5. 원칙상 해설적임에도 불구하고, 본 책에서는 우리 자신을 논증의 논리적/합리적/연역적 양식으로 제한하기 어렵다는 것을 지시하고 있다. 또한 주목할 점은 다음과 같은 글쓰기의 다양한 양식에 호소하고 있다는 점이다.
   · 관찰적/실험적/지시적
   · 유추적/비유적/은유적
   · 일시적/경험적/서사적
   · 우화적/감상적/신화적
   · 현상적/재묘사적
   · 후기구조주의적/해체적
6. 예를 들어 J. Derrida, *Writing and difference* (trans. Alan Bass) (Chicago: The University of Chicago Press, 1980)를 보라.
7. G. Deleuze & F. Guattari, *anti-Oedipus: capitalism and schizophrenia* (Minneapolis: University of Minnesota Press, 1983)을 보라.
8. Gadamer, 1990.
9. 텍스트에 기반 한 독자들의 무대에 대해서는 '반규범성 담론 집단(The Counternormativity Discourse Group)'의 저작물을 보라.
10. Johnson, 2005, p. 68.
11. W. Gershon, "Collective improvisation: a theoretical lens for classroom observation," in press in *Journal of Curriculum and Pedagogy*. 이 이미지들은 거숀의 허락으로 사용한 것이다.
12. Davis, 2004를 보라. 여기서는 반복적으로 분기하는(갈라지는) 주제를 중심으로 조직되어 있다.
13. Davis & Simmt의 저작물을 보라.
14. T. Deacon, *The symbolic species: the co-evolution of language and the human brain*(New York: W. W. Norton, 1997)을 보라.
15. D. Stanley, "The body of a 'healty' education system," in JCT: *Journal of Curriculum Theorizing*, vol. 20, no. 4(2004): 63-74.
16. Palmer, 1969; H,-G. Gadamer, *Truth and method*(New York: Continuum, 1990)와 비교해보라.
17. 예를 들면, M. J. Fleener, *Curriculum dynamics: recreating heart.* (New York: Peter Lang, 2002); W. E. Doll, Jr. & N. Gough, *Curriculum visions*(New York: Peter Lang, 2003); W. E. Doll, Jr., M. J. Fleener, D. Trueit, & J. St. Julien(eds.), *Chaos, complexity, curriculum, and culture: a conversation*(New York: Peter Lang, 2005)이 있다.
18. Rorty, 1989, p. 78.
19. Donald, 2002.
20. Johnson(2005)를 보라.
21. Norretranders(2005)와 비교해보라.
22. 의식 연구는 다음과 같이 설명되고 있다. 지각은 세상 속에서 일이 일어난 후 약 0.5초 지체된다. 이러한 지체는 지각될 수 있는 것을 분류하고 해석하고 선택하는 비지각적인 과정을 요구한다. Norretranders(1998)을 보라.
23. 우리는 이러한 쟁점을 충분히 더 길게 발전시키고 있다. B. Davis & D. Sumara, "From complexity to complicity: reading complexity theory as a moral and ethical imperative," in JCT: *Journal of Curriculum Theorizing*, vol. 15, no. 2(1999): 19-38.
24. M. Johnson, *Moral imagination: implications of cognitive science for ethics*(Chicago, The University of Chicago Press, 1993), p. 207.
25. D. M. Levin, *The listening self: personal growth, social change and the closure of metaphisics* (London: Rouledge, 1989), p. 110.

참고문헌

Aoki, T. T. *Curriculum in a new key: the collected works of Ted T. Aoki.* (eds. W.F. Pinar & R.L. Irwin). Mahwahz, NJ: Lawrence Erlbaum Associates, 2004.

Arrow, H., J.E. McGrath, & J. L Berdhahl. *Small groups as complex systems: formation, coordination, development, and adaptation.* Thousand Oaks, CA: Sage, 2000.

Auyang, S.Y. *Foundations of complex-system theories in economics, evolutionary biology, and statistical physics.* Cambridge: Cambridge University Press, 1998.

Bak, P. *How nature works: the science of self-organized criticality.* New York: Springer-Verlag, 1996.

Barab, S.A. & M. Cherkes-Julkowski. "Principles of self-organization: learning as participation in autocatakinetic systems," in *The Journal of the Learning Sciences,* vol. 8, no. 3 & 4(1999): 349-390

Barabàsi, A. L, *Linking: How everything is connected to everything else and what it means for business, science, and everyday life.* New York, Penguin, 2002. Barthes, R. S/Z. New York: Hill & Wang, 1974.

Borgmann, A. *Crossing the postmodern divide.* Chicago: University of Chicago Press, 1989.

Bowers, C.A. *Education, cultural myths, and the ecological crisis: toward deep changes.* Albany, NY: State University of New York Press, 1993.

Britzman, D. *Practice makes practice: a critical study of learning to teach.* Albany, NY: State University of New York Press, 199.

Britzman, D.P. *Lost subject contested objects: toward a psychoanalytic inquiry of learning.* Albany, NY: State University of New York Press, 1998.

Brooks, R. *Flesh and machines : bow robots will change us,* New York: Pantheon Books. 2002.

Buchanan, M. *Ubiquity: the science of history ... or why the world is simpler than we think.* London: Phoenix, 2000.

Buchanan, M. *Nexus: small worlds and the ground breaking theory of networks.* New York: W.W. Norton, 2002.

Burton, L. (ed.) *Learning mathematics: from hierarchies to network.* London : Falme, 1999.

Calvin, W. *How brains think: evolving intelligence, then and now.* New York: Basic Books. 1996.

Carolan, B.V. & G. Natriello, "Data-mining journals and books: using the science of networks to uncover the structure of the educational research community," in *Educational Research,* vol. 34, no. 3(2005 April), 25-33.

Carson, R. *Silent spring.* New York: Houghton Mifflin Company, 1962.

Chapman R. L. (ed.). *Roget's international thesaurus, forth edition.* Toronto: Fitzhenry & Whiteside, 1997.

Chen, C. & R. J. Paul, "Visualizing a knowledge domain's intellectual structure," in *IEEE*(2001 March), 65-71.

Cherkes-Julkowski, M. "The Child as a self-organizing system: the case against instruction as we know it," in *Learning Disabilities,* vol. 7, no. 1(1996): 19-27.

Cherkes-Julkowski, M. & N. Mitlina, "Self-organization of mother-child instructional dyads and later attention disorder," in *Journal of Learning Disabilities,* vol. 32, no. 1(1999): 6-21

Cherryholmes, C. *Power and criticism: poststructural investigations in education.* New York: Teachers College Press, 1998.

Chui, B. "Unified Theory is getting closer, Hawking predicts." *San Jose Mercury News,* Sunday Morning Final Editions, January 23, 2000, p. 29A.

Cilliers, P. *Complexity and postmodernism.* London: Routledge, 1998.

Clark, A. *Being there: putting brain, body, and world together again.* Cambridge, MA : The MIT Press, 1997.

Cohen, J. & I. Stewart. *The collapse of chaos: discovering simplicity in a complicity world.* New York: Penguin, 1994.

Counternormativity Discourse Group (The). "Performing an archive of feeling: experiences of normalizing structures in teaching and teacher education." In press in *Journal of curriculum and Pedagogy.*

Cziko, G. A. "Unpredictability and indeterminism in human behavior: arguments and implications for educational for educational research," in *Educational Research*(1989 April): 17-25.

Dale, J. D. "The new American school: a learning organization," in *International journal of Educational Reform,* vol. 6, no. 1(1997): 34-39.

Davis, B. *Teaching mathematics: toward a sound alternative.* New York: Garland, 1996.

Davis, B. *Inventions of teaching: a genealogy.* Mahwah, NJ: Lewrence Erlbaum Associates.

Davis, B. & E. Simmt. "Understanding learning systems: mathematics teaching and complexity science," in *Journal for Research in Mathematics education,* vol. 34, no. 2(2003): 137-167.

Davis, B. & E. Simmt. "Mathematics-for-teaching: an ongoing investigation of the mathematics that teachers (need to) know," in press in *Educational studies in Mathematics.*

Davis, B. & E. Sumara. "Cognition, complexity, and teacher education." in *Harvard Educational Review,* vol. 67, no. 1(1997); 105-125.

Davis, B. & E. Sumara. "From complexity to complicity: reading complexity theory as a moral and ethical imperative,"" in *JCT: Journal of Curriculum Theorizing,* vol. 15, no. 2(1999), 19-38.

Davis, B. & E. Sumara. "Constructivist discourses and the field of education: problems and possibilities," in *Educational Theory,* vol. 52, no. 4(2002): 409-428.

Davis, B. & D. Sumara, "Why aren't they getting this? Working through the regressive myths of constructivist pedagogy," in *Teaching Education,* vol. 14, no. 2(2003): 123-140.

Davis, B. & D. Sumara, "Listening to how you're head: on translations, mistranslations, and really bad mistranslation(a response to Stuart McNaughton and Nicholas Burbules)," in *Teaching Education,* vol. 14, no. 2 (2003): 149-152.

Davis, B. & D. Sumara, "Complexity science and educational action research," in *Educational Action Research,* vol. 13, no 3(2005): 453-464.

Davis, B. & D. Sumara, "Challenging images of knowing: complexity science and educational research," in *Qualitative Studies in Education,* vol. 18, no 3 (2005): 305-321.

Davis, B. & D. Sumara, & T. E. Kieren. "Cognition, co-emergence, curriculum," *Journal of Curriculum Studies,* vol. 27, no. 2 (1996): 151-169.

Davis, B. & D. Sumara, & R. Luce-Kapler. *Engaging minds: learning and teaching in a complex world.* Mahwah, NJ: Lawrence Erlbaum Associates: 2000.

Deacon, T. *The symbolic species: the co-evolution of language and the human brain.* New York: W. W. Norton, 1997.

Deleuze, G. & F. Guattari, *Anti-Oedipus: capitalism and schizophrenia.* Minneapolis: University of Minnesota Press, 1983.

Dennett, D. *Darwin's dangerous idea: evolution and the meanings of life.* New York: Touchstone, 1995.

Derrida, J. *Writing and difference*(trans. Alan Bass). Chicago: The University of Chicago Press, 1980.

Derrida, J. *Limited, Inc,* Evanston, IL: Northwestern University Press, 1988.

Dewey, J. "The influence of Darwin on philosophy: in *The influence of Darwin on philosophy and other essays.* NewYork, Henry Holt, 1910: 1-19.

Dewey, J. *The child and the curriculum and The school and society.* Chicago: University of Chicago Press, 1956.

Doll, Jr., W. E. "Complexity in the classroom," in *Educational Leadership,* vol. 47, no. 1(1989): 65-70.

Doll, Jr., W. *A post-modern perspective on curriculum.* New York: Teacher's College Press, 1993.

Doll, Jr., W. E., M. J. Fleener, D. Truekt, & J. St. Julien(eds.), *Chaos, complexity, curriculum, and culture: a conversation.* New York: Peter Lang, 2005.

Doll, Jr., W. E. & N. Gough, *Curriculum visions.* New York: Peter Lang, 2003.

Donald, M. *A mind so rare: the evolution of human consciousness.* New York: W. W. Norton, 2002.

Dyke, C. *The evolutionary dynamics of complex systems.* Oxford: Oxford University Press, 1988.

Eidelson, R. J. "Complex adaptive systems in the behavioral and social sciences," in *Review of General Psychology,* vol. 1, no. 1(1997): 42–71.

Ehrlich, P.R. *Human natures: genes, cultures, and human prospect.* New York: Penguin, 2000.

Ellsworth, E. "Why doesn't this feel empowering? Working through the repressive myths of critical pedagogy," in *Harvard Educational Review,* vol. 59, no. 3 (1986): 297–324.

Engels, F. *The condition of the working class in England.* New York: Penguin, 1987.

Ennis, C.D. "Reconceptualizing learning as a dynamical system," in *Journal of Curriculum and Supervision,* vol. 7(1993): 115–130.

Fleener, M.J. *Curriculum dynamics: recreating heart.* New York: Peter Lang, 2002.

Foucault, M. *Discipline and punish: the birth place of the modern prison.* New York: Pantheon, 1977.

Foucault, M. *The history of sexuality, an introduction.* New York, Vintage, 1990.

Foucault, M. *Abnormal: lectures at the College de France,* 1974–1975(trans. G. Burchell). New York: Picador, 2003.

Freire, P. *Pedagogy of the oppressed.* New York: Seaview, 1971.

Fuite, J. "Network education: understanding the functional organization of a class." Paper presented at the Complexity, Science & Society Conference, The University of Liverpool, UK, September 12, 2005.

Gadamer, H.-G. *Truth and method.* New York: Continuum, 1990.

Gardner, M. "In which 'monster' curves force redefinition of the word 'curve'," in *Scientific American,* vol. 235(December 1976), 124–129.

Gardner, M. "Collective improvisation: a theoretical lens for classroom observation," in press in *Journal of Curriculum and Pedagogy.*

Gleick, J. *Chaos: making a new science,* New York: Penguin, 1987.

Goldberg, E. & Members of the Santa Fe Institute Consortium. "'Increasing human potential," in *Proceedings of the First Conference on Complexity Science and Educational Research*(ed. B. Davis) (Edmonton, AN: University of Alberta, 2003): 11–19. Available at http://www.complexityandeducation.ca.

Gordon, D. *Ants at work: how an insect society is organized.* New York: Free Press, 1999.

Grumet, M. *Bitter milk: women and teaching.* Amherst, MA: University of Massachusetts Press, 1988.

Guare, J. *Six degrees of separation: A play.* New York: Vintage, 1990.

Harris, J.R. *The nurture assumption: Why children turn out the way they do.* New York: Free Press, 1998.

Hoffman, D.D. *Visual intelligence: how we create what we see.* New York: W. W. Norton, 1998.

Holland, J.H. *Emergence: from chaos to order.* Reading, MA: Helix, 1998.

Iser, W. *The act of reading.* Baltimore, MD: The Johns Hopkins University Press, 1978.

Jacobs, J. *The deathy and life of great American cities.* New York: Vintage, 1961.

Jacobson, M. J., K. Brecher, M. Clemnes W. Farrell, J. Kaput, K. Reisman, & U. Wilensky. *Education in complex systems*. Nashua, NH: New England Complex Systems Institute, 1998.

Johnson, M. *Moral imagination: implications of cognitive science for ethics*. Chicago, The University of Chicago Press, 1993.

Johnson, S. *Emergence: the connected lives of ants, brains, cities, and software*. New York: Scribner, 2001.

Johnson, S. *Everything bad is good for you: how today's popular culture is actually making us smarter*. New York: Riverhead Books, 2005.

Kauffman, S. *At home in the universe: the search for the laws of self-organization and complexity*. New York: Oxford University Press, 1995.

Keller, E. F. *Making sense of life: explaining biological developments with models, metaphors, and machines*. Cambridge, MA: Harvard University Press, 2002.

Kelly, K. *Out of control: the new biology of machines, social systems, and the economic world*. Cambridge, MA: Perseus, 1994.

Kuhn, T. *The structure of scientific revolutions*. Chicago: University of Chicago Press, 1962.

Laidlaw, L. *Reinventing curriculum: a complex perspective on literacy and writing*. Mahwah. NJ: Lawrence Erlbaum Associates, 2005.

Lakoff, G. & M. Johnson. *Philosophy in the flesh: the embodied mind and its challenge to Western thought*. New York: Basic Books, 1999.

Landa, M. de. *A thousand years of nonlinear history*. New york: Zone Books, 2000.

Laplace, P. S. de. *A philosophical essay on probabilities*(trans. F.W. Truscott & F.L. Emory).

Lather, P. *Getting smart: feminist research and pedagogy with/in the postmodern*. New York: Routledge, 1991.

Latour, B. "On objectivity," in *Mind, Culture, and Activity*, vol. 3, no. 4(1996): 228–245.

Lave, J. & E. Wenger. *Situated learning: legitimate peripheral participation*. Cambridge, UK: Cambridge University Press, 1991.

Levin, D. M. *The listening self: personal growth, social change and the closure of metaphysics*. London: Routledge, 1989.

Lewin, R. *Complexity: life at the edge of chaos*. New York: Macmillan, 1992.

Lewin, R. & B. Regine, *Weaving complexity and business: engaging the soul at work*. New York: Texere, 2000.

Lowry, L. *The giver*. New York: Bantam Doubleday, 1993.

Luce-Kapler, R. *Writing with, through, and beyond the text: an ecology of language*. Mahwah, NJ: Lawrence Erlbaum Associates, 2004.

Lyotard, J. F. *The postmodern condition: a report on knowledge* (trans. G. Bennington & B. Massumi). Minneapolis: University of Minnesota Press, 1984.

Mandelbrot, B. B. *The fractal geometry of nature*. San Francisco: W. H. Freeman and Co., 1982.

Mandinach, E. B. & H. F. Cline. *Classroom dynamics: implementing a technology-based learning environment.* Hillsdale, NJ: Lawrence Erlbaum Associates, 1994.

Mason, J. *Practitioner research using the discipline of noticing.* London: Routledge Falmer, 2001.

Maturana, H.R. "Autopoiesis: reproduction, heredity and evolution." in *Autopoiesis, dissipative structures, and spontaneous social orders*(ed. M. Zeleny). Boulder, CO: Westview, 1980.

Maturana, H. R. "Everything is said by an observer," *Gaia: a way of knowing* (ed. W.I. Thompson). Hudson, NY: Lindisfarne Press, 1987: 65-82.

Maturana, H. R. "Science and daily life: the ontology of scientific explanations," in *Self-organization: portrait of a scientific revolution*(eds. W. Krohn & G. Kuppers). Dordrecht: Kluwer Academic Publishers, 1990.

Merleau-Ponty, M. *Phenomenology of perception.* London: Routledge & Kegan Paul, 1962(published in the original French in 1948).

Michaels, A. *Fugitive pieces.* Toronto: McClelland & Stewart, 1996.

Middleton, J.A., D. Sawada, E. Judson, I. Bloom, & J. Turley. "Relationships build reform: Treating classroom research as emergent systems," in *Handbook of International Research in Mathematics Education*(ed. L.D. English). Mahwah, NJ: Lawrence Erlbaum Associates, 2002: 409-431.

Milgram, S. "The small world problem," in *Psychology Today,* vol. 2(1967): 60-67.

Morin, E. *Seven complex lessons in education for the future.* Paris: UNESCO, 1999.

Muir, J. *My first summer in the Sierras.* New York: Houghton Mifflin, 1911/1998.

Namukasa, I. *Attending in mathematics: a dynamic view about students' thinking* (unpublished doctoral dissertation). Edmonton, AB: University of Alberta, 2004.

Norretranders, T. *The user illusion: cutting consciousness down to size.* New York: Viking, 1998.

O'day, J.A. "Complexity, accountability, and school improvement," in *Harvard Educational Review,* vol. 72(Fall 2002): 293-329.

Olson, D.R. *The world on paper: the conceptual and cognitive implications of writing and reading.* Cambridge, MA: Cambridge University Press, 1996.

Osberg, D. *Curriculum, complexity and representation: rethinking the epistemology of schooling through complexity theory*(unpublished doctoral dissertation) Open University, Milton Keynes, UK, 2005.

Palmer, R.E. *Hermeneutics: interpretation theory in Schleiermacher, Dilthey, Heidegger, and Gadamer.* Evanston, IL: Northwestern University Press, 1969.

Piaget, J. *The construction of reality in the child.* New York: Basic Books, 1954.

Phelps, R. & S. Hase, "Complexity and action research: exploring the theoretical and methodological connections," in *Educational Action Research,* vol. 10, no. 3(2003): 507-523.

Poincaré, H. *Science and hypothesis.* London: Walter Scott Publishing, 1905.

Popper, K. *Conjectures and refutations.* London: Routledge & Kegan Paul, 1963.

Prigogine, I. *The end of certainty: time, chaos, and the new laws of nature.* New York: The Free Press, 1997.

Rasmussen, J. "The importance of communication in teaching: a system-theory approach to the scaffolding metaphor." in *Journal of Curriculum Studies,* vol. 33, no. 5(2001): 569–582.

Resnick, M. *Turtles, termites, and traffic jams: explorations in massively powerful microworlds.* Cambridge, MA; The MIT Press, 1995.

Resnick, M. "Beyond the centralized mindset," in *Journal of Learning Sciences,* vol. 5, no. 1(1996): 1–22.

Resnick, M. & U. Wilensky, "Diving into complexity: developing probabilistic decentralized thinking through role-playing activities." in *Journal of Learning Sciences,* vol. 7, no. 8(1998): 153–172.

Reyna, V. *What is scientifically based evidence? What is logic?* Full text available at ⟨http://www.ed.gov/nclb/methods/whatworks/research/page_pg3.html⟩.

Richardson, K. A. & P. Cilliers. "What is complexity science? A view from different directions," in *Emergence,* vol. 3, no. 1(2001): 5–22.

Rorty, R. *Contingency, irony, solidarity.* New York: Cambridge University Press, 1989.

Rosenblatt, L. *The reader, the text, the poem.* Carbondale, IL: Southern Illinois University Press, 1978.

Rotman, B. *Mathematics as sign: writing, imagining, counting.* Stanford, CA: Stanford University Press, 2000.

Rucker, R. *Mind tools: the mathematics of information.* New York: Penguin, 1987.

Rudhauf, D., A. Lutz, D. Cosmelli, J.-P. Lachaux, & M. le van Quyen, "From autopoiesis to neurophenomenology: Francisco Varela's exploration of the biophysics of being." in *Biological Research,* vol. 36(2003): pp. 27–65.

Ruthen, R. "Trends in nonlinear dynamics: adapting to complexity." in *Scientific American,* vol. 269. (January, 1993): 130–140.

Saussure, F. de. *Course in general linguistics*(trans. W. Baskin). New York: Philosophy Library, 1959.

Sawada, D. & M. T. Caley. "Dissipative structures: new metaphors for becoming in education," in *Educational Researcher,* vol. 14, no. 3(1985): 13–19.

Seife, C. *Zero: the biography of a dangerous number.* New York: Viking Penguin, 2000.

Senge, P. N. Cambron-McCabe, T. Lucas, B. Smith, J. Dutton, & A. Kleiner, *Schools that learn: a fifth discipline fieldbook for educators, parents, and everyone who cares about education.* New York: Doubleday, 2000.

Sokal, A. & J. Bricmont. *Intellectual impostures: postmodern philosopher's abuse of science.* London: Profile Books, 1998.

Solla Price, D. J. de & D, B, Beaver. "Collaboration in an invisible college," in *American Psychologist,* vol. 21(1966): 1107–1117.

Stanley, D. "The body of a 'healthy' education system," in *JCT: Journal of Curriculum Theorizing,* vol. 20, no. 4(2004): 63–74.

Steffe, L.P. "The constructivist teaching experiment: illustrations and implications," in *Radical constructivism in mathematics education*(ed. E. von Glasersfeld). Dordrecht, the Netherlands: Kluwer, 1991: 177–194.

Steffe, L. P. & P. Cobb (eds.). *Construction of arithmetical meanings and strategies.* New York: Springer, 1988.

Stewart, I. *Does God play dice?,* Cambridge, MA: Blackwell, 1989.

Stewart, I. *Life's other secret: the new mathematics of the living world.* Cambridge, UK: Cambridge University Press, 1998.

Stewart, I. & J. Cohen, *Figments of reality: the evolution of the curious mind.* New York: John Wiley & Sons, 1997.

Sumara, D. *Why reading literature in school still matters: imagination, interpretation, insight.* Mahwah, NJ: Lawrence Erlbaum Associates, 2002.

Sumara, D. *Private reading in public: schooling the literary imagination.* New York: Peter Lang, 1996.

Sumara, D., & B. Davis. "Enactivist theory and community learning: toward a complexified understanding of action research," in *International Journal of Educational Action Research,* vol. 5, no. 3(1997): 403–422.

Sumara, D., B. Davis, & D. van der Wey. "The pleasure of thinking." in *Language Arts,* vol. 76, no. 2(1998): 135–143.

Surowiecki, J. *The wisdom of crowds: why the many are stronger that the few and how collective wisdom shapes business, economies, societies, and nations.* New York: Doubleday, 2004.

Thomson, D.W. *On growth and form.* London: Cambridge University Press, 1917.

Upitis, R. "School architecture and complexity," in *Complicity: An International Journal of Complexity and Education,* vol. 1, no. 1(2004): 19–38.

Varela, F. E. Thompson, & E. Rosch. *The embodied mind: cognitive science and human experience.* Cambridge, MA: The MIT Press, 1991.

van Manen, M. *Researching lived experience: human science for an action sensitive pedagogy.* London, ON: The Althouse Press, 1990.

von Glasersfeld, E. *Radical constructivism: a way of knowing and learning.* London: The Falmer Press, 1995.

Waldrop, M. M. *Complexity: The emerging science on the edge of order and chaos.* New York: Simon and Schuster, 1992.

Watts, D. *Six degrees: the science of the connected age.* New York: W. W. Norton, 2003.

Weaver, W. "Science and complexity," in *American Scientist,* vol. 36, 536–544.

Wilensky U. & M. Resnick. "Thinking in levels: a dynamic systems approach to making sense of the world," in *Journal of Science Education and Technology*, vol. 8, no. 1(1999): 3-19.

Zuckerman, H. "Nobel laureates in science: patterns of productivity, collaboration and authorship," in *American Sociological Review*, vol. 32(1967): 391-403.

Zull, J.E. *The art changing the brain: enriching the practice of teaching by exploring the biology of learning.* Sterling, VA: Stylus: 2002.

인명 색인

옮긴이 **현인철**

1960년 부산에서 태어났고, 1985년 서울대학교 국민윤리교육과를 졸업하였다. 지금까지 공항고등학교, 영등포고등학교, 용산고등학교, 양재고등학교, 당곡고등학교, 수도여고, 여의도여고(현재)를 거치면서 교육 경력 27년을 쌓아왔다. 교육인적자원부 논술심의위원(2007) 및 논술 관련 수업교재를 다수 집필하였고, 교육의 변화를 위해 교육운동에 적극적으로 참여하였다. 현재는 복잡성교육에 관심을 가지고 있는 교사들과 연구실천모임을 이끌고 있으면서, 복잡성교육 원리를 통한 논술 수업을 진행 중이다. 또한 혁신학교와 혁신학교가 되고자 하는 학교를 두루 다니며 혁신교육 철학 연수를 진행하고 있다.

옮긴이 **서용선**

1973년 광주에서 태어났고, 1999년 한국교원대학교를 졸업한 후, 2010년 한국교원대학교에서 '존듀이의 시민성교육철학'으로 박사학위를 받았다. 지금까지 일산정보산업고등학교, 장성중학교, 충의중학교, 의정부여자중학교(현재)를 거치면서 13년 교육 경력을 쌓았고, 한국교원대학교, 충북대학교, 서원대학교에서 대학생과 대학원생을 대상으로 일반사회교육, 공통사회교육, 민주주의교육에 대한 강의를 하였다. 2007년 30여 개 교육시민단체로 이루어진 교육복지실현국민운동본부를 만들고 교육복지에 대한 실천담론 확산을 주도하였다. 현재는 의정부여자중학교 혁신부장으로 혁신학교를 이끌며 다수 학교의 혁신연수를 진행하고 있고, 상명대학교 교육대학원에 겸임교수로 재직 중이다.